Annotated Legal Documents on Islam in Europe: Greece

Annotated Legal Documents on Islam in Europe

VOLUME 11

The titles published in this series are listed at *brill.com/ldie*

Annotated Legal Documents on Islam in Europe:

Greece

Compiled and Annotated by

Konstantinos Tsitselikis

BRILL

LEIDEN | BOSTON

Library of Congress Cataloging-in-Publication Data

Names: Tsitselikis, Konstantinos, compiler.
Title: Annotated legal documents on Islam in Europe. Greece / Compiled and Annotated by Konstantinos Tsitselikis.
Description: Leiden : Brill, 2016. | Series: Annotated legal documents on Islam in Europe ; 11 | Includes bibliographical references and index.
Identifiers: LCCN 2016019501 | ISBN 9789004323032 (pbk. : alk. paper)
Subjects: LCSH: Muslims–Legal status, laws, etc.–Greece.
Classification: LCC KKE2467.M56 T75 2016 | DDC 342.49508/5297–dc23
LC record available at https://lccn.loc.gov/2016019501

Typeface for the Latin, Greek, and Cyrillic scripts: "Brill". See and download: brill.com/brill-typeface.

ISSN 2214-1340
ISBN 978-90-04-32303-2 (paperback)

This book is printed on acid-free paper and produced in a sustainable manner.

Printed by Printforce, the Netherlands

Contents

Foreword by the Editors

This is the eleventh volume in the series *Annotated Legal Documents on Islam in Europe*. The publication of this series responds to the widespread lack of sound information about the legal status of Islam in Europe. In principle, this information is easily available to those who are willing to make the effort and know enough about the subject to ask the right questions of the digital search engines. But that requires both expertise and effort, and it takes place in an environment where the public political debate on Islam in many European countries is characterised by increasing concern and fear. Islam has come to be broadly perceived as a security issue rather than a religion like others in Europe. But the concern has also moved into the legal field, most markedly, of course, with discussions about limitations on Muslim female dress enacted in France, Belgium, Italy and Spain, or the ban on building minarets on mosques in Switzerland, or restrictions on building mosques in Austria. At the same time, in a number of European states like Austria and Germany, legislation is enacted and state treaties are negotiated which aim to establish a stable and reliable basis for Muslim life and organisation. Even so, such measures are under scrutiny by an increasingly sceptical European public, sometimes ignoring the legal principles of secularity, not least the demands of state neutrality towards and equal treatment of all religions and beliefs regardless of numbers of adherents or public reputation.

In addition, the religious status and rights of Muslims in the various European countries differ significantly, due to different historical developments regarding the organisation of the relations between the state and religions. Furthermore, while in some states laws regulating such matters introduced decades ago are still in force and have to be re-interpreted in the face of a 'newcomer' religion, others have introduced new laws which consider the increasing religious plurality within Europe. Despite the common legal and political foundations constructed since 1945 in instruments such as the European Convention on Human Rights and the more recently accumulated legislation of the European Union, this closer look reveals remarkable differences due to the extent of separating state and religion or establishing co-operative structures. In some countries Islam has an officially recognised status which in several cases originated in the first half of the 20th century. In other countries no such recognition of any religion is available even if informal ways of favouring one religion over another may exist. Since 1990 especially, European courts have moved to equalise the status of Islam with that of other religions in the practical exercise of religious freedom in various countries. Particular practices regarded as core religious obligations—in the case of Muslims dress codes and practices such as male circumcision, access to correctly slaughtered meat and otherwise *halal* food, free time for the main periods of worship and religious festivals, and the right to build mosques—can be controversial in some countries while less so in others. In the course of the ongoing process of self-organisation and the participation of Muslims in civil societies and their cooperation with the state, children's access to Islamic religious instruction or the education of Muslim theologians can be achieved in cooperation with the state education systems in some countries, while in others the community must rely on its own arrangements. The practically pressing issue of financing the religious infrastructure is still far from being settled in many countries.

The aim of this series is to make this legislation available to both the interested researcher and the practising lawyer. Altogether the series is expected to comprise 32 volumes, one for each of the 28 countries of the European Union plus Norway and Switzerland, and a volume each dealing with the European Union (treaties, directives and decisions of the Court of Justice of the European Communities) and the European Court of Human Rights. Excerpts of relevant legislation will be introduced and summarised by the volume compiler, and where court cases have provided significant interpretation of the law they will also be referred to. The legislation itself is reproduced in the original language, as the editors and the publisher agreed early on in the preparation of the series that any attempt to translate legislation into English would be unsatisfactory and could be misleading. The annotation by the compiler should give sufficient guidance to users to allow a decision as to whether to arrange a translation for their specific purposes.

While there is in many countries legislation explicitly referring to aspects of Islam, most often regarding official recognition or to do with education, in other countries there is none. Greece has inherited a particularly complex legal history regarding Islam with the situation in Western Thrace still governed by the Treaty of Lausanne (1923) and related treaties, and resulting tensions between the law applied there and the law more broadly valid in Greece, also to Muslims not of Thracian origin.

An attempt has been made to ensure that the volumes are structured in as similar a manner as possible. The starting point for this has been the thematic organisation of the first six volumes of the *Yearbook of Muslims in Europe* which Brill has published annually since 2009 (the *Yearbook* was restructured from vol. 7 published in 2015). But it has only been a starting point, and in each volume the compiler and the editors have agreed on the structure which makes most sense for the legislation of the country concerned. Normally one member of the editorial group takes responsibility for discussing the structure and compilation of each volume with the compiler: in this instance, however, we are grateful for the services of Achilles C. Emilianides who previously compiled the volume on Cyprus, vol. 2 in this series. We are also grateful to Kate Elliott for the care shown in copy editing the volume. The idea for this project came from the publisher, where Nicolette van der Hoek and Nienke Brienen-Moolenaar have played an invaluable role in ensuring that the project has maintained its momentum. As editors, we appreciate how much their expertise contributes to ensuring that a project like this can run smoothly.

It is in the nature of such a project that each volume, if left as it stands, will gradually become out of date as new legislation and cases appear. It is the intention of the editors and publishers in due course to make the contents available on-line in a form which will permit regular updating.

The Editors
February 2016

General Introduction

Muslims in Greece are a minority as the vast majority of the country is Christian Orthodox. An estimated 98 per cent of the population identifies itself as Greek Orthodox. The 1923 Treaty of Lausanne created an officially recognised 'Muslim minority', which consists of an estimated 110,000 Greek citizens residing in Thrace, the Dodecanese islands, Athens and Thessaloniki. Today, another 300,000 immigrant Muslims also reside in Greece (mostly in Athens). The remaining population is composed of Roman Catholics, Protestants, Jews, Old Calendarist Orthodox, Jehovah's Witnesses, and others.

Greece's Muslims are divided into two distinct categories: 'Old Islam', or the Muslims of Greek citizenship who live predominantly in Thrace (and the Dodecanese islands) and are enjoy a special minority protection legal status; and 'New Islam', comprising all Muslim immigrants who settled in Greece after 1985. They belong to at least 15 different communities, coming from Asia and Africa.[1]

Muslims do not form a homogenous group of the population, either on the social or economic level, or as far as language and national or ethnic identity are concerned. The minority of Thrace ('Old Islam') constitutes a separate group with an important degree of internal national (Turkish) coherence despite ethnic and linguistic (Pomak and Roma) differences within the community. The special legal status relating to schools, religious leaders and community foundations attributed by the Treaty of Lausanne and implemented by a series of legal acts has contributed to this cohesion. The second category of Muslims, the immigrants ('New Islam'), who settled mostly in urban areas and especially in Athens, create a network of Islamic society apart, segregated within the national affiliation of each community. The acquisition of Greek citizenship by Muslim immigrants and their children became possible in practice after 2010 when Law 3838/2010, as amended in 2015, facilitated naturalisation processes for aliens of non-Greek descent (see Chapter 4.4 *Citizenship*). Therefore this divide between Old and new Islam, which is very sharp today, could be softer to some extent in the future.

Tellingly, Islam creates a common denominator which renders all Muslims a distinct minority group. However, Muslims of Greece are viewed by Greek

---

1 Part of the information and analysis presented in this book is based on Konstantinos Tsitselikis, *Islam in Greece. From historical minorities to immigrant newcomers* (Leiden: Martinus Nijhoff, 2012).

law through different lenses (Treaty of Lausanne, constitutional guarantees, special regulations on religious freedom or migration and refugee status) or are partially or totally invisible and neglected.

CHAPTER 1

Status of Religious Communities

1.1 Introduction

A nexus of legal provisions attributes general and special rights to Greek Muslims and comprises norms of domestic and international law. Constitutional guarantees are related to religious freedom per se, equality and non-discrimination, legal recognition and registration of religious communities, education or tax exemptions. These fields constitute the common normative ground that freedom of religion is applicable to any religious community.

1.2 Constitutional Guarantees

1.2.1 *Religious Freedom*

Article 13 of the Constitution and other laws guarantee religious freedom with some restrictions.[1] The government recognises the canon law of the Orthodox Church, both within the Church and in areas of civil law such as marriage, and supports the Church financially. The government grants to the Orthodox Church privileges and legal prerogatives that are not extended to other religious groups. For example, the government pays for the salaries and religious training of Orthodox clergy, partially finances the maintenance of Orthodox Church buildings, and provides preferential tax exemptions (see Chapter 1.5 *Tax Exemptions*).

According to Article 16 of the Constitution, the state undertakes 'the development of the national and religious consciousness'. Orthodox religious instruction in primary and secondary schools, at government expense, is mandatory for all students (or, respectively, Islam for the Muslim religious minority in Thrace), although non-Orthodox students may exempt themselves by submitting a statement requesting exemption. Public schools offer no alternative activity or non-Orthodox religious instruction for these children.

---

1 Constantine Papageorgiou, *Religion and Law* (Alphen aan den Rijn: W. Kluwer, 2015); Paroula Naskou-Perraki, *The legal framework of religious freedom in Greece* (A.N. Sakkoulas: Athens/Komotini, 2000).

 | DOI: 10.1163/PROJECTEISBN_002

Article 13 par. 1 of the Greek Constitution (which is not subject to amendment, according to Article 110 of the Constitution) guarantees religious freedom, specifically the right to freedom of religious thought and freedom of worship either individually or collectively, in private or in public. Religious freedom includes the freedom to manifest one's religion in worship, to change religion, not to have any religion, and to keep one's religious beliefs secret. According to Article 13 par. 1b, the enjoyment of someone's political rights cannot depend on their religion. Religious freedom also guarantees the right of anyone to swear on oath according to his/her religious beliefs. The revelation of religious beliefs in state documents, like the identity card, has, since 2002, been seen as contrary to the constitutionally protected freedom of religion.[2]

A significant constitutional limitation on the right of worship is set by the precondition that the religion be 'known', in the sense of not having secret doctrines and an occult worship.[3] Whereas no limitations may be imposed on the freedom to have or adopt a religion, the freedom to manifest one's religion may be restricted provided that such limitations are provided for by law and are necessary in the interests of: a) public order and the security of the Republic, and b) public morals (according to Article 14 par. 3a of the Constitution, a public prosecutor can order the confiscation of printed matter for causing offence to 'any known religion'). Article 13 par. 2 prohibits illicit proselytism in favour of or against any religion; in practice it has been implemented in favour of the Greek-Orthodox Church (see Chapter 8). Moreover no-one can be exempt from obligations towards the state. Conscientious objectors are still a thorny issue under consideration for the Greek legal order. According to Articles 9 and 14 of the European Convention on Human Rights any limitations must be considered to be necessary in a democratic society and not to discriminate among religions. The Greek legal order used to be closely related to the Greek-Orthodox ideological profile of the state. Therefore it was no surprise that the first ever case adjudicated on by the European Court of Human Rights dealing with article 9 of the Convention was against Greece.[4]

2 Council of State, plenary, 2279/2001, 2281–2285/2001, and ECtHR, *Sofianopoulos v Greece*, 12.12.2002.

3 Constantine Papageorgiou, *Religion and Law in Greece* (Alphen aan den Rijn: Wolters Kluwer, 2015), 44.

4 ECtHR, *Kokkinakis*, 25.5.1993. Other Greek cases challenging the constitutional guarantees set by law and juridical control relating to religious freedom are: *Thlimmenos*, 6.4.2000; *Valsamis*, 18.12.1996; *Efstratiou*, 18.12.1996; *Larissis and Others*, 24.2.1998; *Manousakis and Others*, 26.9.1996; *Pentidis and Others*, 19.3.1997; *Vergos*, 24.6.2004; *Agga* (2), 17.10.2002; *Serif*, 14.12.1999; *Canea Catholic Church*, 16.12.1997.

The legal regime on establishing a shrine, church, mosque or synagogue, which had been preserved since the 1930s, provided for a series of norms incompatible with today's human rights and international standards. The law demanded that the local Orthodox bishop give the government his opinion on the establishment of a place of worship of another religion. Thus, the Greek-Orthodox Church had the power to control the founding of places of worship of other confessions and cults.[5] This situation raised political and legal questions on the constitutionality of the aforementioned provisions and underscored the institutional inequality between different faiths. In time, the application of the provision faded as case law adopted a more flexible stance. In one relevant case, the Council of State said that the opinion of the Greek-Orthodox Church would be considered as a recommendation but that it should not bind the Minister of Education and Culture.

Finally, in 2006, Law 3467 (article 27) abolished the regulations regarding the requirement for a permit by the local Orthodox bishop. According to the law, places of worship are 'temples' and 'houses of worship'. For the establishment of such shrines, the requirements are: (a) a petition from at least 50 neighbouring families. The petition, after it is signed by the 'head of the families' and their signatures are verified by the police authorities, is then submitted to the Ministry of Education and Cults (art. 27, Law 3467/2006), (b) that the district in which the applicants reside must be at a considerable distance from another temple of their own denomination, (c) approval from the aforementioned Minister. For the establishment of a 'house of worship' the requirements are: (a) the signed application of the followers, which is submitted by their religious minister to the Ministry, (b) validation of the signatures by the Mayor and (c) the permission of the Minister. If these requirements are met the Administration must grant the licence. Any refusal has to be justified. The Law of 2006 banned the old regulations according to which a permit by the Orthodox Church was also required for other doctrines or religions. This repealed regulation had been repeatedly criticised by the academic community as directly violating the constitutional provisions safeguarding the right to freedom of worship.[6]

---

5 Nikos Alivizatos, "The constitutional treatment of religious minorities in Greece", *Mélanges en l'honneur de Nicolas Valtikos*, R.-J. Dupuy (ed.), (Paris: Pedone, 1998), 639.

6 Constantinos Papageorgiou, *Religion and Law in Greece* (Alphen aan den Rijn: Wolters Kluwer, 2015).

The Law

Σύνταγμα (ΦΕΚ Α 120, 2008).[7]

Άρθρο 13
1. Η ελευθερία της θρησκευτικής συνείδησης είναι απαραβίαστη. Η απόλαυση των ατομικών και πολιτικών δικαιωμάτων δεν εξαρτάται από τις θρησκευτικές πεποιθήσεις καθενός.
2. Κάθε γνωστή θρησκεία είναι ελεύθερη και τα σχετικά με τη λατρεία της τελούνται ανεμπόδιστα υπό την προστασία των νόμων. Η άσκηση της λατρείας δεν επιτρέπεται να προσβάλλει τη δημόσια τάξη ή τα χρηστά ήθη. Ο προσηλυτισμός απαγορεύεται.
3. Οι λειτουργοί όλων των γνωστών θρησκειών υπόκεινται στην ίδια εποπτεία της Πολιτείας και στις ίδιες υποχρεώσεις απέναντί της, όπως και οι λειτουργοί της επικρατούσας θρησκείας.
4. Κανένας δεν μπορεί, εξαιτίας των θρησκευτικών του πεποιθήσεων, να απαλλαγεί από την εκπλήρωση των υποχρεώσεων προς το Κράτος ή να αρνηθεί να συμμορφωθεί προς τους νόμους.
5. Κανένας όρκος δεν επιβάλλεται χωρίς νόμο, που ορίζει και τον τύπο του.

Άρθρο 16
[...]
2. Η παιδεία αποτελεί βασική αποστολή του Κράτους και έχει σκοπό την ηθική, πνευματική, επαγγελματική και φυσική αγωγή των Ελλήνων, την ανάπτυξη της εθνικής και θρησκευτικής συνείδησης και τη διάπλασή τους σε ελεύθερους και υπεύθυνους πολίτες.

Νόμος 3467/2006 (ΦΕΚ 128 Α 2006). Επιλογή στελεχών πρωτοβάθμιας και δευτεροβάθμιας εκπαίδευσης, ρύθμιση θεμάτων διοίκησης και εκπαίδευσης και άλλες διατάξεις.

Άρθρο 27
Για την ίδρυση, ανέγερση ή λειτουργία ναού ή ευκτήριου οίκου οποιουδήποτε δόγματος ή θρησκείας, πλην της Ορθοδόξου Εκκλησίας της Ελλάδος, δεν απαιτείται άδεια ή γνώμη της οικείας εκκλησιαστικής αρχής της Ορθοδόξου Εκκλησίας της Ελλάδος. Κάθε άλλη διάταξη που ρυθμίζει με τρόπο διαφορετικό το ίδιο θέμα, καταργείται.

7 Available at: http://www.hellenicparliament.gr/UserFiles/8c3e9046-78fb-48f4-bd82-bbba28ca1ef5/SYNTAGMA.pdf.

[άρθρο 1 του α.ν. 1363/1938 (ΦΕΚ 305 Α΄), όπως τροποποιήθηκε με το άρθρο 1 του α.ν. 1672/1939 (ΦΕΚ 123 Α΄), άρθρο 41 του α.ν. 1369/1938 (ΦΕΚ 317 Α΄)].
Η αίτηση για τη χορήγηση άδειας ιδρύσεως, ανεγέρσεως ή λειτουργίας ναού οποιουδήποτε δόγματος ή θρησκείας, πλην της Ορθοδόξου Εκκλησίας της Ελλάδος, υποβάλλεται απευθείας στο Υπουργείο Εθνικής Παιδείας και Θρησκευμάτων και όχι προς την οικεία εκκλησιαστική αρχή. Κάθε διάταξη που ρυθμίζει με τρόπο διαφορετικό το ίδιο θέμα καταργείται [άρθρο 1 του β.δ. 20.5/2.6.1939 (ΦΕΚ 220 Α΄)].

Case Law

Case 1: The Council of State interpreted Article 3 para. 2 of the Constitution in an irreversible manner which today constitutes the basis for all religions and dogmas to be under constitutional protection. By the term 'known' religions is meant all those which do not have secret practices and beliefs and are accessible to everyone (*StE*, judgment 2105–2106/1975).

Case 2: A group of applicants applied in order to establish a Jehovah's Witness place of worship. The Council of State held that the administration has to issue the permit when the religion is 'known' according to the Constitution. Article 1 para 3 of the Royal Decree of 2.6.1939 contravenes Article 13 para 2 of the Constitution and Article 9 of the ECHR. The permit cannot be related to any administrative considerations of the needs of the religious community. Such restrictions could not be lawful (*StE*, judgement 4202/2012).

Case 3: In a series of cases adjudicated on by the ECtHR (*Dimitras and Others*, 3.6.2010; *Dimitras and Others (n° 2)*, 3.11.2011; *Dimitras and Others (n° 3)*, 8.1.2013; Alexandridis, 21.2.2008; *Dimitras and Gilbert*, 2.10.2014), the applicants claimed violation of their religious beliefs as they should be protected by the Greek Constitution and the Code of Criminal Procedure. This centred around stating one's religious belief before taking an oath before a criminal court. The applicants had to decline to take the Greek Orthodox oath and then to justify why they wanted any other option offered by the law. The Court found a violation of Article 9 as the legal regulation and the interpretation by the Greek courts was disproportionate and not justified as regards the freedom of religion. The Court said that the implementation of Articles 218 and 220 of the Code of Criminal Procedure required the applicants to declare their religious convictions, which breached their religious freedom.

Case 4: In a group of cases, the applicants filed a request for a permit in order to establish a Jehova's Witness place of worship, which was denied by the state authorities, which strictly implemented the legal framework on the establishment of religious shrines and churches. The ECtHR found a violation of Article 9 of the ECHR because the Greek authorities had granted the permit before a judgment was issued by the Court (*Manousakis and Others*, 26.9.1996, *Pentidis and Others*, 19.3.1997, *Tsavahidis*, 21.1.1999).

Case 5: The Council of State held that the legal framework for permits for the establishment of places of worship contravenes Article 13 para. 2 of the Constitution. However, as long as the permit granted by the administration was not based solely upon the acknowledgement by the Ministry of Education and Religions of the conditions set by Article 13, para 2 of the Constitution (members of a religious community of a known religion which does not threaten public order or commit prosyletism). Instead there was a requirement that assessment of each individual case take place on its merits according to the real need for the establishment of a place of worship which would allow the applicants of the given faith to worship according to their religion (*StE*, judgement 2188/2010).

1.2.2 *Equality and Non-discrimination*

A series of international conventions binds Greece as far as equality and non-discrimination are concerned. The most important of these is the UN Convention for the Elimination of Forms of Racial Discrimination (1966) which was ratified by Greece by Law 494/1970.

Article 4 of the Constitution safeguards the fundamental principle of equality, stating that all persons are equal before the law. Therefore all are equal before the administration and justice, and are entitled to equal protection and treatment. Furthermore, Article 5 para. 2 of the Constitution, implementing Article 14 of the European Convention on Human Rights, provides that everyone shall enjoy all the rights and liberties provided for in this Constitution without any direct or indirect discrimination against any person on the ground of his/her nationality, race, language, religious or political beliefs, or on any ground whatsoever, unless there is express provision to the contrary in international law. In one peculiar exception, according to Article 33 par. 2 of the Constitution, the President of the Republic has to take a Greek-Orthodox oath, which excludes a non-Greek-Orthodox from being elected to office.

A violation of fundamental rights is directly actionable. Thus, an aggrieved person may file an action in the civil courts against those perpetrating the violation, with the aim of recovering just and reasonable compensation for any pecuniary or non-pecuniary damage that such person has suffered because of the discrimination.

The anti-racism Law 927/1979 which for years was not implemented at all was amended radically in 2014 (see Chapter 8) after heated discussions in the Parliament. Earlier, in 2013, the Penal Code was amended with a view to offering specific protection: according to Article 79 par. 3 of the Penal Code, 'committing an act generated by hatred on the basis of race, colour, religion, genealogy, ethnic or national origin, sexual orientation, or gender identity of the victim, constitutes an aggravating circumstance and the sentence cannot be suspended'. This was quickly revoked by the new law of 2014 and a new article has been added to the Penal Code providing for a specific crime (see Chapter 8).

Law 3304/2005 on the 'implementation of the principle of equal treatment irrespective of racial or ethnic origin, religious or any other convictions, disability, age or gender orientation' constitutes the fundamental legal underwriting of the principle of equality and human rights in Greece implementing the principle of equal treatment in both public and private sectors, in matters of social protection, health treatment, social services, education and access to goods and services. The Office of the Greek Ombudsman was assigned to oversee the implementation of the law. By this law two European Directives have been incorporated into the Greek legal order:

A) Directive 2000/43/EC 'implementing the principle of equal treatment between persons irrespective of racial or ethnic origin' applies to all persons, as regards both the public and private sectors, including public bodies. It governs conditions for access to employment, to self-employment and to profession, including selection criteria and recruitment conditions, whatever the branch of activity and at all levels of the professional hierarchy. This includes promotion; access to all types and to all levels of vocational guidance; vocational training, advanced vocational training and retraining, including practical work experience; employment and working conditions, including dismissals and pay; membership of and involvement in an organisation of workers or employers, or any organisation whose members carry on a particular profession, including the benefits provided for by such organisations; social protection, including social security and healthcare; social advantages; education; access to and the supply of goods and services which are available to the public, including housing.

B) Directive 2000/78/EC 'establishing a general framework for equal treatment in employment and occupation'. The purpose of the Directive is to lay down a general framework for combating discrimination on the grounds of religion or belief, disability, age or sexual orientation as regards employment and occupation, with a view to putting the principle of equal treatment into

> effect in the Member States. The Directive applies to all persons, as regards both the public and private sectors, including public bodies, in relation to: (a) conditions for access to employment, to self-employment or to occupation, including selection criteria and recruitment conditions, whatever the branch of activity and at all levels of the professional hierarchy, including promotion; (b) access to all types and to all levels of vocational guidance, vocational training, advanced vocational training and retraining, including practical work experience; (c) employment and working conditions, including dismissal and pay; (d) membership of, and involvement in, an organisation of workers or employers, or any organisation whose members carry on a particular profession, including the benefits provided for by such organisations.

The provisions of the law constitute a complex and innovative mechanism of protection for potential victims of discrimination which goes beyond the traditional method of imposing sanctions in individual cases. The law offers autonomous protection regarding harassment (art. 2, para. 2) and against any order for discriminatory treatment (art. 2, para. 3). The prohibition of discrimination refers to both direct and indirect discrimination (arts. 3 and 7). Although new sanctions of an administrative and penal character are provided (arts. 16 and 17), emphasis is put on the mediation role, competences and actions by specialised public bodies (such as the Greek Ombudsman), mobilised civil society, on social awareness and representation of the victims, on the institutionalised social dialogue, and on the adoption of positive measures.

The Law exempts religious servants of any religion from military service which is mandatory for all male Greek citizens, unless they themselves wish to undertake it (art. 6 para 1, Law 1763/1988). Another exception relating to religious affiliation is set by the Code of Civil Procedure, Article 1049, para. 2, whereby it is forbidden to arrest for personal debt a religious servant of any 'known religion' in a place of worship or during the religion service. The provision of the Code of Penal Procedure (Article 278) is similar.

In 2010, the Minister of Defence removed the 'Greek descent' requirement from the decree setting out the requirements for candidates for the School of Officers, without however abrogating Royal Decree 312/1968 (FEK A 99) on the School of Officers that provides for such discrimination. In another case of discrimination by law, Law 2304/1995 (FEK A 83), Article 14, par. 3, stipulates that naturalised Greek citizens of 'non-Greek descent' cannot be appointed judges to military courts.

Last, it is worth noting that any non-Greek-citizen religious servant other than one of the Greek Orthodox religion who wishes to visit Greece needs a special permit issued by the Ministry of Education and Religions (art. 13, Law 1363/1938).

The Law

Σύνταγμα (ΦΕΚ Α 120, 2008)

Άρθρο 4
1. Οι Έλληνες είναι ίσοι ενώπιον του νόμου.
2. Οι Έλληνες και οι Ελληνίδες έχουν ίσα δικαιώματα και υποχρεώσεις.

Άρθρο 5
1. Καθένας έχει δικαίωμα να αναπτύσσει ελεύθερα την προσωπικότητά του και να συμμετέχει στην κοινωνική, οικονομική και πολιτική ζωή της Χώρας, εφόσον δεν προσβάλλει τα δικαιώματα των άλλων και δεν παραβιάζει το Σύνταγμα ή τα χρηστά ήθη.
2. Όλοι όσοι βρίσκονται στην Ελληνική Επικράτεια απολαμβάνουν την απόλυτη προστασία της ζωής, της τιμής και της ελευθερίας τους, χωρίς διάκριση εθνικότητας, φυλής, γλώσσας και θρησκευτικών ή πολιτικών πεποιθήσεων. Εξαιρέσεις επιτρέπονται στις περιπτώσεις που προβλέπει το διεθνές δίκαιο.

Άρθρο 33
Παρα. 2. Ο Πρόεδρος της Δημοκρατίας, πριν αναλάβει την άσκηση των καθηκόντων του, δίνει ενώπιον της Βουλής τον ακόλουθο όρκο:
"Ορκίζομαι στο όνομα της Αγίας και Ομοούσιας και Αδιαίρετης Τριάδας να φυλάσσω το Σύνταγμα και τους νόμους, να μεριμνώ για την πιστή τους τήρηση, να υπερασπίζω την εθνική ανεξαρτησία και την ακεραιότητα της Χώρας, να προστατεύω τα δικαιώματα και τις ελευθερίες των Ελλήνων και να υπηρετώ το γενικό συμφέρον και την πρόοδο του Ελληνικού Λαού".

Νόμος 927/1979 σχετικά με το ρατσισμό όπως τροποποιήθηκε από τους νόμους 1419/1984 και 4285/2014 (See Chapter 8).

Νόμος 3304/2005 (ΦΕΚ Α 16). Εφαρμογή της αρχής της ίσης μεταχείρισης ανεξαρτήτως φυλετικής ή εθνοτικής καταγωγής, θρησκευτικών ή άλλων πεποιθήσεων, αναπηρίας, ηλικίας ή γενετήσιου προσανατολισμού.

Άρθρο 1
Σκοπός του παρόντος νόμου είναι η θέσπιση του γενικού πλαισίου ρυθμίσεως για την καταπολέμηση των διακρίσεων λόγω φυλετικής ή εθνοτικής καταγωγής καθώς και

για την καταπολέμηση των διακρίσεων λόγω θρησκευτικών ή άλλων πεποιθήσεων, αναπηρίας, ηλικίας ή γενετήσιου προσανατολισμού στον τομέα της απασχόλησης και της εργασίας, σύμφωνα με τις Οδηγίες 2000/43/ΕΚ του Συμβουλίου της 29ης Ιουνίου 2000 και 2000/78/ΕΚ του Συμβουλίου της 27ης Νοεμβρίου 2000, ώστε να διασφαλίζεται η εφαρμογή της αρχής της ίσης μεταχείρισης.

Άρθρο 2
1. Απαγορεύεται η άμεση ή έμμεση διάκριση για έναν από τους λόγους που αναφέρονται στο άρθρο 1.
2. Ως διάκριση νοείται και η παρενόχληση ή κάθε άλλη προσβλητική ενέργεια, η οποία εκδηλώνεται με ανεπιθύμητη συμπεριφορά που σχετίζεται με έναν από τους λόγους του άρθρου 1 και έχει ως σκοπό ή αποτέλεσμα την προσβολή της αξιοπρέπειας προσώπου και τη δημιουργία εκφοβιστικού, εχθρικού, εξευτελιστικού, ταπεινωτικού ή επιθετικού περιβάλλοντος. Κατά την εξειδίκευση της έννοιας της παρενόχλησης λαμβάνονται υπόψη και τα χρηστά και συναλλακτικά ήθη.
3. Ως διάκριση νοείται επίσης οποιαδήποτε εντολή για την εφαρμογή διακριτικής μεταχείρισης.
[...]

Αναγκαστικός Νόμος 1363 της 15 Αυγούστου 1938 "περί κατοχυρώσεως διατάξεων των άρθρων 1 και 2 του εν ισχύι Συντάγματος" (ΦΕΚ Α 305) όπως τροποποιήθηκε από τον Ααναγκαστικό Νόμο 1672 της 22 Μαρτίου 1939 (ΦΕΚ Α 123).

Άρθρο 12
Η είσοδος εις τα όρια του Βασιλείου της Ελλάδος κληρικών πάντων των Θρησκευμάτων ή δογμάτων ή αρχηγών αιρέσεων μη κεκτημένων Ελληνικήν υπηκοότητα επιτρέπεται κατόπιν αδείας των Υπουργείων Θρησκευμάτων και Εξωτερικών, πλην των δια Β.Δ./τος εξαιρεθησομένων της διατυπώσεως ταύτης.
Οι παραβάται απελαύνονται άνευ άλλης διατυπώσεως των ορίων του Βασιλείου, τιμωρουμένων πειθαρχικώς και των δημοσίων οργάνων, των συνυπευθύνων δια την παράβασιν.

Case Law

Case 1: The applicant was a Jehovah's Witness convicted by military courts for refusing to do his national service. Years later, the association of accountants refused to register him as a member because of this sentence. The applicant alleged that the refusal of the authorities to appoint him to a post of chartered accountant on account of his criminal conviction for disobeying, because of his religious beliefs, the order to wear military uniform was in breach of Articles

9 and 14 of the Convention. The European Court of Human Rights found a violation of Article 9 together with Article 14. The Court in that case considered that the right not to be discriminated against in the enjoyment of the rights guaranteed under the Convention is also violated when states without an objective and reasonable justification fail to treat differently persons whose situations are significantly different (ECtHR, *Thlimmenos v. Greece*, judgment of 6 April 2000, para. 44).

Case 2: Two non-Greek citizens were denied the special permit for a vegetable market on the ground that the relevant law grants the right to Greek citizens, or Greek aliens of Greek descent (*omogeneis*) coming from former USSR or Albania. The Council of State upheld the decision and said that the law does not contradict the International Covenant on Civil and Political Rights (art. 2), the Greek Constitution (article 5 par. 1) or Law 3304/2005 as it grants a special right to Greek citizens or those of Greek descent on the ground of citizenship. (*StE*, judgment 1380/2008; also: *StE* judgment, 1381/2008 and 1382/2008).

Case 3: A group of former officers of the Greek Army and some other Greek citizens appealed against the act of the Minister of National Defence according to which all Greek citizens, with no exception, could apply to the School of Officers of the Greek Army. According to the previous legal situation only those of Greek origin could apply. The Council of State said that the previous regulation constituted discrimination which runs counter to Article 4 of the Constitution (*StE*, judgment of 3317/2014).

Case 4: A member of the Muslim minority of Thrace applied for the family allowance reserved for families with multiple children. The case involved the plaintiff's daughter who could not regain citizenship which had been withdrawn from the family as a whole. For this reason, the applicant lost the right to receive the allowance. The Greek authorities and the Greek courts refused it on the basis that the family was not part of the Greek nation as it had lost its Greek citizenship. The case was heard by the European Court of Human Rights which found a violation of the right to property (article 1 of the first Protocol to the ECHR) and the right not to be discriminated against (article 14). The Court said the differentiated treatment of citizens and non-citizens in these circumstances was tantamount to discrimination. Moreover, the Court illustrated the circumstances in which withdrawal of citizenship was over-used by the administration. The Court also noted that the Council of State had interpreted the need to grant a special pension to families with more than three children to facilitate the 'need to preserve and promote the Greek nation', so it applied a criterion of national origin and not citizenship (ECtHR, *Zeibek v Greece*, judgment of 9 July 2009).

1.3 Legal Recognition and Registration of Religious Communities

The only religion and church referred by the Constitution is the Orthodox confession and the Greek Orthodox Church. The position of the Church of Greece and its relations with the state are set out in Article 3, par. 1 of the Constitution, according to which: (a) the Greek-Orthodox confession is the prevailing religion, (b) the Church of Greece is inseparably united in doctrine with the Ecumenical Patriarchate of Constantinople and with all other Orthodox churches, and (c) the Church is self-administered and autocephalous. Moreover Article 3 par. 3 forbids the translation of the Holy Script without the approval of the Greek Orthodox Church.

After many years of inaction as regards the uniform registration of all religions, the Greek government in 2014 passed Law 4301 according to which acknowledgment of legal status to religious communities in Greece is granted by the fulfilment of certain criteria and procedures. The recognition of a legal entity or its legal status is provided at three levels: a) the Religious Legal Person (300 members of the community and at least one religious servant are needed to establish a Religious Legal Person); b) the Church or Ecclesiastical (the term is used for any religion) Legal Person (three Religious Legal Persons are needed to establish a Church); and c) Religious Servants. A religion can be free to enjoy religious freedom even it is not recognised and registered as such. It cannot, though, use the name of or pretend that it is another already recognised religious entity. These legal entities have to submit their statutes which determine their name, their organs and the mode of their selection, the organisation's structure, the foundations of their faith and describe their relations with other religious entities.

According to the law, they have the legal ability to appear before the courts, to establish associations and foundations, and acquire and manage their property, among others. The First Instance Court can dissolve these entities upon application by their organs, by the public prosecutor or the Ministry for Education and Religious Affairs, where there are fewer than one hundred members of the religious legal entity, its real goals and means are contrary to public order, or contravene the statute.

Although the law seems to have introduced universal criteria for a homogenous legal status for all, it has introduced different criteria for communities already enjoying the status of Legal Entity of Public Law, namely the Greek-

Orthodox Church, the Jewish Communities and the three Mufti Offices of Thrace. The religious communities under this law will acquire legal status under civil law, and thus will become Legal Entities of Private Law. According to the Law (art. 16), the three Mufti Offices of Thrace retain their legal status and do not need to register under the new legal procedures. As is explicitly stated in the explanatory report to article 16 of the Law, Muslims outside Thrace would fall within the normative field of the present law.[8] However, Muslim communities of the Dodecanese islands, in Rhodes and Kos are not mentioned by the law, although their legal status in certain aspects is already governed by the law (see religious or community properties, waqf, Chapter 2.3).

According to Law 4301/2014 there is a system of registration of religions other than the Greek-Orthodox Church, the Jewish communities and the three Mufti Offices of Thrace. Adherents to any religion or creed are not required to register with the authorities except for those who apply for the recognition of a Church Legal Person or a Religious Legal Person (according to the aforementioned Law). The registration of these entities in a special Register is carried out by the competent First Instance Court. The Ministry for Education and Religious Affairs keeps a central Register of all religious legal entities and religious servants. These registers are publically accessible via the internet. The new law seems to adopt a system of 'original trade mark' for religious communities that would hardly tolerate the co-existence of religious groups with reference to the same religion and name. However, multiple groups of Greek-Orthodox Old Calendarists would face the problem of recognition and registration. The issue was already put forward in the unresolved case of the parallel Muftis of Thrace. As the ECtHR has highlighted, 'in democratic societies, the State [does not need] to take measures to ensure that religious communities remain or are brought under a unified leadership'.[9]

The Law

Σύνταγμα (ΦΕΚ Α 120, 2008).

Άρθρο 3

1. Επικρατούσα θρησκεία στην Ελλάδα είναι η θρησκεία της Ανατολικής Ορθόδοξης Εκκλησίας του Χριστού. Η ΟρθόδοξηΕκκλησία της Ελλάδας, που γνωρίζει κεφαλή

8 Article 16, at: <http://www.opengov.gr/ypepth/wp-content/uploads/downloads/2014/03/aitiologiki-ekthesi.pdf>.

9 ECtHR, *Serif v Greece*, judgment of 14 December 1999, para. 52.

της τον Κύριο ημών Ιησού Χριστό, υπάρχει αναπόσπαστα ενωμένη δογματικά με τη Μεγάλη Εκκλησία της Κωνσταντινούπολης και με κάθε άλλη ομόδοξη Εκκλησία του Χριστού τηρεί απαρασάλευτα, όπως εκείνες, τους ιερούς αποστολικούς και συνοδικούς κανόνες και τις ιερές παραδόσεις. Είναι αυτοκέφαλη, διοικείται από την Ιερά Σύνοδο των εν ενεργεία Αρχιερέων και από τη Διαρκή Ιερά Σύνοδο που προέρχεται από αυτή και συγκροτείται όπως ορίζει ο Καταστατικός Χάρτης της Εκκλησίας, με τήρηση των διατάξεων του Πατριαρχικού Τόμου της κθ΄ (29) Ιουνίου 1850 και της Συνοδικής Πράξης της 4ης Σεπτεμβρίου 1928.
2. Το εκκλησιαστικό καθεστώς που υπάρχει σε ορισμένες περιοχές του Κράτους δεν αντίκειται στις διατάξεις της προηγούμενης παραγράφου.
3. Το κείμενο της Αγίας Γραφής τηρείται αναλλοίωτο. Η επίσημη μετάφρασή του σε άλλο γλωσσικό τύπο απαγορεύεται χωρίς την έγκριση της Αυτοκέφαλης Εκκλησίας της Ελλάδας και της Μεγάλης του Χριστού Εκκλησίας στην Κωνσταντινούπολη.

Treaty of Sèvres of 10 August 1920 concerning the protection of minorities in Greece (ratified by the Greek parliament by Legislative Decree of 29.9.1923, FEK 311/1923).

Article 8
Greek nationals who belong to racial, religious or linguistic minorities shall enjoy the same treatment and security in law and in fact as the other Greek nationals. In particular they shall have an equal right to establish, manage and control, at their own expense, charitable, religious and social institutions, schools and other educational establishments, with the right to use their own language and to exercise their religion freely therein.

Νόμος 4301/2014 (ΦΕΚ Α 223). Οργάνωση της νομικής μορφής των θρησκευτικών κοινοτήτων και των ενώσεών τους στην Ελλάδα και άλλες διατάξεις αρμοδιότητας Γενικής Γραμματείας Θρησκευμάτων και λοιπές διατάξεις.

Άρθρο 1. Έννοια Θρησκευτικής Κοινότητας
Θρησκευτική κοινότητα είναι ικανός αριθμός φυσικών προσώπων με συγκεκριμένη θρησκευτική Ομολογία γνωστής θρησκείας, μόνιμα εγκατεστημένων σε ορισμένη γεωγραφική περιοχή, με σκοπό την κοινή άσκηση της λατρείας της και την τέλεση των καθηκόντων που απαιτούνται από την κοινή Ομολογία των μελών της.

Άρθρο 2. Θρησκευτικό Νομικό Πρόσωπο
Ένωση προσώπων της αυτής θρησκευτικής κοινότητας, η οποία επιδιώκει τη συστηματική και οργανωμένη άσκηση της λατρείας της και τη συλλογική εκδήλωση των θρησκευτικών πεποιθήσεων των μελών της, αποκτά προσωπικότητα, όταν εγγραφεί

σε ειδικό δημόσιο βιβλίο (Θρησκευτικών Νομικών Προσώπων) που τηρείται στο πρωτοδικείο της έδρας του. Για να συσταθεί θρησκευτικό νομικό πρόσωπο χρειάζονται τριακόσια τουλάχιστον πρόσωπα, εκ των οποίων ένας τουλάχιστον είναι ο θρησκευτικός λειτουργός, ιερουργός ή ποιμένας της θρησκευτικής κοινότητας, στον οποίο έχει ανατεθεί η τέλεση των θρησκευτικών τελετών, ο οποίος πρέπει να είναι Έλληνας ή πολίτης κράτους μέλους της Ευρωπαϊκής Ένωσης ή αλλοδαπός νόμιμα διαμένων στην Ελλάδα.

Άρθρο 3. Διαδικασίες και διατυπώσεις σύστασης

1. Για την εγγραφή του θρησκευτικού νομικού προσώπου στο βιβλίο, η διοίκησή του υποβάλλει αίτηση στο αρμόδιο μονομελές πρωτοδικείο, η οποία εκδικάζεται κατά την εκούσια δικαιοδοσία και στην οποία επισυνάπτονται η συστατική πράξη υπογεγραμμένη από όλους τους ιδρυτές μέλη του με τα πλήρη στοιχεία ταυτότητας και κατοικίας τους, η Ομολογία πίστης, τα ονόματα των μελών της διοίκησης, στην οποία περιλαμβάνεται απαραίτητα και ο θρησκευτικός λειτουργός της κοινότητας, πλήρες βιογραφικό σημείωμα του τελευταίου, από το οποίο θα προκύπτουν οι τυχόν θρησκευτικές σπουδές του, ο τρόπος και ο χρόνος ανάδειξης, εκλογής ή επιλογής του στη θέση αυτή, κατάλογος με τους λατρευτικούς χώρους του και ο κανονισμός του, με τις υπογραφές των μελών του και με ημεροχρονολογία.

Το μέλος δεν μπορεί να συμμετέχει ταυτόχρονα σε άλλο θρησκευτικό νομικό πρόσωπο, της αυτής ή άλλης θρησκείας ή δόγματος. Το δικαστήριο υποχρεωτικά διατάσσει με πράξη του την εισαγωγή της υπόθεσης στο ακροατήριο προς συζήτηση. Αντίγραφο της αίτησης με την πράξη ορισμού δικασίμου και όλα τα δικαιολογητικά επιδίδονται, με επιμέλεια των αιτούντων, δεκαπέντε τουλάχιστον ημέρες πριν τη δικάσιμο στον Υπουργό Παιδείας και Θρησκευμάτων και στον αρμόδιο Εισαγγελέα Πρωτοδικών.

2. Τα στοιχεία ταυτότητας των μελών ιδρυτών του θρησκευτικού νομικού προσώπου, πλην των μελών της διοίκησης που υπογράφουν την αίτηση, δεν γνωστοποιούνται καθ' οποιονδήποτε τρόπο σε τρίτους ούτε περιλαμβάνονται στο τηρούμενο βιβλίο θρησκευτικών νομικών προσώπων.

3. Τα υπό σύσταση θρησκευτικά νομικά πρόσωπα που υπάγονται πνευματικά και διοικητικά σε εκκλησιαστικό νομικό πρόσωπο, υποβάλλουν υποχρεωτικά κοινή αίτηση με το τελευταίο.

Άρθρο 4. Κανονισμός

Ο κανονισμός για να είναι έγκυρος πρέπει να μην έρχεται σε αντίθεση προς τη δημόσια τάξη και τα χρηστά ήθη και πρέπει να καθορίζει:

α) την επωνυμία, η οποία περιέχει οπωσδήποτε τη βασική προσδιοριστική της θρησκείας λέξη στην ελληνική γλώσσα ή την πιστή απόδοσή της με ελληνικούς χαρακτήρες και την ένδειξη «Θρησκευτικό Νομικό Πρόσωπο», β) την έδρα, γ) την εσωτερική οργανωτική δομή του, δ) τα όργανα της διοίκησης, τους όρους ανάδειξης ή διορισμού και παύσης τους και τους κανόνες λειτουργίας τους, ε) τους όρους ανάδειξης, εκλογής ή επιλογής των θρησκευτικών λειτουργών, στ) τον τρόπο της δικαστικής και εξώδικης αντιπροσώπευσης, ζ) τους όρους εισόδου, αποχώρησης και αποβολής των μελών του, καθώς και τα δικαιώματα και τις υποχρεώσεις τους, η) τους όρους με τους οποίους συγκαλείται, συνεδριάζει και αποφασίζει το ανώτατο συλλογικό όργανο, θ) τους πόρους του και την προέλευσή τους, ι) τις τυχόν σχέσεις, αλληλεξαρτήσεις, πνευματικούς και διοικητικούς δεσμούς με ημεδαπό εκκλησιαστικό πρόσωπο, καθώς και με θρησκευτικές κοινότητες ή οργανώσεις της αλλοδαπής, ια) τους όρους τροποποίησης του κανονισμού και ιβ) τους όρους για τη διάλυση του νομικού προσώπου. Στον κανονισμό ορίζεται με σαφήνεια η θρησκεία, το δόγμα και η Ομολογία πίστεως, την οποία υπηρετεί το νομικό πρόσωπο, περιγράφονται οι διδασκαλίες και οι λατρευτικές εκδηλώσεις τους και αναφέρονται όλα τα ιερά κείμενα και οι κανόνες, οι οποίοι συγκροτούν το θρησκευτικό και οργανωτικό περιεχόμενό της και το δεσμεύουν.

Αρθρο 5. Εγγραφή στο βιβλίο και απόκτηση νομικής προσωπικότητας
Αν συντρέχουν οι νόμιμοι όροι, το πρωτοδικείο δέχεται την αίτηση και διατάζει: α) να δημοσιευθεί στον τύπο η Ομολογία πίστεως και περίληψη του κανονισμού με τα ουσιώδη στοιχεία του και β) να εγγραφεί το νομικό πρόσωπο στο βιβλίο Θρησκευτικών Νομικών Προσώπων. Η εγγραφή αυτή είναι ημεροχρονολογημένη και περιλαμβάνει την επωνυμία και την έδρα του, την Ομολογία πίστεως, τη χρονολογία του κανονισμού, τα μέλη της διοικήσεως και τον θρησκευτικό λειτουργό, καθώς και τους όρους που περιορίζουν αυτούς. Ο κανονισμός επικυρώνεται από τον πρόεδρο του δικαστηρίου, κοινοποιείται στον εισαγγελέα πρωτοδικών και κατατίθεται στο αρχείο του πρωτοδικείου. Το θρησκευτικό πρόσωπο αποκτά προσωπικότητα από τη στιγμή που θα εγγραφεί στο βιβλίο και η εγγραφή γίνεται αμέσως μετά την έκδοση της απόφασης. Οι δικονομικές προθεσμίες άρχονται για το Δημόσιο από της κοινοποιήσεως της απόφασης στον εισαγγελέα, για τους τρίτους από την επόμενη της δημοσίευσης στον τύπο.

Άρθρο 6. Παρεμβάσεις και ένδικα μέσα
1. Τρίτο φυσικό ή νομικό πρόσωπο ή ένωση προσώπων μπορεί να ασκήσει μόνο κύρια παρέμβαση κατά τη συζήτηση της αίτησης, ενώ κατά τα λοιπά εφαρμόζονται οι διατάξεις του Κώδικα Πολιτικής Δικονομίας. Δικαίωμα πρόσθετης παρέμβασης υπέρ του αιτούντος έχει το κατ' άρθρο 12 του παρόντος εκκλησιαστικό νομικό πρόσωπο που πρεσβεύει την ίδια θρησκεία και στο οποίο εντάσσεται διοικητικά το υπό σύσταση νομικό πρόσωπο ή, εφόσον δεν υφίσταται ήδη ομόδοξο εκκλησιαστικό νομικό πρόσωπο, άλλα θρησκευτικά νομικά πρόσωπα της αυτής θρησκείας και δόγματος.

2. Τα δικαιώματα αυτά έχει και ο αρμόδιος εισαγγελέας πρωτοδικών αυτεπαγγέλτως ή κατόπιν αιτήσεως του Υπουργού Παιδείας και Θρησκευμάτων.

Άρθρο 7. Περιουσία νομικού προσώπου

1. Η περιουσία του θρησκευτικού νομικού προσώπου προέρχεται από τακτικές ή έκτακτες εκούσιες εισφορές των μελών του, δωρεές ή κληρονομίες, από ενισχύσεις συνδεδεμένων με αυτό ημεδαπών νομικών προσώπων της αυτής εκκλησίας ή θρησκείας και από τις προσόδους αυτής της περιουσίας. Δύναται να λαμβάνει δάνεια από νομίμως λειτουργούντα τραπεζικά ιδρύματα της ημεδαπής ή της αλλοδαπής, καθώς επίσης και να διενεργεί εράνους, κατά τις κείμενες διατάξεις, για συγκεκριμένους φιλανθρωπικούς σκοπούς. Δεν δύναται να κατέχει εταιρικές μερίδες σε προσωπικές εταιρίες, δύναται όμως να κατέχει μετοχές σε κεφαλαιουχικές εταιρίες, εισηγμένες ή μη, σε ποσοστό, το οποίο δεν υπερβαίνει το εκάστοτε ποσοστό της μεγάλης μειοψηφίας, χωρίς δικαίωμα διορισμού ή ειδικότερου ελέγχου των μελών της διοίκησής του.

2. Η περιουσία του θρησκευτικού νομικού προσώπου ούτε διανέμεται ούτε μεταβιβάζεται στα μέλη του για οποιονδήποτε λόγο. Σε περίπτωση διάλυσής του, η περιουσία του μπορεί να περιέρχεται σε άλλο θρησκευτικό νομικό πρόσωπο της αυτής Ομολογίας ή σε συνεστημένη Εκκλησία της αυτής θρησκείας ή Ομολογίας, εφόσον αυτό προβλέπεται ρητά στον κανονισμό του. Άλλως, περιέρχεται στο Δημόσιο και διατίθεται κατά τις διατάξεις περί εθνικών κληροδοτημάτων, για φιλανθρωπικούς σκοπούς στην περιοχή όπου το νομικό πρόσωπο είχε την έδρα του.

Άρθρο 8. Διοίκηση και γενική συνέλευση

1. Το θρησκευτικό νομικό πρόσωπο διοικείται, σύμφωνα με τον κανονισμό του από τον θρησκευτικό λειτουργό του ή από πολυμελές όργανο στο οποίο αυτός μετέχει αναγκαστικά. Το όργανο ούτε συγκαλείται ούτε συνεδριάζει νομίμως εάν απουσιάζει ο θρησκευτικός λειτουργός. Σε περίπτωση που συντρέχει περίπτωση έκλειψης του θρησκευτικού λειτουργού, το όργανο διοίκησης συνεδριάζει και αποφασίζει νομίμως μέχρι την αντικατάσταση του εκλιπόντος μέλους του, για θέματα που αφορούν στην εύρυθμη λειτουργία του νομικού προσώπου.

2. Ο κανονισμός του θρησκευτικού νομικού προσώπου μπορεί να ορίζει ως ανώτατο όργανό του τη συνέλευση των μελών του, η οποία μπορεί να αποφασίζει για κάθε υπόθεσή του που δεν υπάγεται στην αρμοδιότητα άλλου οργάνου. Η συνέλευση, αν ο κανονισμός δεν ορίζει διαφορετικά, ιδίως εκλέγει τα πρόσωπα της διοίκησης, εγκρίνει τα οικονομικά και αποφασίζει για τη διάλυση του νομικού προσώπου. Ο κανονισμός ρυθμίζει τουλάχιστον τους όρους με τους οποίους συγκαλείται, συνεδριάζει και αποφασίζει η συνέλευση και ελεύθερα κάθε άλλο ζήτημα, το οποίο αφορά στο όργανο αυτό, τις αρμοδιότητες και στο έργο του.

Άρθρο 9. Ίδρυση ευκτήριων οίκων και ησυχαστηρίων

Τα θρησκευτικά νομικά πρόσωπα δικαιούνται κατά τις ισχύουσες διατάξεις, να ιδρύουν, να οργανώνουν και να λειτουργούν οπουδήποτε εντός της Επικράτειας, επ' ονόματί τους και ως παραρτήματά τους, ευκτήριους οίκους, ησυχαστήρια και γενικότερα χώρους λατρείας για συναθροίσεις με θρησκευτικούς σκοπούς, υπό τη διοικητική και πνευματική τους εποπτεία. Επίσης, δύνανται να ιδρύουν και να λειτουργούν, κατά τις κείμενες διατάξεις, κατασκηνώσεις, ιδιωτικά σχολεία, εκπαιδευτήρια, ραδιοφωνικούς σταθμούς, φιλανθρωπικά ιδρύματα, Μη Κυβερνητικές Οργανώσεις και άλλα νομικά πρόσωπα ιδιωτικού δικαίου μη κερδοσκοπικού χαρακτήρα, για την ανάπτυξη της προσφοράς τους και την προώθηση σχετικών δραστηριοτήτων.

Άρθρο 10. Διάλυση θρησκευτικού νομικού προσώπου

1. Το θρησκευτικό νομικό πρόσωπο διαλύεται στις περιπτώσεις που προβλέπει ο κανονισμός του και σε περίπτωση που τα μέλη του μείνουν λιγότερα από εκατό. Με απόφαση του μονομελούς πρωτοδικείου, το θρησκευτικό νομικό πρόσωπο μπορεί να διαλυθεί αν το ζητήσει η διοίκησή του για οποιονδήποτε λόγο και αν το ζητήσει η εποπτεύουσα αρχή ή ο αρμόδιος εισαγγελέας:

α) αν δεν έχει τουλάχιστον έναν θρησκευτικό λειτουργό για διάστημα μεγαλύτερο των έξι μηνών, β) αν στην πραγματικότητα επιδιώκει σκοπό διαφορετικό από αυτόν που ορίζει ο νόμος και γ) αν η λειτουργία του έχει καταστεί παράνομη ή ανήθικη ή αντίθετη προς τη δημόσια τάξη.

Η αίτηση εκδικάζεται κατά την εκουσία δικαιοδοσία.

2. Η εποπτεύουσα αρχή μπορεί να προβαίνει σε τακτικούς ή έκτακτους ελέγχους για τη διακρίβωση της νόμιμης λειτουργίας του νομικού πρόσωπου, οι οποίοι περιορίζονται αποκλειστικά στη συνδρομή ή μη των λόγων διάλυσής του

Άρθρο 11. Αναστολή λειτουργίας νομικού προσώπου

Σε εξαιρετικές περιπτώσεις και μόνον εφόσον συντρέχουν λόγοι διάλυσης του θρησκευτικού νομικού προσώπου ή κίνδυνος διασάλευσης της δημόσιας τάξης, κατόπιν αιτήσεως της εποπτεύουσας αρχής ή του αρμόδιου εισαγγελέα πρωτοδικών, δύναται, να ανασταλεί η λειτουργία του θρησκευτικού νομικού προσώπου, να σφραγιστούν προσωρινά οι εγκαταστάσεις του και να ληφθούν τα κατάλληλα ασφαλιστικά μέτρα, με απόφαση του μονομελούς πρωτοδικείου της έδρας του, το οποίο δικάζει κατά τη διαδικασία των άρθρων 682 Κ.Πολ.Δ. Η ισχύς της δικαστικής απόφασης δεν μπορεί να υπερβαίνει τους έξι μήνες, ενώ οι διατάξεις του άρθρου 693 Κ.Πολ.Δ. δεν εφαρμόζονται. Στην περίπτωση συνδρομής λόγων διάλυσης του νομικού προσώπου, η εποπτεύουσα αρχή ή ο αρμόδιος εισαγγελέας οφείλουν να καταθέσουν αμελλητί ενώπιον του αρμοδίου δικαστηρίου τη σχετική αίτηση περί διάλυσής του, η οποία υποχρεωτικά προσδιορίζεται και συζητείται εντός του χρονικού διαστήματος της ισχύος της αναστολής.

Άρθρο 12. Εκκλησιαστικό Νομικό Πρόσωπο

1. Εκκλησία είναι η ένωση τουλάχιστον τριών θρησκευτικών νομικών προσώπων της αυτής θρησκείας, η οποία έχει επισκοπική ή συνοδική ή άλλη κεντρική δομή, λειτουργεί βάσει του κανονισμού της και διοικείται από εκλεγμένα ή διορισμένα, ατομικά ή συλλογικά όργανα. Για την απόκτηση νομικής προσωπικότητας και την εγγραφή της στο ειδικό βιβλίο, απαιτείται η κατάθεση κοινής αίτησης των θρησκευτικών νομικών προσώπων στο πρωτοδικείο της έδρας της Εκκλησίας, στην οποία επισυνάπτονται η συστατική πράξη, οι Ομολογίες πίστεως και των τριών θρησκευτικών προσώπων, τα ονόματα των μελών της διοίκησης, η οποία αποτελείται απαραίτητα και από θρησκευτικούς λειτουργούς των μελών της και ο κανονισμός της. Οι διατάξεις που ισχύουν για τα θρησκευτικά νομικά πρόσωπα εφαρμόζονται ανάλογα και για τις Εκκλησίες. Η επωνυμία της περιέχει οπωσδήποτε και την ένδειξη «Εκκλησιαστικό Νομικό Πρόσωπο».

2. Θρησκευτικές κοινότητες που δεν φέρουν τα χαρακτηριστικά της πρώτης παραγράφου, έστω και χωρίς νομική προσωπικότητα, μπορούν να χρησιμοποιούν τον όρο «Εκκλησία» στην επωνυμία τους, εφόσον όμως δεν αντιποιούνται την επωνυμία των εκκλησιαστικών νομικών προσώπων.

Άρθρο 13. Αναγνώριση νομικής προσωπικότητας της εν Ελλάδι Καθολικής Εκκλησίας, λοιπών υφιστάμενων Εκκλησιών και νομικών προσώπων τους

1. Αναγνωρίζονται ως ίδια νομικά πρόσωπα ιδιωτικού δικαίου, χωρίς καμία άλλη διατύπωση και χωρίς την τήρηση των διαδικασιών που ορίζονται στα άρθρα 3 και 12, έστω και αν δεν υφίστανται οι ελάχιστοι αριθμοί πιστών ή θρησκευτικών νομικών προσώπων που προβλέπονται στα προηγούμενα άρθρα, ως εκκλησιαστικό νομικό πρόσωπο ιδιωτικού δικαίου η «Καθολική Εκκλησία στην Ελλάδα» που εδρεύει στην Αθήνα και έχει ως ανώτατη αρχή την «Ιερά Σύνοδο της Καθολικής Ιεραρχίας Ελλάδος (Ι.Σ.Κ.Ι.Ε.)» και ως θρησκευτικά νομικά πρόσωπα ιδιωτικού δικαίου οι θρησκευτικές κοινότητες (Επισκοπές, Ενορίες, Μονές) με τις κάτωθι επωνυμίες, οι οποίες είναι αναπόσπαστα συνδεδεμένες με την Καθολική Εκκλησία και των οποίων η εσωτερική οργάνωση και λειτουργία διέπεται από το κανονικό δίκαιό της:
[…].

Άρθρο 14. Μητρώο νομικών προσώπων και θρησκευτικών λειτουργών

1. Στο Υπουργείο Παιδείας και Θρησκευμάτων τηρείται ηλεκτρονικό μητρώο θρησκευτικών και εκκλησιαστικών νομικών προσώπων, στο οποίο καταχωρίζονται όλα τα νομικά πρόσωπα του παρόντος νόμου, η δικαστική απόφαση που έκανε δεκτή την αίτηση, η συστατική πράξη, η Ομολογία πίστεως και ο κανονισμός τους. Επίσης, τηρείται ηλεκτρονικό μητρώο των θρησκευτικών λειτουργών που τελούν ιερολογίες με αστικές συνέπειες είτε αυτοί ανήκουν σε θρησκευτική κοινότητα οργανωμένη καθ' οποιονδήποτε νομικό τύπο είτε ανήκουν σε κοινότητα χωρίς νομική προσωπι-

κότητα. Η καταχώρηση του κάθε θρησκευτικού λειτουργού, με τα στοιχεία ταυτότητάς του και την θρησκευτική κοινότητα στην οποία ανήκει, γίνεται με επιμέλεια της τελευταίας, κατόπιν σχετικής αίτησης, όπου επισυνάπτεται βιογραφικό σημείωμα του λειτουργού και οι τίτλοι θρησκευτικών σπουδών που τυχόν διαθέτει. Οι θρησκευτικές κοινότητες με ή χωρίς νομική προσωπικότητα και οι θρησκευτικοί λειτουργοί τους υποχρεούνται να γνωστοποιούν αμελλητί τις αλλαγές στα τηρούμενα στοιχεία, ώστε να ενημερώνονται άμεσα τα τηρούμενα μητρώα και ιδίως να διαγράφονται σε περίπτωση απώλειας της ιδιότητάς τους.
2. Το μητρώο θρησκευτικών λειτουργών συνιστά για τα κατά τόπον αρμόδια ληξιαρχεία και για τις πράξεις που εγγράφουν στα βιβλία τους, επίσημη πηγή πληροφόρησης της ιδιότητας του θρησκευτικού λειτουργού και είναι ελευθέρως προσβάσιμο από αυτά μέσω της ιστοσελίδας του Υπουργείου Παιδείας και Θρησκευμάτων, προκειμένου να καθίσταται εφικτός ο άμεσος έλεγχος της συνδρομής της ιδιότητας αυτής στα πρόσωπα που συντάσσουν τη σχετική πράξη κατ' άρθρο 1367 ΑΚ.
3. Το Υπουργείο Παιδείας και Θρησκευμάτων δύναται να αναρτήσει στο διαδίκτυο ελευθέρως προσβάσιμη στο κοινό, ηλεκτρονική εφαρμογή που να επιτρέπει την επιβεβαίωση της εγγραφής συγκεκριμένου προσώπου στο μητρώο θρησκευτικών λειτουργών και της θρησκευτικής κοινότητας στην οποία αυτό ανήκει.

Άρθρο 15. Ικανότητα Διαδίκου
Θρησκευτικές κοινότητες που δεν έχουν αποκτήσει καθ' οιονδήποτε τρόπο νομική προσωπικότητα, μπορούν να είναι διάδικοι ενώπιον αστικού και διοικητικού δικαστηρίου.

Άρθρο 16. Διατήρηση ειδικότερων νομικών καθεστώτων
Οι διατάξεις του παρόντος δεν εφαρμόζονται:
(α) για τους θρησκευτικούς λειτουργούς και την οργάνωση των θρησκευτικών κοινοτήτων, που ανήκουν στην κανονική δικαιοδοσία και κλίμα της κατά το άρθρο 3 του Συντάγματος Ορθόδοξης Εκκλησίας της Ελλάδος ή των λοιπών, εντός ή εκτός Ελλάδος, ομόδοξων Εκκλησιών του Χριστού, Πατριαρχείων, Μητροπόλεων ή Μονών, που είναι ενωμένες δογματικώς με τη Μεγάλη του Χριστού Εκκλησία της Κωνσταντινουπόλεως και τηρούν, όπως και εκείνη, απαρασαλεύτως τους Ιερούς Αποστολικούς και Συνοδικούς Κανόνες και τις Ιερές Παραδόσεις,
(β) για τους θρησκευτικούς λειτουργούς και την οργάνωση των θρησκευτικών κοινοτήτων που πιστεύουν στον ιουδαϊσμό, για τις οποίες εφαρμόζονται οι διατάξεις περί ισραηλιτικών κοινοτήτων και
(γ) για τους θρησκευτικούς λειτουργούς και την οργάνωση θρησκευτικών κοινοτήτων μουσουλμάνων στις εδαφικές περιφέρειες των μουφτειών.

Άρθρο 17. Τεκμήριο γνωστής θρησκείας
Τεκμαίρεται ως γνωστή θρησκεία κάθε θρησκεία και δόγμα που για την άσκηση της δημόσιας λατρείας της, τελεί σε ισχύ σχετική άδεια ίδρυσης και λειτουργίας ναού ή ευκτήριου οίκου της.

Άρθρο 18. Μεταβίβαση περιουσίας από υφιστάμενα νομικά πρόσωπα
1. Σωματεία, ιδρύματα ή αστικές εταιρίες μη κερδοσκοπικού χαρακτήρα, που έχουν συσταθεί από θρησκευτικές κοινότητες και λειτουργούν κατά τη δημοσίευση του παρόντος νόμου, μπορούν να μεταβιβάσουν λόγω δωρεάς, την ακίνητη περιουσία τους στα θρησκευτικά νομικά πρόσωπα που θα συστήσουν οι αυτές θρησκευτικές κοινότητες, ακόμα και αν το καταστατικό τους ορίζει διαφορετικά, υπό την προϋπόθεση της λήψης σχετικής ομόφωνης απόφασης όλων των μελών τους, σε συνέλευση που θα συνέλθει ειδικά για το θέμα αυτό. Εφόσον η μεταβίβαση λόγω δωρεάς του προηγούμενου εδαφίου λάβει χώρα εντός αποκλειστικής προθεσμίας ενός έτους από την απόκτηση της νομικής προσωπικότητας του θρησκευτικού νομικού προσώπου και, πάντως, όχι πέραν αποκλειστικής προθεσμίας τριών ετών από την έναρξη ισχύος του παρόντος νόμου, δεν υπόκειται σε φορολογική επιβάρυνση.
2. Εκκλησίες που αναγνωρίζονται δυνάμει του άρθρου 13, δύνανται να μεταβιβάσουν, σύμφωνα με τις ειδικότερες προβλέψεις του κανονισμού τους, περιουσιακά στοιχεία τους σε άλλα θρησκευτικά νομικά πρόσωπα που υπάγονται σε αυτές πνευματικά ή διοικητικά. Εφόσον η μεταβίβαση του προηγούμενου εδαφίου λάβει χώρα εντός αποκλειστικής προθεσμίας ενός έτους από την απόκτηση της νομικής προσωπικότητας του θρησκευτικού νομικού προσώπου και, πάντως, όχι πέραν αποκλειστικής προθεσμίας τριών ετών από την έναρξη ισχύος του παρόντος νόμου, δεν υπόκειται σε φορολογική επιβάρυνση.

Αναγκαστικός Νόμος 1363 της 15 Αυγούστου 1938 "περί κατοχυρώσεως διατάξεων των άρθρων 1 και 2 του εν ισχύι Συντάγματος" (ΦΕΚ Α 305) όπως τροποποιήθηκε από το Άρθρο 1 του α.ν. 1672 της 22 Μαρτίου 1939 (ΦΕΚ Α 123).

Αρθρο 1
Ναοί ή ευκτήριοι οίκοι από της δημοσιεύσεως του κατά την προηγουμένην παρ. Β.Δ./τος ανεγειρόμενοι ή λειτουργούντες άνευ της τηρήσεως των εν αυτώ διατυπώσεων ή εγκαθιστώμενοι και λειτουργούντες εντός οικημάτων ή αποθηκών ή οιασδήποτε φύσεως, κτισμάτων ή στεγάστρων κατά μετατροπήν πάντων τούτων κλείονται και σφραγίζονται υπό της οικείας Αστυνομικής Αρχής, απαγορευομένης της λειτουργίας αυτών, οι δε ανεγείροντες ή θέντες εις λειτουργίαν τιμωρούνται δια χρηματικής ποινής μέχρι 50.000 δρχ. και φυλακίσεως 2 μέχρις 6 μηνών.
Δια τους άνευ αδείας ανεγηρομένους και λειτουργούντος κατά την έναρξιν της ισχύος του παρόντος Νόμου ναούς ή ευκτηρίους οίκους απαιτείται άδεια κατά την

παρ. 1 του παρόντος άρθρου, χορηγουμένη κατά τα δια Β.Δ./τος καθορισθησόμενα. Δια του αυτού Β.Δ./τος καθορισθήσονται τα της χορηγήσεως αδειών ανεγέρσεως ή λειτουργίας ευκτηρίου οίκου ή θρησκευτικού εντευκτηρίου.
Υπό τον όρον «Ναός» νοούνται εν τω παρόντι Νόμω και τω υπ αυτού προβλεπομένω Β.Δ./τι παντός είδους ναοί (ενοριακοί ή μη, εξωκκλήσια και παρεκκλήσια).

Βασιλικό Διάταγμα της 20.5/2-6-1939 περί της εκτέλεσης των διατάξεων του αναγκαστικού νόμου 1672/1939 (ΦΕΚ Α 220).

Άρθρο 1
1. Δια την έκδοσιν της υπό της παρ. 1 του άρθρ. 1 του α. Νόμου υπ' αριθμ. 1672/39 προβλεπομένης αδείας προς ανέγερσιν ή λειτουργίαν Ναών, μη υπαγομένων εις τας διατάξεις της εκάστοτε κειμένης περί ναών και εφημερίων της Ορθοδόξου Εκκλησίας της Ελλάδος Νομοθεσίας, απαιτούνται τα εξής:
α) Αίτησις τουλάχιστον πεντήκοντα οικογενειών κατά το μάλλον και ήττον προς αλλήλας γειτνιαζουσών και διαμενουσών εις περιφέρειαν ήτις κείται εις μεγάλην υπό υπάρχοντος ομοδόξου Ναού απόστασιν, εφόσον η εκπλήρωσις των θρησκευτικών αυτών καθηκόντων δυσχεραίνεται εκ της από υπάρχοντος Ναού αποστάσεως. Ο περιορισμός του αριθμού των πεντήκοντα οικογενειών δεν ισχύει δια συνοικισμούς ή χωρία.
β) Την αίτησιν αυτών υποβάλλουσιν αι οικογένειαι προς την οικείαν εκκλησιαστικήν αρχήν, υπογράφουσι δι οι αρχηγοί των οικογενειών, σημειούντες και τας διευθύνσεις των κατοικιών αυτών. Αι υπογραφεί επικυρούνται δια την γνησιότητα αυτών υπό του εν τη περιφερεία Αστυνομικού Τμήματος, όπερ, μετ επιτόπιον υπεύθυνον εξακρίβωσιν, βεβαιοί και ότι συντρέχουσιν οι λόγοι του προηγουμένου εδαφίου προς δεδικαιολογημένην έκδοσιν της απαιτουμένης αδείας.
γ) Η οικεία Αστυνομική Αρχή αποφαίνεται επί της αιτήσεως ητιολογημένως, μεθ ο διαβιβάζει αυτήν μετά της γνώμης αυτής εις το Υπουργείον Θρησκευμάτων και Εθνικής παιδείας, δυνάμενον να αποδεχθή την αίτησιν ή και να απορρίψη αυτήν, εάν κρίνη, ότι δεν συντρέχουσιν οι την ανέγεσιν ή λειτουργίαν νέου ναού επιβάλλοντες πραγματικοί λόγοι ή δεν ετηρήθησαν αι διατάξεις του παρόντος.
[...]

3. Δια την χορήγησιν αδείας ανεγέρσεως ή λειτουργίας ευκτηρίου οίκου ή θρησκευτικού εντευκτηρίου δεν έχουσιν εφαρμογήν αι διατάξεις της παρ. 1 εδαφ. α και β του παρόντος επαφιεμένης εις το Υπουργείον Θρησκευμάτων και Εθνικής Παιδείας της κρίσεως, εάν συντρέχουσιν ουσιαστικοί λόγοι προς χορήγησιν της σχετικής αδείας. Προς τούτοι οι ενδιαφερόμενοι υποβάλλουσι δια του ποιμένος αυτών αίτησιν εις το Υπουργείον Θρησκευμάτων και Εθνικής Παιδείας ενυπόγραφον, κεκυρωμένην ως προς το γνήσιον της υπογραφής υπό του Δημάρχου ή Προέδρου της Κοινότητος. Εν

τη αιτήσει αναγράφονται και αι διευθύνσεις των κατοικιών των αιτούντων. Κατά τα λοιπά ισχύουσιν αι διατάξεις του εδαφ. γ της παρ. 4 του παρόντος άρθρου.

Case Law

Case 1: The Roman Catholic Church of Canea was denied the right to take legal proceedings before the civil courts as it was said that it did not posess legal personality. The Greek courts which adjudicated on the case upheld this position (*Areios Pagos*, judgment 360/1994). The case was brought before the ECtHR which held that the Greek courts not only penalised failure to comply with a simple formality necessary for the protection of public order, but they also imposed a real restriction on the applicant church, preventing it on this particular occasion and for the future from having any dispute relating to its property rights determined by the courts. The ECtHR said that such a limitation impairs the very substance of the applicant church's 'right to a court' and therefore constitutes a breach of Article 6 par. 1 of the ECHR (ECtHR, *Catholic Church of Chanea v Greece*, 16.12.1997).

Case 2: In a series of cases, the applicants filed requests for permits in order to establish a Jehovah's Witness place of worship, which was finally rejected by the state authorities. The latter implemented strictly the legal framework on the establishment of religious shrines and churches. The ECtHR found a violation of Article 9 of the ECHR; the Greek authorities granted the permit before a judgment was issued by the Court. In the *Manousakis* case, the ECtHR stated, 'The system of issuing a license by the Minister is in accordance with article 9 of the ECHR, only in the context that its purpose is to secure the control by the Minister of the existence of the formal preconditions required by the Mandatory Law' (ECtHR, *Manousakis and Others*, 26.9.1996, *Pentidis and Others*, 19.3.1997, *Tsavahidis*, 21.1.1999).

Case 3: A group of Jehovah's Witnesses applied to establish a place of worship in Kassandra, but the local Greek-Orthodox bishop objected. According to the Council of State, the legal framework providing for a special permit for the construction and establishment of a religious shrine can contravene Article 13 par. 2 of the Constitution, especially in a case where granting such permit is subject to 'rubber-stamping' by the Ministry. The assessment on granting the permit should be related to the real need for establishment of the place of worship according to the wish of the religious community that requested the permit (*StE*, judgment 2188/2010).

1.4 Religious Freedom and Education

Article 16 of the Constitution provides that 'education constitutes a basic mission for the State and shall aim at the moral, intellectual, professional and physical training of Greeks, the development of national and religious consciousness and at their formation as free and responsible citizens'. Compulsory education lasts for at least nine years. All Greeks are entitled to free education on all levels at state educational institutions. The state provides financial assistance to those who distinguish themselves, as well as to students in need of special assistance or special protection, in accordance with their abilities. Lastly, art and science, research and teaching are free under the Constitution and their development and promotion are an obligation of the state. Academic freedom and freedom of teaching does not exempt anyone from his duty of allegiance to the Constitution. Universities are only legal entities of public law, are autonomous and operate under the supervision of the state.

The scope of elementary and secondary education is to assist students to become free, responsible and democratic citizens and to be faithful to the country and the 'genuine elements of the Greek Orthodox tradition'. It is clearly also stated that the students' 'religious freedom is inviolable'. It seems that the law endorses neutrality towards the religion identities of students, but between the lines it promotes the Greek-Orthodox faith.[10] A Greek-Orthodox blessing (on the first day of the school year) conducted by a priest, morning prayers, and the Greek-Orthodox religious course, having a direct Greek-Orthodox catechetical character, are given to each class. Exemption from all the above expressions of the dominant religion in Greek schools is guaranteed to all those who belong to any other religion or dogma. A delicate issue regarding exemption has arisen regarding those who have been baptised as Greek Orthodox but wish to be exempt, or regarding those who do not want to reveal their religious beliefs. Greek-Orthodox morning prayers in schools are carried out daily in accordance with presidential decree 201/1998. Students who are not Greek Orthodox have to apply in writing to be exempt.

---

10 Giorgos Sotirelis, *Religion and education according to the Constitution and the* ECHR, [in Greek] (Athens/Komotini: Sakkoulas 1998), p. 343.

The Law

Σύνταγμα (ΦΕΚ Α 120, 2008)

Άρθρο 16
1. Η τέχνη και η επιστήμη, η έρευνα και η διδασκαλία είναι ελεύθερες· η ανάπτυξη και η προαγωγή τους αποτελεί υποχρέωση του Κράτους. Η ακαδημαϊκή ελευθερία και η ελευθερία της διδασκαλίας δεν απαλλάσσουν από το καθήκον της υπακοής στο Σύνταγμα.
2. Η παιδεία αποτελεί βασική αποστολή του Κράτους και έχει σκοπό την ηθική, πνευματική, επαγγελματική και φυσική αγωγή των Ελλήνων, την ανάπτυξη της εθνικής και θρησκευτικής συνείδησης και τη διάπλασή τους σε ελεύθερους και υπεύθυνους πολίτες.
3. Τα έτη υποχρεωτικής φοίτησης δεν μπορεί να είναι λιγότερα από εννέα.
4. Όλοι οι Έλληνες έχουν δικαίωμα δωρεάν παιδείας, σε όλες τις βαθμίδες της, στα κρατικά εκπαιδευτήρια. Το Κράτος ενισχύει τους σπουδαστές που διακρίνονται, καθώς και αυτούς που έχουν ανάγκη από βοήθεια ή ειδική προστασία, ανάλογα με τις ικανότητές τους.
5. Η ανώτατη εκπαίδευση παρέχεται αποκλειστικά από ιδρύματα που αποτελούν νομικά πρόσωπα δημοσίου δικαίου με πλήρη αυτοδιοίκηση. Τα ιδρύματα αυτά τελούν υπό την εποπτεία του Κράτους, έχουν δικαίωμα να ενισχύονται οικονομικά από αυτό και λειτουργούν σύμφωνα με τους νόμους που αφορούν τους οργανισμούς τους. Συγχώνευση ή κατάτμηση ανώτατων εκπαιδευτικών ιδρυμάτων μπορεί να γίνει και κατά παρέκκλιση από κάθε αντίθετη διάταξη, όπως νόμος ορίζει. Ειδικός νόμος ορίζει όσα αφορούν τους φοιτητικούς συλλόγους και τη συμμετοχή των σπουδαστών σ' αυτούς.
[...]

Νόμος 1566/1985 (ΦΕΚ Α 167ο). Δομή και λειτουργία της πρωτοβάθμιας και δευτεροβάθμιας εκπαίδευσης και άλλες διατάξεις.

Άρθρο 1. Σκοπός—Γλώσσα
1. Σκοπός της πρωτοβάθμιας και δευτεροβάθμιας εκπαίδευσης είναι να συμβάλει στην ολόπλευρη, αρμονική και ισόρροπη ανάπτυξη των διανοητικών και ψυχοσωματικών δυνάμεων των μαθητών, ώστε, ανεξάρτητα από φύλο και καταγωγή, να έχουν τη δυνατότητα να εξελιχθούν σε ολοκληρωμένες προσωπικότητες και να ζήσουν δημιουργικά. Ειδικότερα υποβοηθεί τους μαθητές:
α) Να γίνονται ελεύθεροι, υπεύθυνοι, δημοκρατικοί πολίτες, να υπερασπίζονται την εθνική ανεξαρτησία, την εδαφική ακεραιότητα της χώρας και τη δημοκρατία, να εμπνέονται από αγάπη προς τον άνθρωπο, τη ζωή και τη φύση και να διακατέχονται

από πίστη προς την πατρίδα και τα γνήσια στοιχεία της ορθόδοξης χριστιανικής παράδοσης. Η ελευθερία της θρησκευτικής τους συνείδησης είναι απαραβίαστη.
β) Να καλλιεργούν και να αναπτύσσουν αρμονικά το πνεύμα και το σώμα τους, τις κλίσεις, τα ενδιαφέροντα και τις δεξιότητές τους. Να αποκτούν, μέσα από τη σχολική τους αγωγή, κοινωνική ταυτότητα και συνείδηση, να αντιλαμβάνονται και να συνειδητοποιούν την κοινωνική αξία και ισοτιμία της πνευματικής και της χειρωνακτικής εργασίας. Να ενημερώνονται και να ασκούνται πάνω στη σωστή και ωφέλιμη για το ανθρώπινο γένος χρήση και αξιοποίηση των αγαθών του σύγχρονου πολιτισμού, καθώς και των αξιών της λαϊκής μας παράδοσης.
γ) Να αναπτύσσουν δημιουργική και κριτική σκέψη και αντίληψη συλλογικής προσπάθειας και συνεργασίας, ώστε να αναλαμβάνουν πρωτοβουλίες και με την υπεύθυνη συμμετοχή τους να συντελούν αποφασιστικά στην πρόοδο του κοινωνικού συνόλου και στην ανάπτυξη της πατρίδας μας.
[...]

Άρθρο 4. Δημοτική εκπαίδευση
1. Σκοπός του δημοτικού σχολείου είναι η πολύπλευρη πνευματική και σωματική ανάπτυξη των μαθητών μέσα στα πλαίσια που ορίζει ο ευρύτερος σκοπός της πρωτοβάθμιας και δευτεροβάθμιας εκπαίδευσης.
Ειδικότερα, το δημοτικό σχολείο βοηθεί τους μαθητές:
α) να διευρύνουν και αναδιατάσσουν τις σχέσεις της δημιουργικής τους δραστηριότητας με τα πράγματα, τις καταστάσεις και τα φαινόμενα που μελετούν,
β) να οικοδομούν τους μηχανισμούς που συμβάλλουν στην αφομοίωση της γνώσης, να αναπτύσσονται σωματικά, να βελτιώνουν τη σωματική και ψυχική τους υγεία και να καλλιεργούν τις κινητικές τους ικανότητες.
γ) να κατακτούν το περιεχόμενο των βασικότερων εννοιών και να αποκτούν, βαθμιαία, την ικανότητα να ανάγονται από τα δεδομένα των αισθήσεων στην περιοχή της αφηρημένης σκέψης.
δ) να αποκτούν την ικανότητα ορθής χρήσης του προφορικού και γραπτού λόγου,
ε) να εξοικειώνονται βαθμιαία με τις ηθικές, θρησκευτικές, εθνικές, ανθρωπιστικές και άλλες αξίες και να τις οργανώνουν σε σύστημα αξιών και
στ) να καλλιεργούν το αισθητικό τους κριτήριο, ώστε να μπορούν να εκτιμούν τα έργα της τέχνης και να εκφράζονται ανάλογα, μέσα από τα δικά τους καλλιτεχνικά δημιουργήματα.

Προεδρικό Διάταγμα 201/1998 (ΦΕΚ Α 161). Οργάνωση και λειτουργία δημοτικών σχολείων.

Άρθρο 13. Παρ. 5. Πρωινή προσευχή—σημαιοστολισμός.
α. Πριν από την έναρξη των μαθημάτων πραγματοποιείται κοινή προσευχή των

μαθητών και του διδακτικού προσωπικού στο προαύλιο του σχολείου με ευθύνη των εκπ/κών που εφημερεύουν. Σε περίπτωση δυσμενών καιρικών συνθηκών η προσευχή πραγματοποιείται στην αίθουσα κάθε τάξης. Οι εκπαιδευτικοί συμμετέχουν υποχρεωτικά στην πρωινή κοινή προσευχή και στον εκκλησιασμό και επιβλέπουν το τμήμα τους. Η συμμετοχή και των μη ορθόδοξων εκπαιδευτικών είναι απαραίτητη για την επιτήρηση των μαθητών τους. Η συμμετοχή των ετερόδοξων μαθητών στην πρωινή προσευχή γίνεται σύμφωνα με τα αναφερόμενα στο εδάφιο δ της παραγράφου 10 αυτού του άρθρου.
[...]

Άρθρο 10. Μη Ορθόδοξοι μαθητές
α. Μαθητές που ανήκουν σε άλλο δόγμα ή άλλο θρήσκευμα δεν συμμετέχουν στον εκκλησιασμό, εφόσον οι γονείς τους το ζητήσουν με γραπτή δήλωση. Όταν ένας από τους γονείς ανήκει σε άλλο δόγμα ή θρησκεία, για να γίνει απαλλαγή χρειάζεται κοινή δήλωση των γονέων. Αν οι γονείς είναι διαζευγμένοι ισχύει η δήλωση του γονέα που έχει την επιμέλεια, σύμφωνα με την παρ. 2 του άρθρου 8 αυτού του Π.Δ.
Οι γονείς των μη ορθόδοξων μαθητών ενημερώνονται έγκαιρα για την ημέρα και την ώρα του εκκλησιασμού ώστε αυτοί να οδηγηθούν στο σχολείο μετά τη λήξη του. Όταν ο εκκλησιασμός γίνεται έκτακτα ή δεν ειδοποιούνται οι γονείς και κηδεμόνες των παραπάνω μαθητών, η απασχόληση και η επιτήρησή τους γίνεται με ευθύνη του σχολείου.
Οι προαναφερόμενοι μαθητές συμμετέχουν στον εορτασμό των εθνικών επετείων και στις άλλες εκδηλώσεις του σχολείου.
β. Οι παραπάνω μαθητές απαλλάσσονται από το μάθημα των Θρησκευτικών και με απόφαση του συλλόγου διδασκόντων ορίζεται ο τρόπος απασχόλησής τους εντός ή εκτός της αίθουσας ή σε άλλη αίθουσα, την ώρα της διδασκαλίας του μαθήματος αυτού.
γ. Αν οι γονείς τους επιθυμούν να αναγράφεται στα επίσημα έγγραφα ή βιβλία του σχολείου ότι ακολουθούν άλλο δόγμα ή θρησκεία πρέπει να προσκομίσουν πιστοποιητικό Μητρώου ή Δημοτολογίου, στο οποίο να αναφέρεται ότι ακολουθούν το συγκεκριμένο δόγμα.
δ. Οι παραπάνω μαθητές, εφόσον προσέρχονται στο σχολείο πριν γίνει η πρωινή προσευχή, παρευρίσκονται με το τμήμα που ανήκουν στο χώρο της συγκέντρωσης χωρίς να συμμετέχουν στην προσευχή, τηρώντας απόλυτη ησυχία, σεβόμενοι τους δασκάλους και τους συμμαθητές τους που προσεύχονται.

Case Law

Case 1: According to the Court of Cassation (*Areios Pagos*, AP) the religious education of children is the responsibility of parents with custody of their children, which includes the right to develop the religious consciousness (*AP*, judgment 1424/1998).

Case 2: The Council of State annulled a decision adopted by the Ministry of National Education and Religions limiting religious study in a Lyceum to one hour per week. The Court said that in order to implement Article 16 of the Constitution so as sufficiently to develop the religious consciousness of students according to the Greek-Orthodox faith, the state has to adopt the proper legislative and normative measures in order to ensure religious education (*StE*, judgment 2176/1998).

1.5 Tax Exemptions

Income tax is levied on the income of any person, natural or legal, accruing in, derived from, or received in Greece (Laws 4172/2013 and 4174/2013). Income acquired by Greek-Orthodox religious legal entities from letting out real property is taxed at 20% (art. 12 par. 4, Law 3842/2010, FEK A 58). Religious institutions of any religion and denomination enjoy exemption from income tax and the tax on donations and inheritance, but are charged 0.5% (art. 25 par. 3, Law 2961/2001).[11] Religious legal entities are also exempt from VAT. A special tax was also imposed on real property in the framework of the economic crisis that hit Greece after 2009. All 'known religions' were exempt from this tax in accordance with Law 4021/2011 (art. 53 par. 5). Moreover, in 2013 a new special annual tax was imposed on all properties (ENFIA). Religious legal entities of public law and the Muslim waqf are exempt on the condition that properties are used by these legal entities in accordance with their pious goals (Law 4223/2013, FEK A 287). In parallel, the Greek-Orthodox Church has to submit to the state treasury 25% of its revenues. This contribution was increased to 35% by Mandatory Law 469/1968, but was finally abolished by Article 15 of Law 3220/2004. According to Mandatory Law 536/1945 and Law 469/1968, Orthodox Church priests and deacons are remunerated by the Greek state. The same applies to the three Muftis of Thrace and the staff of their secretariats, in accordance with Article 7, Law 1920/1991 (FEK A 182). No religious officials belonging to other Christian denominations or Jewish communities are remunerated by the state, which fact poses a question of equal treatment before the law.

---

11 Constantinos Papageorgiou, *Ecclesiastical Law. Theory and Jurisprudence* [in Greek] (Thessaloniki: Barbounakis, 2013), pp. 464, 465.

The waqf foundations have been taxed in recent years by the taxation authorities without the money actually being claimed; this practice lasted from 1971 until 2006, resulting in a very significant amount of debt. The issue was dealt with by Article 7 of Law 3554/2007 only as far as previous years were concerned. By Law 3634/2008 (FEK A 9), a new tax on real property replaced the old one and the waqf were explicitly exempt only for the property that was used for their own needs. By Law 3842/2010, the waqf properties were also exempt from real property tax (arts. 15.2 and 56). However, in Komotini, the Management Committee of the Muslim Property was compelled to mortgage 25 properties and one plot, as it was unable to pay the additional 1.2 million euros due to the state in back taxes.[12]

The Law

Νόμος 3842/2010 (ΦΕΚ Α 58). Αποκατάσταση φορολογικής δικαιοσύνης και αντιμετώπιση φοροδιαφυγής.

Άρθρο 12 παρα. 4
Τα εισοδήματα που αποκτούν από την εκμίσθωση οικοδομών και γαιών οι ιεροί ναοί, οι ιερές μητροπόλεις, οι ιερές μονές του Αγίου Όρους, η ιερά μονή Πάτμου, η ιερά μονή Σινά, η Αποστολική Διακονία, ο Πανάγιος Τάφος, το Οικουμενικό Πατριαρχείο Κωνσταντινουπόλεως, τα Πατριαρχεία Ιεροσολύμων και Αλεξανδρείας, η Ιερά Αρχιεπισκοπή Κύπρου και οι ιερές σταυροπηγιακές μονές Κύπρου, τα ημεδαπά νομικά πρόσωπα που νόμιμα έχουν συσταθεί η συνιστώνται και τα οποία επιδιώκουν αποδεδειγμένα κοινωφελείς σκοπούς, καθώς και τα ημεδαπά κοινωφελή ιδρύματα, φορολογούνται με συντελεστή είκοσι τοις εκατό (20%).

Άρθρο 29
Απαλλάσσονται από τον Φόρο Μεγάλης Ακίνητης Περιουσίας:
[...] ιγ) Τα ακίνητα που χρησιμοποιούν για να επιτελούν το λατρευτικό, εκπαιδευτικό, θρησκευτικό και κοινωφελές έργο οι κατά την παράγραφο 2 του άρθρου 13 του Συντάγματος γνωστές θρησκείες και δόγματα, το Ιερό Κοινό του Πανάγιου Τάφου, η Ιερά Μονή του Όρους Σινά, το Άγιο Όρος, το Πατριαρχείο Κωνσταντινουπόλεως, το Πατριαρχείο Αλεξανδρείας, το Πατριαρχείο Ιεροσολύμων και η Ορθόδοξη Εκκλησία της Αλβανίας.
ιδ) Τα ιδιοχρησιμοποιούμενα ακίνητα των νομικών πρόσωπων που υπάγονται στις διατάξεις του ν. 3647/2008 (ΦΕΚ 37 Α'). [*βλ. βακούφια Θράκης*].

12 Konstantinos Tsitselikis, *Old and New Islam in Greece*, p. 344.

Άρθρο 57
1. Το άρθρο 15 του ν. 3091/2002 (ΦΕΚ 330 Α΄), όπως ισχύει, αντικαθίσταται ως εξής:
«Άρθρο 15—Ειδικός φόρος επί των ακινήτων
1. Νομικά πρόσωπα και νομικές οντότητες της παρ. 3 του άρθρου 51Α του Κ.Φ.Ε., που έχουν εμπράγματα δικαιώματα πλήρους ή ψιλής κυριότητας ή επικαρπίας σε ακίνητα τα οποία βρίσκονται στην Ελλάδα, καταβάλλουν ειδικό ετήσιο φόρο δεκαπέντε τοις εκατό (15%) επί της αξίας αυτών, όπως προσδιορίζεται στο άρθρο 17 του νόμου αυτού.
2. Από την υποχρέωση της προηγούμενης παραγράφου εξαιρούνται, ανεξάρτητα από τη χώρα στην οποία έχουν την έδρα τους σύμφωνα με το καταστατικό τους:
[...]
ε) Το Ελληνικό Δημόσιο στο οποίο περιλαμβάνονται και οι αποκεντρωμένες δημόσιες υπηρεσίες που λειτουργούν ως ειδικά ταμεία, αλλοδαπά κράτη με τον όρο της αμοιβαιότητας, οι γνωστές θρησκείες και δόγματα κατά την παράγραφο 2 του άρθρου 13 του Συντάγματος, το Ιερό Κοινό του Πανάγιου Τάφου, η Ιερά Μονή του Όρους Σινά, το Άγιο Όρος, το Πατριαρχείο Κωνσταντινουπόλεως, το Πατριαρχείο Αλεξανδρείας, το Πατριαρχείο Ιεροσολύμων και η Ορθόδοξη Εκκλησία της Αλβανίας.
στ) Νομικά πρόσωπα τα οποία αποδεδειγμένα επιδιώκουν στην Ελλάδα σκοπούς κοινωφελείς, πολιτιστικούς, θρησκευτικούς, εκπαιδευτικούς για τα ακίνητα που ιδιοχρησιμοποιούν για τον κοινωφελή, πολιτιστικό, θρησκευτικό, εκπαιδευτικό σκοπό, για τα ακίνητα που εκμεταλλεύονται εφόσον το προϊόν της εκμετάλλευσης διατίθεται αποδεδειγμένα για την εκπλήρωση αυτών των σκοπών, καθώς και για τα ακίνητα που αποδεδειγμένα είναι κενά ή δεν αποφέρουν κανένα εισόδημα».

Νόμος 4223/2013 (ΦΕΚ Α 287). Ενιαίος Φόρος Ιδιοκτησίας Ακινήτων και άλλες διατάξεις.

ΚΕΦΑΛΑΙΟ Α΄
ΕΝΙΑΙΟΣ ΦΟΡΟΣ ΙΔΙΟΚΤΗΣΙΑΣ ΑΚΙΝΗΤΩΝ

Άρθρο 1. Αντικείμενο του φόρου
1. Από το έτος 2014 και για κάθε επόμενο έτος επιβάλλεται Ενιαίος Φόρος Ιδιοκτησίας Ακινήτων (ΕΝ.Φ.Ι.Α.) στα δικαιώματα της παραγράφου 2 του παρόντος, σε ακίνητα που βρίσκονται στην Ελλάδα και ανήκουν σε φυσικά ή νομικά πρόσωπα ή κάθε είδους νομικές οντότητες την 1η Ιανουαρίου κάθε έτους.
2. Ο ΕΝ.Φ.Ι.Α. επιβάλλεται στα εμπράγματα δικαιώματα της πλήρους κυριότητας, της ψιλής κυριότητας, της επικαρπίας, της οίκησης και της επιφάνειας επί του ακινήτου. Ο ΕΝ.Φ.Ι.Α. επιβάλλεται και στα εμπράγματα ή ενοχικά δικαιώματα της αποκλειστικής χρήσης θέσης στάθμευσης, βοηθητικού χώρου και κολυμβητικής

δεξαμενής, που βρίσκονται σε κοινόκτητο τμήμα του ακινήτου και αποτελούν παρακολούθημα των παραπάνω εμπραγμάτων δικαιωμάτων. Εξαιρετικά, επιβάλλεται και στο δικαίωμα της νομής ή οιονεί νομής, της κατοχής, καθώς και στη δέσμευση δικαιωμάτων επί του ακινήτου από Ο.Τ.Α. σύμφωνα με τα οριζόμενα στην παράγραφο 2 του άρθρου 2.
3.Ο ΕΝ.Φ.Ι.Α. ισούται με το άθροισμα του κύριου φόρου επί του κάθε ακινήτου και του συμπληρωματικού φόρου επί της συνολικής αξίας των δικαιωμάτων επί των ακινήτων του υποκειμένου στο φόρο.
[...]

Άρθρο 3. Απαλλαγές από τον ΕΝ.Φ.Ι.Α.
1. Απαλλάσσονται από τον ΕΝ.Φ.Ι.Α. τα δικαιώματα στα ακίνητα που ανήκουν:
[...]
δ) Σε Ν.Π.Δ.Δ. που δεν εντάσσονται στους φορείς της Γενικής Κυβέρνησης και ιδιοχρησιμοποιούνται αποκλειστικά για την εκπλήρωση μορφωτικού, εκπαιδευτικού, πολιτιστικού, αθλητικού, θρησκευτικού, φιλανθρωπικού
και κοινωφελούς σκοπού ή παραχωρούνται δωρεάν στο Δημόσιο.
ε) Σε Ν.Π.Ι.Δ. που δεν εντάσσονται στους φορείς της Γενικής Κυβέρνησης, μη κερδοσκοπικού χαρακτήρα και ιδιοχρησιμοποιούνται αποκλειστικά για την εκπλήρωση μορφωτικού, εκπαιδευτικού, πολιτιστικού, αθλητικού, θρησκευτικού, φιλανθρωπικού και κοινωφελούς σκοπού ή παραχωρούνται δωρεάν στο Δημόσιο.
στ) Σε νομικά πρόσωπα και νομικές οντότητες των γνωστών θρησκειών και δογμάτων κατά την παρ. 2 του άρθρου 13 του Συντάγματος και ιδιοχρησιμοποιούνται για την εκπλήρωση του λατρευτικού, θρησκευτικού και κοινωφελούς έργου τους. Στις υποκείμενες στο ειδικό συνταγματικό καθεστώς Ιερές Μονές του Αγίου Όρους, κείμενα εντός ή εκτός αυτού.
ζ) Στα νομικά πρόσωπα που υπάγονται στο ειδικό καθεστώς διοίκησης και διαχείρισης του ν. 3647/2008 (Α΄ 37) και ιδιοχρησιμοποιούνται.

Νόμος 4172/2013 (ΦΕΚ Α 167). Κώδικας Φορολογίας.

Άρθρο 69 παρ 4.
Ειδικά, για τους αρχιτέκτονες και τους μηχανικούς ο προκαταβλητέος φόρος υπολογίζεται ως εξής:
α) Σε τέσσερα τοις εκατό (4%) της συμβατικής αμοιβής για εκπόνηση μελετών και σχεδίων
β) Σε δέκα τοις εκατό (10%) της συμβατικής αμοιβής για εκπόνηση μελετών και σχεδίων που αφορούν οποιασδήποτε άλλης φύσης έργα και για την επίβλεψη της εκτέλεσης αυτών, καθώς και των έργων της προηγούμενης περίπτωσης και της ενέργειας πραγματογνωμοσύνης κ.λπ. για τα έργα αυτά.

Κατ' εξαίρεση, για αμοιβές αρχιτεκτόνων και μηχανικών για την επίβλεψη της εκτέλεσης κάθε είδους τεχνικών έργων που ορίζονται στις προηγούμενες περιπτώσεις, ο προκαταβλητέος φόρος επιβάλλεται πριν από τη θεώρηση των οικείων εργασιών από την αρμόδια αρχή στο ποσό της αμοιβής επίβλεψης του δικαιούχου, και προκειμένου για εκπόνηση μελετών ή σχεδίων και επίβλεψη έργων του Δημοσίου, νομικών προσώπων δημοσίου δικαίου και των κοινωφελών ή θρησκευτικών ιδρυμάτων, ο προκαταβλητέος φόρος κατά τα ποσοστά της παραγράφου αυτής υπολογίζεται στο ποσό της συμβατικής αμοιβής.

Άρθρο 19
1. Το ποσό του φόρου μειώνεται κατά δέκα τοις εκατό (10%) επί των ποσών δωρεών προς τους φορείς που ορίζονται στην απόφαση της επόμενης παραγράφου, εφόσον οι δωρεές υπερβαίνουν στη διάρκεια του φορολογικού έτους το ποσό των εκατό (100) ευρώ. Το συνολικό ποσό των δωρεών δεν μπορεί να υπερβαίνει το πέντε τοις εκατό (5%) του φορολογητέου εισοδήματος.
2. Με απόφαση του Υπουργού Οικονομικών ορίζονται οι φορείς με έδρα την ημεδαπή ή άλλα κράτη μέλη της Ε.Ε. ή του Ε.Ο.Χ. που αναγνωρίζονται για το σκοπό του προσδιορισμού της μείωσης φόρου επί του ποσού των χορηγούμενων σε αυτούς δωρεών, σύμφωνα με την προηγούμενη παράγραφο, εφόσον τα ποσά των δωρεών κατατίθενται σε ειδικούς για το σκοπό αυτόν λογαριασμούς τραπεζών που λειτουργούν νόμιμα σε κράτος μέλος της Ε.Ε. ή του Ε.Ο.Χ.

Απαλλαγή από το φόρο μεταβίβασης ακινήτων, ΑΡ: Δ13Β 1170224 ΕΞ 5.11.2013

Υπ. Οικονομικών, ΓΓ Φορολογικών και Τελωνειακών θεμάτων
Γεν. Διευ/ση Φορολογίας, Δ/νση Φορολογίας κεφαλαίου—Τμήμα Β΄
Σύμφωνα με τις διατάξεις περί φορολογίας μεταβίβασης ακινήτων (α.ν. 1521/1950, ΦΕΚ Α΄294, όπως ισχύει), κάθε μεταβίβαση ακινήτου ή εμπράγματου δικαιώματος που γίνεται με επαχθή αιτία φορολογείται και υπόχρεος για την καταβολή του φόρου είναι ο αγοραστής. Από το φόρο αυτό απαλλάσσονται κατά την περιοριστική διατύπωση του άρθρου 6, περ.γ του α.ν. 1521/1950, όπως ισχύει, μεταξύ των άλλων, μεταβιβάσεις στις οποίες αγοραστής είναι το Δημόσιο, τα Ν.Π.Δ.Δ, οι δήμοι, οι κοινότητες, οι ιεροί ναοί και οι ιερές μονές.

Case Law

Case 1. The Council of State has said that when tax law refers to churches and holy monasteries of the Greek-Orthodox Church, it is meant to include not only those belonging to the 'prevailing religion' but any place of worship of any 'known religion' on condition that it is a legal entity subject to Greek law.

To achieve an exemption from tax law, a special 'operating permit' issued by the Ministry of National Education and Religions is required (*StE*, judgments 2513/80 and 1558/84).

CHAPTER 2

Relations between the State and Islam

2.1 Introduction

Muslim communities of Greece were recognised and protected as a minority through a series of international treaties which were concluded in relation to the territorial expansion of Greece. New territorial gains brought new citizens to Greece among whom were Muslims: in 1830, after Greece gained independence; in 1881 after the annexation of Thessalia and Arta (Treaty of Constantinople on Muslims in Greece); in 1913 after the annexation of the 'New Lands' (Convention of Athens on Muslims in Greece); in 1923 after the Greek-Turkish population exchange and the determination of the borders between Greece and Turkey (Treaty of Sevres on minorities in Greece, Treaty of Lausanne on Muslims in Greece and non-Muslims in Turkey); and in 1947 (Treaty of Paris) when the Dodecanese islands were annexed to Greece.

Greek national ideology and Orthodoxy forged a direct link to membership of the Greek nation. This link was reflected in the Greek law which governed directly or indirectly ethnic, religious or linguistic otherness. The conception of nationhood denied the *de facto* ethnic heterogeneity of the Orthodox population. The Greek Orthodox Church has played an integral role in the emergence of this vision of nation, along with the pre-modern 'imagined' community, namely ancient Hellas, which has become confused with the modern nation.[1] The view of Orthodoxy and Hellenic heritage as constitutive of the Greek nation is therefore also bound up in the legal order. In this context, Muslims could hardly be seen as 'equal Greek citizens'. The upshot has been that minority protection in Greece is understood as providing a secure but isolated space for Muslims to enjoy minority status. This view that there is an irreconcilable divide between Christians and Muslims explains why Greek law and policies have never attempted to assimilate the Muslim population, while non-Greek-speaking Orthodox groups have been the target of aggressive assimilationism. Indeed, at the dusk of the Ottoman Empire, Muslim groups across the Balkans were incorporated into the new Christian states through

1 Hugh Poulton, 'Islam, ethnicity and state in the contemporary Balkans: Muslim identity and the Balkan state', in H. Poulton and S. Taji-Farouki (eds.), *Muslim identity and the Balkan state* (London: Hurst, 1997), p. 28.

 | DOI: 10.1163/PROJECTEISBN_003

institutional structures inherited from the pre-modern Ottoman *millet* system.[2] This means that to this day, minority protection in Greece entails the coexistence of citizenship and a hybrid 'neo-*millet*' legal status. Muslim communities (*cemaat*), which had been part of the dominant *millet* of the Ottoman Empire, found their legal status reversed in a new set of institutional arrangements which belied emerging realities on the ground and preserved old patterns. The long tradition of this kind of minority protection for Muslims in Greece dates back to at least 1881 (and for Jews from 1913 to 1947). It has survived in various institutional forms as an inflexible remnant of the past; it has also served to ossify the positions of the conservative minority community and its kin-state, Turkey.

From another point of view, legal regulations related to Muslim minorities (Greek citizens) were aimed at ensuring a soft transition from the old imperial (Ottoman Empire) to the new national Greek state. However, a series of questions had to be answered, especially those arising from the friction between institutionalised communitarianism and equality between citizens. In practice, these questions were legally answered as elements of the legacy of the *millet* system which survived and merged with modern minority protection frameworks. As such, provision of individual rights overlapped with strong communitarian feelings to create a rather paradoxical legal order which was nevertheless endorsed by international law. This occurred through observation of international treaty obligations which retained a series of the past rights and prerogatives for Muslim citizens through minority legal protection. Minority organisational structures that related to religion and education were also put under protection through the aforementioned international treaties. To highlight one of these, the Convention of Peace between Greece and Turkey (of 1/14 November 1913, Athens) gave special rights to Muslims, namely, equality before the law, religious freedom, religious autonomy and acknowledgement of their religious hierarchy. More detailed provisions on minority protection came after the end of World War I and the Greek-Turkish war (1919–1922). The Treaty of Sevres on the protection of minorities in Greece was signed in 1920, but it came into force through the Treaty of Lausanne. The latter, cornerstone of today's minority protection, gave the non-Muslim minorities in Turkey and the Muslim minority in Greece special status (arts. 37–45) regarding education, religious freedom, pious foundations, etc. (see Chapter 3).

2 Karen Barkey, *Empire of difference: The Ottomans in Comparative Perspective* (Cambridge: Cambridge University Press, 2008).

Today the special legal status is applicable only in Thrace. Muslims of Greek citizenship who live outside Thrace, although originally from Thrace, or being members of the Muslim communities of Rodos and Kos (Dodecanese islands) do not enjoy the special minority protection stemming from the Treaty of Lausanne. As Greek citizens they are subject to all rights and obligation that are applied to all citizens. Muslim immigrants scattered all over Greece enjoy fundamental rights and liberties according to the Greek Constitution and the international human rights law binding Greece. However, their legal status is of major importance with respect to freedom of movement and settlement and labour rights. In a series of fields correlated to Islam, Greek law does not interfere, and remains neutral, as far as Islamic dress and Islamic goods and services are concerned. Moreover, in animal slaughter the special provisions for ritual religious practices are not implemented. In certain fields where state interference would be necessary in order to achieve access to religious freedom, the Greek state remains rather reluctant to proceed by way of positive action, for example in the case of the lack of Islamic chaplaincy in public institutions.

2.2 The Legal Status of the Muslim Minority of Thrace: the Treaty of Lausanne

The Muslim minority of Thrace inherited the legal status already applied to the Muslims of Greece before the Greek-Turkish Population Exchange of 1923. It was enhanced by Articles 37–44 of the Treaty of Lausanne which constitute the cornerstone of the legal regime regulating the status of the Muslims of Greek citizenship living in Thrace. It is worth noting that the rights stipulated by the Treaty are granted to the 'Muslim minority' of Greece and to the 'non-Muslim minorities' of Turkey (Article 45). Moreover, the provisions of the Treaty of Sèvres of 10 August 1920, which remained in force by virtue of the Treaty of Lausanne, would be applicable until the end of World War II.

The mutual application in Greece and Turkey of these provisions facilitated a long standing implementation of the principle of reciprocity, which in effect meant the negative applicability of minority rights to minorities in both Greece and Turkey through political and ideological manipulation of the Treaty in both cases.[3] The Parliamentary Assembly of the Council of Europe has consid-

3 Samim Akgönül (ed.), *Reciprocity. Greek and Turkish Minorities: Law, Religion and Politics*, (Istanbul: Bilgi University Press, 2007).

ered that 'the recurrent evoking by both Greece and Turkey of the principle of reciprocity as a basis for refusing to implement the rights guaranteed to the minorities is anachronistic and could jeopardise each country's national cohesion'.[4] In this context, in which political tensions prevailed over law, the (Turkish-)Muslim minority of Thrace has preserved its traditional community institutions. However, after the 1960s, the minority gradually encountered various internal and external challenges to these institutions inasmuch as strong national (Turkish) feelings were increasingly coupled with the traditional religious (Islamic) identity. Domestic and international law were implemented through ideological and political filters that prevented the formation of legal norms to a certain extent. By examining the evolution of the relevant law, one can assert that international commitments are screened and often distorted when implemented in particular contexts.

The rights of the minority and the concomitant obligations of the state are as follows:

- Equality without any discrimination (art, 38 par. 1);
- Freedom to exercise civil and political rights (art. 39 par. 3);
- Obligation of the state to respect matters of personal and family character according to the traditions of the minority (art. 42 par. 1);
- Non-performance of acts contrary to Muslims' religious beliefs or customs (art. 43 par. 1);
- The state shall not impose restrictions on the religion, the media, private practice, or public meetings (art. 39 par. 4);
- Right to found private educational, pious and religious institutions with free use of the minority language (art. 40);
- The state is obliged to support minority schools and permit the founding of pious and religious institutions (art. 41);
- The Greek language can be taught as a language subject in the minority schools (art. 41 par. 1);
- Members of the minority possess the right to use their own language in oral proceedings in courts (art. 39 par. 5);
- Freedom of worship (art. 38 par. 2);
- The government is obliged to provide support to any religious foundation (art. 42 par. 3).

---

4 Council of Europe, Parliamentary Assembly, Resolution 1704 (2010), par. 8.

The implementation of the Treaty of Lausanne overlaps with the Greek Constitution, pertinent international human rights law and all relevant Greek law on freedom of religion. The Muslims of Thrace enjoy a special status that puts their community institutions within the sphere of public law. According to Article 16 of Law 4301/2014 (see Chapter 1.3) the three Mufti offices of Thrace retain their legal status automatically as Entities of Public Law, and they do not need to register under the new legal procedures. However, other Muslim communities would need to apply in order to acquire legal status according to the requirements of the new law and will become Legal Entities of Private Law. As stated in the introductory commentary on the Law, Muslims outside Thrace do not fall within the normative field of the law.[5] One could comment that the attribution of minority rights in a limited geographical area ignores the right of the members of the minority of Thrace to move out of the area. Territoriality is an ambivalent factor for attributing minority rights, whereas enjoyment of minority rights is related to 'a considerable proportion of nationals' (according to art. 41 of the Treaty regarding minority schools).

The application of the provisions of the Lausanne Treaty and the treatment of the minority have broadly 'fluctuated in response to the ebb and flow of Greek-Turkish relations'.[6] A few years after the programmatic declaration of equality before the law of Muslims as Greek citizens, in 1996, a UN Special Rapporteur commenting on the application of the Treaty of Lausanne found that 'the status of the Muslims of Thrace ... should not be subordinated to considerations concerning Turkey, and strongly urges the parties involved to comply with their international undertakings, especially the Treaty of Lausanne'.[7] Both Greece and Turkey have interpreted the Treaty of Lausanne by insisting upon labels in order to give effect to minority rights by projecting their national antagonisms and seeing the minority only as 'Muslim' or 'Turkish' in character. Defining who is the recipient of minority rights in accordance with the Treaty becomes even more complex when religious, 'racial' or ethnic identity is per-

5 Article 16, at: <http://www.opengov.gr/ypepth/wp-content/uploads/downloads/2014/03/aitiologiki-ekthesi.pdf>.

6 Christos Rozakis, 1996, 'The international protection of minorities in Greece', in *Greece in a changing Europe: Opportunities and constraints*, K. Featherstone and K. Ifantis (eds), (Manchester: Manchester University Press), p. 105.

7 Abdelfattah Amor, *Human rights questions including alternative approaches for improving the effective enjoyment of human rights and fundamental freedoms, Implementation of the Declaration on the Elimination of All Forms of Intolerance and of Discrimination Based on Religion or Belief, Interim Report on Greece*, A/51/542/Add.1, 7.11.1996, (Geneva: Office of the UNHCHR, 1996), para 154 and 140.

ceived to be unchangeable. In relevant cases dealing with the beneficiaries of the special quota for the Muslim minority of Thrace, the ruling was based on consideration of the biological 'origin' of the plaintiff (see *cases* 1 and 2).

Treaty of Peace with Turkey, Lausanne, 1923 (ratified by the Greek Parliament by Legislative Decree of 25-8-1923, FEK 238).

[chapter on minority protection]

Article 37
Turkey undertakes that the stipulations contained in Articles 38 to 44 shall be recognized as fundamental laws, and that no law, no regulation, nor official action shall conflict or interfere with these stipulations, nor shall any law, regulation, nor official action prevail over them.

Article 38
The Turkish Government undertakes to assure full and complete protection of life and liberty to all inhabitants of Turkey without distinction of birth, nationality, language, race or religion.
All inhabitants of Turkey shall be entitled to free exercise, whether in public or private, of any creed, religion or belief, the observance of which shall not be incompatible with public order and good morals.
Non-Moslem minorities will enjoy full freedom of movement and of emigration, subject to the measures applied, on the whole or on part of the territory, to all Turkish nationals, and which may be taken by the Turkish Government for national defense, or for the maintenance of public order.

Article 39
Turkish nationals belonging to non-Moslem minorities will enjoy the same civil and political rights as Moslems.
All the inhabitants of Turkey, without distinction of religion, shall be equal before the law.
Differences of religion, creed or confession shall not prejudice any Turkish national in matters relating to the enjoyment of civil or political rights, as, for instance, admission to public employments, functions and honours, or the exercise of professions and industries.
No restrictions shall be imposed on the free use by any Turkish national of any language in private intercourse, in commerce, religion, in the press, or in publications of any kind or at public meetings.

Notwithstanding the existence of the official language, adequate facilities shall be given to Turkish nationals of non-Turkish speech for the oral use of their own language before the Courts.

Article 40
Turkish nationals belonging to non-Moslem minorities shall enjoy the same treatment and security in law and in fact as other Turkish nationals. In particular, they shall have an equal right to establish, manage and control at their own expense, any charitable, religious and social institutions, any schools and other establishments for instruction and education, with the right to use their own language and to exercise their own religion freely therein.

Article 41
As regards public instruction, the Turkish Government will grant in those towns and districts, where a considerable proportion of non-Moslem nationals are resident, adequate facilities for ensuring that in the primary schools the instruction shall be given to the children of such Turkish nationals through the medium of their own language. This provision will not prevent the Turkish Government from making the teaching of the Turkish language obligatory in the said schools.
In towns and districts where there is a considerable proportion of Turkish nationals belonging to non-Moslem minorities, these minorities shall be assured an equitable share in the enjoyment and application of the sums which may be provided out of public funds under the State, municipal or other budgets for educational, religious, or charitable purposes.
The sums in question shall be paid to the qualified representatives of the establishments and institutions concerned.

Article 42
The Turkish Government undertakes to take, as regards non-Moslem minorities, in so far as concerns their family law or personal status, measures permitting the settlement of these questions in accordance with the customs of those minorities.
These measures will be elaborated by special Commissions composed of representatives of the Turkish Government and of representatives of each of the minorities concerned in equal number. In case of divergence, the Turkish Government and the Council of the League of Nations will appoint in agreement an umpire chosen from among European lawyers.
The Turkish Government undertakes to grant full protection to the churches, synagogues, cemeteries, and other religious establishments of the above-

mentioned minorities. All facilities and authorisation will be granted to the pious foundations, and to the religious and charitable institutions of the said minorities at present existing in Turkey, and the Turkish Government will not refuse, for the formation of new religious and charitable institutions, any of the necessary facilities which are guaranteed to other private institutions of that nature.

Article 43. Turkish nationals belonging to non-Moslem minorities shall not be compelled to perform any act which constitutes a violation of their faith or religious observances, and shall not be placed under any disability by reason of their refusal to attend Courts of Law or to perform any legal business on their weekly day of rest.
This provision, however, shall not exempt such Turkish nationals from such obligations as shall be imposed upon all other Turkish nationals for the preservation of public order.

Article 44
Turkey agrees that, in so far as the preceding Articles of this Section affect non-Moslem nationals of Turkey, these provisions constitute obligations of international concern and shall be placed under the guarantee of the League of Nations. They shall not be modified without the assent of the majority of the Council of the League of Nations. The British Empire, France, Italy and Japan hereby agree not to withhold their assent to any modification in these Articles which is in due form assented to by a majority of the Council of the League of Nations.
Turkey agrees that any Member of the Council of the League of Nations shall have the right to bring to the attention of the Council any infraction or danger of infraction of any of these obligations, and that the Council may thereupon take such action and give such directions as it may deem proper and effective in the circumstances.
Turkey further agrees that any difference of opinion as to questions of law or of fact arising out of these Articles between the Turkish Government and any one of the other Signatory Powers or any other Power, a member of the Council of the League of Nations, shall be held to be a dispute of an international character under Article 14 of the Covenant of the League of Nations. The Turkish Government hereby consents that any such dispute shall, if the other party thereto demands, be referred to the Permanent Court of International Justice. The decision of the Permanent Court shall be final and shall have the same force and effect as an award under Article 13 of the Covenant.

Article 45
The rights conferred by the provisions of the present Section on the non-Moslem minorities of Turkey will be similarly conferred by Greece on the Moslem minority in her territory.

Convention of Athens, 1913 [between Greece and the Ottoman Empire] ratified by the Greek parliament by Law 4223 (FEK A 229).

Article 11.
La vie, les biens, l'honneur, la religion et les coutumes de ceux des habitants des localités cédées à la Grèce qui resteront sous l'administration hellénique seront scrupuleusement respectés.
Ils jouiront entièrement des mêmes droits civils et politiques que les sujets hellènes d'origine. La liberté, la pratique extérieure du culte seront assurées aux Musulmans [...]
Aucune atteinte ne pourra tre portée à l'autonomie et à l'organisation hiérarchique des communautés musulmanes existantes ou qui pourraient se former, ni à l'administration des fonds et immeubles qui leur appartiennent [...]
Les Muftis, chacun dans sa circonscription, seront élus par les électeurs musulmans [...]
Les Muftis, outre leur compétence sur les affaires purement religieuses et leur surveillance sur l'administration des biens vacoufs, exerceront leur juridiction entre musulmans en matière de mariage, divorce, pensions alimentaires (néfaca), tutelle, curatelle, émancipation de mineurs, testaments islamiques et successions au poste de mutévelli (Tévliét).
Les jugements rendus par les Muftis seront mis à exécution par les autoritıs helléniques compétentes.
Quant aux successions, les parties Musulmanes intéressées pourront, après accord préalable, avoir recours au mufti, en qualité d'arbitre. Contre le jugement arbitral ainsi rendu toutes les voies de recours devant les tribunaux du pays seront admises, à moins d'une clause contraire expressément stipulée.

Treaty of Sèvres of 10 August 1920 concerning the protection of minorities in Greece (ratified by the Greek parliament by Legislative Decree of 29.9.1923, FEK 311/1923).

Article 14
Greece agrees to take all necessary measures in relation to Moslems to enable questions of family law and personal status to be regulated in accordance to Moslem usage.

Greece undertakes to afford protection to the Mosques, cemeteries and other Moslem religious establishments. Full recognition and all facilities shall be assures to pious foundations (waqfs) and Moslem religious and charitable establishment now existing, and Greece shall not refuse to the creation of new religious and charitable establishment any of the necessary facilities guaranteed to other private establishments of that nature.

Case Law

Case 1. The applicant was the son of a woman of Greek descent who had converted to Islam and a Jordanian male immigrant. He was not considered to be a member of the Muslim minority although he resided in Thrace, as he was not descended from the minority of Thrace. The Council of State ruled that a provision regarding quotas for tertiary education was relevant only for Muslims descended from those exempted from the population exchange of 1923, e.g., the Muslims inhabitants of Western Thrace after 1923 (*StE*, judgment 290/2002).

Case 2: The applicant was a non-Muslim student, but a child of a Muslim Greek citizen, and a member of the minority of Thrace. She was denied the right to use the special quota for entry to university education granted to members of the minority of Thrace. The Legal Council of the State (*Nomiko Symvoulio tou Kratous*) issued an opinion in which it stated that members of the minority of Thrace are Greek citizens who a) are Muslims, and b) are descended from individuals who belonged to the minority, and c) are registered in the registry of one of the municipalities of Thrace or in any other municipality of the country after being transferred from Thrace. Therefore, it is not possible for non-Muslims to be included in the special category of 'Greek citizen member of the Muslim minority of Thrace', even though they are descendants of members of the minority (*NSK*, Opinion 222/2014).

Case 3: Meco Cemali was reappointed by the government as Mufti of Komotini in 2001 for a second ten-year term. A group of Muslims challenged the appointment, asserting that the Presidential Decree contradicts the Convention of Athens (1913). The Council of State applied the international law on treaties (according to the Vienna Convention of 1969), rejected the appeal and reiterated the reasoning of its aforementioned decision on the validity of the Convention of Athens. The Court ruled that Article 11 of the latter on the election of the Muftis had been repealed due to fundamental change of circumstances (*rebus sic standibus*) which occurred in Greek-Turkish relations (*StE*, judgments 1333/2001 and 466/2003).

2.3 The Muslims of the Dodecanese Islands

The annexation of the Dodecanese islands in 1947 entailed the incorporation of a new Muslim population into Greece. The special status of legal protection regarding the Muslim minority of Thrace was not extended to the Dodecanese islands. In accordance with the prevailing opinion, the Greek Civil Code was applied to all Muslims of Greece's new territory without exception. Consequently, the law on jurisdiction of the Mufti did not regulate the personal status of the Muslims of Rodos and Kos. Although the Muslims of the islands did not have the right to open minority schools, the Turkish language was taught in four schools in Kos and Rodos until the early 1970s.

According to paragraph 9 of annex 14 to the Treaty of Paris of 1947 (FEK A 1 1948), Greece undertook the obligation to respect the status of all legally acquired property of the inhabitants of the islands. The Italian law on the Land Registry provided the division between private (namely family), and public (namely community) waqf, as well as between original and non-original waqf. This status remained in force through Article 8 paragraph 2 of Law 510/1947 (FEK A 30.12.1947). Nevertheless, respect for the legal source of the establishment of the waqf under Ottoman law does not imply the governance of the waqf by this law, which has not been in force since the introduction of the Greek Civil Code. The latter was extended to the Dodecanese islands by the Law 510/1947. Consequently, Greece was required to respect the already existing waqfs in the Dodecanese islands, but no new waqf could be established since the Civil Code did not recognise such a legal entity. To this day, the waqfs of Rodos and Kos are managed by a five-member Organisation (*Organismos*) on each island. These Organisations constitute legal entities of private law, like the Committees for the management of the waqf in Thrace, and they are considered the *mouteveli*, that is, the legal representatives of the totality of the waqf of the island. The members of the Organisations are appointed by the Secretary General of the Region, and in practice they remain in office as long as they enjoy the government's confidence. In each Organisation there is a representative of the administration, also appointed. In theory, they should be appointed every two years (according to Article 4 of the Italian Decree 12/1929 kept in force[8]) and paid by their own waqf funds (art. 25). In addition to the community waqf in Rodos, there are two family waqfs.

8 It is a peculiar case of a law of a foreign administration kept in force within the Greek legal order (Royal Decree of 9 May 1947 and Declaration 19/1947 of the Military Governor of the Dodecanese).

They constitute a *sui generis* category of waqf, as they are not related to a Muslim community but to the family of the original founders.

The Law

Νόμος 510/1947 (ΦΕΚ Α 298). Περί της εν Δωδεκανήσω εφαρμοστέας νομοθεσίας.

Άρθρο 2
Εισάγονται εις την Δωδεκάνησον α) Ο Αστικός Κώδιξ, Ο εισαγωγικός Νόμος του Αστ. Κώδικος και το Ν.Δ. της 7-10-1947 «περί αποκαταστάσεως του Α.Κ. και του Εισαγωγικού αυτού Νόμου, β) όσα νομοθετήματα ισχύοντα εν τη λοιπή Ελλάδι μέχρι και της 22-2-1946 μνημονεύονται εν τω Εισαγωγικώ Νόμω του Αστ. Κώδικος ως διατηρούμενα εν ισχύι εις την λοιπήν Ελλάδα και μετά την εισαγωγή του Αστ. Κώδικος, εφόσον δεν καταργήθησαν μεταγενεστέρως.

Κυβ. Δ/γμα 12 της 2 Μαΐου 1929. Αναδιοργάνωσις και διαχείρισις των περιουσιών Βακούφ [*ιταλικής διοίκησης Δωδεκανήσου*].

ΚΕΦΑΛΑΙΟΝ Ι. Διαχείρισης των περιουσιών Βακούφ. Έλεγχος.

Άρθρον 1.
Συγκροτείται εις εκάστην των νήσων Ρόδου και Κω εν ειδικόν Συμβούλιον απαρτιζόμενον αποκλειστικώς υπό Μουσουλμάνων, υπηκόων Ιταλών εχόντων κατοικίαν και διαμονήν μόνιμον αντιστοίχως εις Ρόδον καί Κω, το οποίον διαχειρίζεται, υπό τον ελεγχον καί την επίβλεψιν της Κυβερνήσεως των νήσων του Αιγαίου τας περιουσίας Βακούφ των Σχολείων και κατ' έντολήν της ως άνω Κυβερνήσεως, ωσαύτως υπό την επίβλεψιν καί ελεγχόν του καί εκείνας του είδους «Μασμπουτά».

Άρθρον 2.
Τούτο έχει ωσαύτως την υποχρέωσιν, τους ετησίους απολογισμούς των λοιπών Βακούφ των λεγομένων «Ιδιωτικών» να βεβαιεί εάν τυγχάνουν κανονικής διαχειρίσεως και εάν αι πρόσοδοι αυτών χρησιμοποιούνται υπό των επιτρόπων (Μουτεβελλί) συμφώνως προς τας διατάξεις των οικείων ιδρυτών (Βακούφ).
Εντός του Ιανουαρίου εκάστου έτους, θα υποβάλλη εις την Κυβέρνησιν σχετικήν έκθεσιν.

Άρθρον 3.
Η Κυβέρνησις δύναται καθ' οιονδήποτε χρόνον, μέσω ενός αντιπροσώπου της να εξετάζη όλα τα έγγραφα, καταλόγους, πρακτικά συνεδριάσεον, καί γενικώς παν

ό,τι αναφέρεται εις την διαχείρισιν των περιουσιών Βακούφ «Μασμπουτά» και των Σχολείων.
Ο αντιπρόσωπος της Κυβερνήσεως ενεργεί επίσης τους ελέγχους τους όποιους θέλει κρίνει καταλλήλους προς τον σκοπόν όπως υπόδειξη εις το ειδικόν Συμβούλιον τα αναγκαία μέτρα διά την καλήν λειτουργίαν της υπηρεσίας και της διαχειρίσεως. Όλαι αι αποφάσεις του Συμβουλίου και του Συμβούλου—Διαχειριστού (Συμβούλου Διαχειρίσεως) διά να είναι εκτελεσταί δέον όπως φέρωσι θεώρησιν της εγκρίσεως του αντιπροσώπου της Κυβερνήσεως.

ΚΕΦΑΛΑΙΟΝ II. Ειδικόν Συμβούλιον της Διαχειρίσεως.

Άρθρον 4.
Το ειδικόν συμβούλιον, περί ου το άρθρον 1, απαρτίζεται εκ (5) πέντε μελών δηλ. ενός Προέδρου, τριών Συμβούλων και ενός Συμβούλου—Διαχειριστού. Ούτοι διορίζονται διά Κυβερνητικού Διατάγματος, παραμένουσιν εν τη υπηρεσία επί δύο έτη και δύνανται να επαναδιορίζωνται από διετίας εις τριετίαν.
[...]

Άρθρο 6
Δια κυβερνητικού Διατάγματος θα προβλέπεται επίσης η οιονδήποτε λόγο ενδεχόμενη αντικατάστασις του Προέδρου και των άλλων μελών του Συμβουλίου κατά την διάρκειας των δύο ετών της υπηρεσίας.

Άρθρο 7
Το Ειδικόν Συμβούλιον είναι αρμόδιον:
Α) να φροντίζει δια την καλή διαχείρισιν των ακίνητων Βακούφ τα οποία διαχειρίζεται.
Β) να εξετάζει και να υποβάλλη εις την Κυβέρνησιν προς έγκρισιν τους ετησίους προϋπολογισμούς και ισολογισμούς των εσόδων και εξόδων, συντασσομένους μερίμνη του Συμβούλου-Διαχειριστού κεχωρισμ΄ρνως διατα βακούφ «Μασπουτά» και δια τα των σχολείων.
[...]

ΚΕΦΑΛΑΙΟΝ IV. **Σύμβουλος Διαχειρίσεως**

Άρθρον **11.**
Ο Σύμβουλος διαχειρίσεως έχει τας κάτωθι αρμοδιότητας: α) Ενεργεί την εκτέλεσιν των αποφάσεων του συμβουλίου, β) ’Επιβλέπει την ακριβή εκτέλεσιν των συμβολαίων εκμισθώσεως. γ) Μελετά και ετοιμάζει όλας τας υποθέσεις, αίτινες πρόκειται να συζητηθώσι υπό του Συμβουλίου. δ) Συντάσσει εντός του Νοεμβρίου εκάστου

έτους τους προϋπολογισμούς, και εντός του Ιανουαρίου τους ισολογισμούς των εσόδων και εξόδων κατά τον εις το γράμμα β του άρθρου 7 αναφερόμενον τρόπον και υποβάλλει αυτούς εις το Συμβούλιον, συνοδευομένους υπό μιας εκθέσεως. ε) Αντιπροσωπεύει την διαχείρισιν ενώπιον των δικαστικών αρχών, αρμοδίως εξουσιοδοτούμενος συμφώνως τω γράμματι στ' του άρθρου 7. στ) Επιθεωρεί και καθοδηγεί την εργασίαν των υπαλλήλων και εποπτεύει ιδιαιτέρως την υπηρεσίαν της εισπράξεως των εσόδων. ζ) Προβαίνει εις την πώλησιν των προϊόντων του εδάφους, εις τας αγοράς οιωνδήποτε εφοδίων, εις την εκτέλεσιν έργων οικοδομής και επιδιορθώσεως, εις την εκμίσθωσιν των ακινήτων.

Εις όλας τας ενεργείας ταύτας ούτος οφείλει να προβαίνη γενικώς διά πλειστηριασμού, προεδρευομένου υπό του ίδιου. Δύναται να προβή εις ιδιωτικήν διαπραγμάτευσιν εις εξαιρετικάς περιπτώσεις, προηγουμένης αποφάσεως του Συμβουλίου. Η βασική τιμή καθ' εκαστον πλειστηριασμόν ορίζεται υπό του Συμβουλίου

Τα συμβόλαια εκμισθώσεως ακινήτων, είτε προέρχονται από πλειστηριασμόν, είτε από ιδιωτικήν διαπραγμάτευσιν, θα συντάσσονται γραπτώς. Θα είναι άκυρα καθ' όλας τας συνεπείας τα προφορικά συμβόλαια τοιαύτης φύσεως εκτός τούτου συμφώνως τω άρθρου 7δ' εις εκαστον συμβόλαιον θα συμπεριλαμβάνηται ή ρήτρα ότι το συμβόλαιον δεν θα είναι έγκυρον και οριστικόν έκτος μόνον κατόπιν της εγκρίσεως υπό της Κυβερνήσεως.

Ούτος τηρεί την λογιστικήν, συντάσσει κατά την συνεδρίασιν τα πρακτικά των αποφάσεων του Συμβουλίου επί ειδικού βιβλίου το όποιον θα υπογράφηται υφ' όλων των παρευρισκομένων. Ετοιμάζει την αληλλογραφίαν συμφώνως προς τας οδηγίας του Προέδρου. Φυλάττει εις το αρχείον καλώς διατεταγμένες όλας τας πράξεις, έγγραφα και βιβλία, φροντίζων ιδιαιτέρως, διά την φύλαξιν των τίτλων κυριότητας και άλλων εγγράφων εχόντων σπουδαιότητα τινά. Εκτελεί εν τέλει όλας τας υπό του Συμβουλίου και του Προέδρου καθορισθείσας εντολάς.

ΚΕΦΑΛΑΙΟΝ V. Γενική Απογραφή των περιουσιών Βακούφ

Άρθρον 12.

Η γενική απογραφή θα περιλαμβάνη όλας τας περιουσίας Βακούφ «Μασμπουτά» των σχολείων και τας ιδιωτικάς τοιαύτας είτε είναι ακίνητα (αστικά ή άγροτικά) είτε είναι κινητά.

Δι' εκαστον των τριών τούτων ειδών Βακούφ θα συντάσσηται εις κεχωρισμένος κατάλογος.

Άρθρον 13.

Ο σύμβουλος—διαχειριστής θα φροντίζη διά την σύνταξιν των έξης ειδικών καταστάσεων.

α) Των ακινήτων περιουσιών αστικών ή αγροτικών, άτινας διαχειρίζεται το συμβούλιον βάσει του άρθρου 1.

β) Των ακινήτων περιουσιών, αστικών και αγροτικών, συγκροτηθεισών εις ιδιωτικά Βακούφ, υποκειμένων εις την διαχείρισιν των Μουτεβελλί.

Άρθρον 14.
Μεταξύ των περιουσιών των προσδιοριζομένων εις το γράμμα του άρθρου 13 δεν πρέπει να εμφαίνωνται παρά μόνον τα ακίνητα εκείνα, τα οποία κατά Μάιον του 1912 ετέλουν υπό διαχείρισιν ως βακούφ, επίσης δε και τα μετά την ως άνω ημερομηνίαν κτηθέντα ή οίκοδομηθέντα.

Άρθρον 15.
Αι απογραφαί, περί ων τα προηγούμενα άρθρα, δέον να περιέχουν τα κάτωθι στοιχεία:
α) Θέσιν, φύσιν, σύνορα και παρούσαν κατάστασιν του ακινήτου, ως επίσης τα σχετικά ετήσια έσοδα πραγματικά ή υποθετικά. β) Ένδειξιν και δρους των προς το ακίνητον σχετιζομένων συμβολαίου. γ) Την εποχήν, έστω και ως έγγιστα, (όταν πρόκειται περί ιδιωτικών Βακούφ) της συγκροτήσεως εις βακούφ, το όνομα του ιδρυτού (Βακίφ) και τους υπ' αυτού επιβληθέντας δρους. δ) Τον παρόντα «Μουτεβελλί» εκάστου βακούφ ιδιωτικού και την αναλογίαν την ανήκουσαν αυτώ ως διαχειριστή.
Αι εν λόγω απογραφαί θα πρέπει να φέρουσι θεώρησιν του «καλώς έχει» του αντιπροσώπου της Κυβερνήσεως.

Άρθρον 16.
Ολοι οι «Μουτεβελλί» των ιδιωτικών Βακούφ έχουν υποχρέωσιν να παράσχωσιν εις το Συμβούλιον οιανδήποτε χρήσιμον πλήροφορίαν διά την ακριβή σύνταξιν των απογραφών.
Οι νυν διαχειρισταί των σχολικών Βακούφ οφείλουν να παράσχωσιν εις το συμβούλιον τα έγγραφα, πληροφορίας, τίτλους κυριότητος και εν γένει άπασας τας λοιπάς πράξεις τας αναφερομένας εις τα ως άνω Βακούφ και να ενεργούν την παράδοσιν των εν τω ταμείω ευρισκομένων χρημάτων.

ΚΕΦΑΛΑΙΟΝ VI. Υπάλληλοι

Άρθρον 17.
Δια την διαχείρισιν των Βακούφ «Μασμπουτά» και των σχολικών τοιούτων το ειδικόν συμβούλιον θα προσλάβη εις την υπηρεσίαν έναν εισπράκτορα και έναν κλητήρα αυτεπαγγέλτως.

Άρθρον 18.
Ο σύμβουλος-διαχειριστής είναι ο μόνος θεματοφύλαξ των κεφαλαίων και αξιών της διαχειρίσεως. Ούτος όμως δεν δύναται να φυλάττη εις το Ταμείον παρά το ποσόν

εκείνο, το όποιον θα ορισθή δι' αποφάσεως του συμβουλίου. Τα πλεονάσματα δέον να κατατίθενται καθ' εκάστην εις το Ταχυδρομικών Ταμιευτήριον η παρ' ενί πιστωτικώ ιδρύματι. Αι προαφαιρέσεις χρημάτων γίνονται κατόπιν υπογραφής του Προέδρου, του συμβούλου διαχειρίσεως και του αντιπροσώπου της Κυβερνήσεως.

Άρθρον 19.
Ο σύμβουλος διαχειρίσεως, φροντίζει διά την πληρωμήν χρημάτων προβλεπομένων εν τω προυπολογισμώ καί αποφασισθέντων υπό του συμβουλίου διά την περίπτωσιν, περί ης η παράγραφος 4, στοιχείον β, του άρθρου 7, ως επίσης και διά την είσπραξιν των εσόδων μέσω του εισπράκτορας.

Άρθρον 20.
Ο σύμβουλος—διαχειριστής οφείλει να χορηγή μίαν ασφάλειαν και μίαν εγγύησιν ανεγνωρισμένη ως επαρκή υπό του συμβουλίου και του αντιπροσώπου τής Κυβερνήσεως.
Η ενδεχομένη καταχώρισις υποθήκης θα πραγματοποιηθή ατελώς.
Οφείλει να έχη εις την διάθεσιν των μελών του συμβουλίου, οίτινες θα επεθύμουν να λάβωσιν ενδεχομένως σημειώσεις, το βιβλίον του ταμείου ηριθμημένον και υπογεγραμμένων παρά του Προέδρου εφ' ενός εκάστου φύλλου πριν ή χρησιμοποιηθή, ως και οιανδήποτε άλλην πράξιν και εγγραφήν.

Άρθρον 21
Εις περίπτωσιν απουσίας ή νομίμου κωλύματος, ο σύμβουλος διαχειρίσεως αντικαθίσταται—παρ' άλλου συμβούλου οριζομένου υπό της Κυβερνήσεως.

Άρθρον 22
Ο εισπράκτωρ και ο κλητήρ, περί ων το άρθρον 17, διορίζονται υπό του Συμβουλίου.
Ο εισπράκτωρ προ της αναλήψεως των καθηκόντων του, οφείλει να παρουσιάση εγγύησιν δι' εν ποσόν οριζόμενον υπό της Κυβερνήσεως.
Ούτος οφείλει να εκδίδη απόδειξιν αποσπωμένην εξ ειδικού διπλοτύπου εισπράξεως, περί των ποσών άπερ εισπράττει. Τα εισπραττόμενα χρήματα, δέον να κατατίθενται παρ'αυτού καθημερινώς παρά τω Συμβούλω διαχειρίσεως.
Ο εισπράκτωρ δεν δύναται να φυλάττη παρ' εαυτώ ποσόν τι χρημάτων. Ο σύμβουλος διαχειρίσεως οφείλει να επιβλέπη το έργον του εισπράκτορος και καθίσταται υπεύθυνος οπόταν, δι' έλλειψιν επιβλέψεως, προκύψη ζημία εις βάρος του Οργανισμού.

Άρθρον 23
Επί των καταβαλλομένων μισθών εις τους υπαλλήλους της διαχειρίσεως του Βακούφ ενεργείται κράτησις ενός 5%, ήτις θα κατατεθή επ' ωφελεία αυτών, ως τα

περισσεύοντα κεφάλαια της διαχειρίσεως, κατά τον υπό του άρθρου 18 αναφερόμενον τρόπον, και τα ποσά τα τοιουτοτρόπως συγκεντρωθέντα θα επιστρέφωνται εις εκαστον υπάλληλον είς περίπτωσιν θανάτου. Κατά την τελευταίαν ταύτην περίπτωσιν και εις εκείνην καθ' ην η παραίτησις προεκλήθη εξ ασθενείας, καταλλήλως εξακριβωθείσης, η διαχείρισις των Βακούφ θα επιστρέψη εις τούς δικαιούχους το ως άνω συγκεντρωθέν ποσόν και θα πληρώση ωσαύτως εν ποσόν ίσον προς το πρώτον, υπό τύπον φιλοδωρήματος.

Άρθρον 24
Όλα τα έξοδα διά μισθούς, επιδόματα και επίδομα παραστάσεως δια την λειτουργίαν της διαχειρίσεως, θα προαφαιρώνται εκ των προσόδων των περιουσιών βακούφ, ως καθορίζεται εν τη προηγουμένη παραγράφω. Τα βακούφ «Μασμπουτά» και τα των σχολείων διαχειριζόμενα υπό της αυτής διαχειρίσεως, θα συνεισφέρουν εις τα ρηθέντα έξοδα κατ' αναλογίαν του συνόλου των ιδίων αυτών προσόδων.

Άρθρον 25
Ο Πρόεδρος, ο σύμβουλος διαχειρίσεως, και ο αντιπρόσωπος της Κυβερνήσεως θα λαμβάνουν εν σταθερόν μηνιαίον επίδομα.
Αντιθέτως οι τρεις σύμβουλοι δικαιούνται επιδόματος παραστάσεως δι' εκάστην συνεδρίασιν του συμβουλίου εις ην έλαβεν μέρος.

ΚΕΦΑΛΑΙΟΝ VIII. Γενικαί διατάξεις

Άρθρον 25
Οιαδήποτε απόφασις του συμβουλίου, ήτις αφορά μετατροπήν εις την περιουσίαν των βακούφ οφείλει προηγουμένους να υποβληθή προς έγκρισιν εις την Κυβέρνησιν μετ' αιτιολογημένης αναφοράς του αντιπροσώπου της Κυβερνήσεως.
[...]

Άρθρον 29
Το παρόν διάταγμα τίθεται εν ισχύϊ από της χρονολογίας δημοσιεύσεώς του.

Case Law

Case 1: In early 1950 a Muslim couple claimed their right to have their divorce adjudicated on by the Mufti Court of Rodos. The civil courts asserted that Law 510 of 1947, which introduced the Greek civil law into the Dodecanese, did not extend to the application of the special legal regime governing the personal status of the Muslims inhabitants of the rest of Greece (namely Thrace). Therefore there could be no legal application of the special minority regime for Muslims and Article 4 of Law 147/1914, which remained in force due to Article 6 of the Introductory Act to the Civil Code establishing the special jurisdiction for Muslims, could not be applicable in the Dodecanese (*Efeteio Rodou*, judgment 48/1952, *AP*, judgment 63/1954).

Case 2: In a civil dispute concerning property rights, the Court of Cassation said that the Waqf Organisation of Rodos and Kos does not constitute a legal entity of public law, but a foundation of pious character and of a '*sui generis* and limited legal nature' (*AP*, judgment 1213/1991). This assertion could be misleading as it merges the legal character of the managing body with the waqf itself.

Case 3: The applicant, a Muslim of Rodos, was appointed as imam to the local Muslim community of the island. A complaint was brought before the courts that the social security office (IKA) did not accept his claim to become member of the social security system. The Council of State said that all religious servants should be covered by social security. However, the imam of Rodos was not properly appointed, nor was his position regulated under the law on the Mufti (*StE*, judgement 3516/2008).

2.4 Immigrant Communities

Immigrant Muslims have had a significant presence in Greece since 1990 due to the general flow of migration. Muslim immigrants have come from African and Asian countries, and from Albania. Albanians, although from Muslim background, tend not to express particular affinities with Islam. Sunnism is the most popular form of Islam and is followed by immigrants from Africa, Bangladesh, Pakistan and the Arab countries. Shi'ism is far less widespread in Greece, existing mainly among Kurdish, Pakistani and Iranian communities, while Alevism is found mostly among Turks and Kurds. There are no reliable statistics according to the 2011 census on the number of immigrants. They could be as high as 8% of the overall population totalling 1,000,000. Around 200,000–300,000 of them are said to be Muslims (not including Albanians). By 2015, among the immigrants with an Islamic affiliation the Afghan community numbered 20,000, the Pakistani 70,000, the Bangladeshi 35,000, Palestinians and Jordanians 12,000, Syrians 35,000 and Egyptians, Iraqis and others more than 40,000. They are mostly settled in Athens. However, such figures are highly unreliable, as there are a large number of clandestine immigrants together with the constant population mobility of those who try to cross Greece in transit (on asylum seekers, see Chapter 4.3), and leaders of Muslim associations are often tempted to exaggerate community figures in support of political and social claims.

Muslims living outside Thrace, in Rodos and Kos, have no opportunity to enjoy freedom of worship, as far positive measures are regarded.

If migration has led to the reshuffling and rebalancing of several social factors, and the redefinition of social positions and status, Muslim immigrants have played a key role in this process. Although immigration has in the past strengthened growth indicators in the Greek economy (1995–2005), Greek society and the Greek authorities have not responded positively to the new multicultural picture. Moreover, in the context of the economic crisis which commenced in 2008 Muslims faced increasing racism and xenophobia, often triggered by members of far right groups and the neo-nazi 'Golden Dawn' political party who herald racist violence and islamophobia and were represented in parliament following the 2012 elections.[9]

2.5 Fields of Neutrality—Non-interference

The Greek state remains neutral in fields where law has the potential to exert a certain regulatory power, as in the case of Islamic dress. In other fields, such as in chaplaincy in public institutions, where it should facilitate religious freedom for Muslims through positive measures it also remains indifferent.

2.5.1 *Islamic Chaplaincy in Public Institutions*

There are no rules governing religious assistance in hospitals, prisons or other public institutions in Greece. It is worth noting that access to Muslim prayer halls in state institutions is available in Thrace only at the hospitals of Xanthi and Komotini.

2.5.2 *Islamic Slaughter and Food Regulations*

Religious slaughter is not specifically regulated by Greek law and general norms on animal slaughtering are applied. According to Greek law and European Union law that is applicable in Greece, animal slaughter can be carried out only through painless methods, after anaesthesia, or by instantaneous killing. Greece ratified the European Convention for the Protection of Animals for Slaughter in 1984. Article 17 of the Convention provides that each Contracting Party may authorise derogations from the provisions concerning prior stunning of animals in the case of slaughter in accordance with religious rituals;

9 Alexandros Sakellariou, 'Islamophobia in Greece, National Report', in E. Bayrakli and F. Hafez (eds.), *European Islamophobia Report* (Istanbul: SETA, 2015).

each Contracting Party shall ensure in such cases, when it does not itself issue the necessary authorisations, that animal slaughter is duly authorised by the religious bodies concerned. Therefore, in theory Islamic authorities may apply to the competent authorities for a special derogation. Also the relevant EU law is applied, namely the Council Regulation 1099/2009, which replaced Directive 93/119/EC, on the protection of animals at the time of killing. What happens in practice is that for the needs of *kurban bayram* which is celebrated in Thrace, hundreds of cases of animal slaughter do not observe the aforementioned legal standards, and are in fact tolerated by the state and local authorities. It seems that a de facto derogation is applied without going through the procedures provided for by the law. It is worth noting that in many cases similar slaughtering practices carried out during the Greek-Orthodox Easter or other festivities are also tolerated by the state authorities.

European Convention for the Protection of Animals for Slaughter (ratified by Law 1444/1984, FEK A 78).

Article 17
1. Each Contracting Party may authorise derogations from the provisions concerning prior stunning in the following cases:
– slaughtering in accordance with religious rituals;
– emergency slaughtering when stunning is not possible;
– slaughtering of poultry and rabbits by authorised methods causing instantaneous death;
– killing of animals for the purposes of health control where special reasons make this necessary.
2. Each Contracting Party availing itself of the provisions of paragraph 1 of this Article shall, however, ensure that at the time of such slaughter or killing the animals are spared any avoidable pain or suffering.

Προεδρικό Διάταγμα 327/1996 (ΦΕΚ Α 221). «Προστασία των ζώων κατά τη σφαγή και/η την θανάτωση τους σε συμμόρφωση με τις οδηγίες 93/119/ΕΟΚ του Συμβουλίου».

Άρθρο 5 (άρθρο 5 της οδηγίας 93/119/Ε.Κ.)
1. Τα μόνοπλα, τα μηρυκαστικά, οι χοίροι, τα κουνέλια και τα πουλερικά που φέρονται στα σφαγεία για σφαγή πρέπει:
α) Να μετακινούνται και όπου είναι απαραίτητο να σταυλίζονται σύμφωνα με τις διατάξεις του παραρτήματος Α' του παρόντος Προεδρικού Διατάγματος.

β) Να ακινητοποιούνται σύμφωνα με τις διατάξεις του παραρτήματος Β' του παρόντος Προεδρικού Διατάγματος.
γ) Να αναισθητοποιούνται πριν τη σφαγή ή να θανατώνονται ακαριαία σύμφωνα με τις διατάξεις του παραρτήματος Δ' του παρόντος Προεδρικού Διατάγματος.
δ) Να υφίστανται αφαίμαξη σύμφωνα με τις διατάξεις του παραρτήματος Δ' του παρόντος Προεδρικού Διατάγματος.
2. Οι απαιτήσεις της παραγράφου 1 εδάφιο γ) του παρόντος άρθρου δεν ισχύουν για τα ζώα για τα οποία ορισμένοι θρησκευτικοί τύποι απαιτούν ειδικές μεθόδους σφαγής.

COUNCIL REGULATION (EC) No 1099/2009 of 24 September 2009 on the protection of animals at the time of killing.

Preamble
(18) Derogation from stunning in case of religious slaughter taking place in slaughterhouses was granted by Directive 93/119/EC. Since Community provisions applicable to religious slaughter have been transposed differently depending on national contexts and considering that national rules take into account dimensions that go beyond the purpose of this Regulation, it is important that derogation from stunning animals prior to slaughter should be maintained, leaving, however, a certain level of subsidiarity to each Member State. As a consequence, this Regulation respects the freedom of religion and the right to manifest religion or belief in worship, teaching, practice and observance, as enshrined in Article 10 of the Charter of Fundamental Rights of the European Union.

Article 3 General requirements for killing and related operations
Paragraph 1. Animals shall be spared any avoidable pain, distress or suffering during their killing and related operations.
[...]

Paragraph 4. In the case of animals subject to particular methods of slaughter prescribed by religious rites, the requirements of paragraph 1 shall not apply provided that the slaughter takes place in a slaughterhouse.

2.5.3 *Islamic Goods and Services*

There are no specific legislative provisions relating to Islamic goods and services.

2.5.4 *Islamic Dress*

Wearing headscarves is not forbidden in schools and in workplaces. There is no legislation which particularly refers to Islamic dress or headscarves. The issue falls under the protection of personality in accordance with Article 5 of the Constitution.

The Law

Σύνταγμα (ΦΕΚ Α 120, 2008).

Άρθρο 5
[see above Chapter 1.2.2]

CHAPTER 3

The Muslim Minority of Thrace

3.1 Introduction

The mandatory Greek-Turkish population exchange of 1923 eradicated all Muslim communities in Greece, with the exception of the Muslim population of Thrace which remained the only recognised minority under legal protection. The Albanian-speaking Muslim Chams, who had also been exempted from the Population Exchange, were pushed back into Albania during the German occupation of Greece by the Greek guerrillas of EDES.

The Muslim minority of Thrace is governed by the chapter of the Treaty of Lausanne on minority protection (arts. 37–45) which creates mirrored obligations for both Turkey and Greece pertaining to non-Muslims and Muslims respectively. This legal protection system reflects *millet*-like precepts as to how the attribution of religious and linguistic rights is effectuated through religion. From early times, and especially after 1964 and 1974, minority protection suffered from Greek-Turkish antagonisms through the notorious principle of (negative) reciprocity.[1] Yet, the 'Lausanne system' survived unchanged after the new era when the United Nations system brought in minority protection. It survived also during the post-1991 multi-lateral minority protection system that was established in Europe. In this context, the status of the Turkish/Muslim minority of Thrace encompasses specific minority rights regarding religious freedom and linguistic rights in parallel to the nexus of rights that (Greek) citizenship entails. The main areas akin to the minority specific legal protection are:

a. Three Mufti Offices are based in Thrace. The Muftis of Komotini, Xanthi and Didymotyho have a special status as civil servants, having a special jurisdiction over Muslims on family and inheritance matters. The selection of the Muftis became an issue of major importance for the Muslims of Thrace and Greek-Turkish relations, as in parallel to the three Muftis appointed by the government another two Muftis are elected by part of the minority.

---

1 Samim Akgönül (ed.), *Reciprocity. Greek and Turkish Minorities: Law, Religion and Politics*, (Istanbul: Bilgi University Press, 2007).

 | DOI: 10.1163/PROJECTEISBN_004

b. Minority schools offer bilingual education. Christian teachers teach the Greek curriculum and Muslims the Turkish curriculum. There are about 200 elementary schools, and four high schools (gymnasia/lycea). Two of them are religious seminaries (*medrese*). By 1996 a special quota for Muslims from Thrace to enter Greek university has been adopted, thus facilitating social integration.
c. Muslim community property (*waqf*) is administered by councils which are not elected but have been appointed by the government since the era of the junta in 1967.

There are a sufficient number of mosques in Thrace (more than 250) to satisfy everyday ritual needs. Lastly, one of the most indicative issues that mark the Turkish-Muslim minority is the right to establish associations with reference to its national (Turkish) identity. For many years, a series of associations are denied the right to register as associations according to the requirement of the Greek Civil Code. The cases were adjudicated on by the European Court of Human Rights, which found a violation of Article 11 of the Convention.[2] The Commissioner for Human Rights of the Council of Europe commented in 2006 that, 'Indeed, it is not possible today in Greece for those who claim they are members of a minority to use any word they wish in the denominations by which they would like to identify themselves collectively, for instance when registering associations'.[3]

Case Law

Case: The Turkish Union of Xanthi, a minority association set up in 1938, was dissolved by court decision in 1986 because 'it created confusion in the citizenship of its members [as to] whether they are Muslims of Greek citizenship or Turks in nationality and citizenship'. After many years of judicial proceedings, the Greek courts held that the dissolution was properly carried out according to the civil law, as 'the Association aimed at promoting the ideals of a foreign state (Turkey), as its members engaged in propaganda against Greece'. According to the courts, its title conflicts with the Treaty of Lausanne as the minority should be of a religious and not national character. The plenary of the Court of

2 Eleni Kalambakou, 'The right to association in light of cultural pluralism. A comment on the ECtHR's judgment *Turkish Union of Xanthi v. Greece*', [in Greek], *Dikaiomata tou Anthropou*, (43, 2009), pp. 849–877.

3 Commissioner of Human Rights, Follow-up Report on the Hellenic Republic (2002–2006), CommDH(2006)13, <www.coe.int>.

Cassation (*Areios Pagos*, judgment 4/2005) ruled unanimously that the courts had rightfully banned the association in accordance with the interest of the state and *ordre public*. The case was brought before the ECtHR.

The ECtHR observed that even if the real aim of the applicant association had been to promote the idea that there was an ethnic minority in Greece, this could not be said to constitute a threat to a democratic society. It reiterated that the existence of minorities and different cultures in a country was a historical fact that a democratic society had to tolerate and even protect, and it had to support such groups according to the principles of international law. The Court considered that freedom of association involved the right of everyone to express, in a lawful context, their beliefs about their ethnic identity. However shocking and unacceptable certain views or words used might appear to the authorities, their dissemination should not automatically be regarded as a threat to public policy or to the territorial integrity of a country (ECtHR, *Tourkiki Enosi Xanthis and Others v. Greece*, no. 26698/05, 27.3.2008. The judgment was not implemented by the Greek courts and the applicants applied once more to the Court in Strasbourg. The latter found the application inadmissible as there were no new grievences, 55557/12 and 73646/13, judgment of 10.12.2015).

3.2 The Internal Institutions of the Muslim Minority of Thrace

3.2.1 *The Mufti*

The institution of the Mufti is rooted in Ottoman times and recognised by Greek law. In the independent Greek state, the functions of the old Ottoman Mufti (to give opinion on legal matters) and of the *Kadi* (judge) were fused into the role of the 'new Mufti' under Greek law. The Muftis were granted special legal status stemming from the Treaty of Constantinople (1881), according to which the Mufti was recognised as the religious leader of the local Muslim communities with special advisory jurisdiction. This jurisdiction was consolidated by 1913 and it is still valid for the Muslims residing in Thrace.

Nowadays, the Muftis are the leading religious institution of the local Muslim communities of Thrace, assuming religious and social tasks. They are also empowered to exercise jurisdiction over civil law matters. The Muftis of Thrace are the religious leaders and the heads of the Komotini, Xanthi and Dydimotiho Offices (in the last a deputy Mufti holds office). The legal status of the Mufti Offices stems from the 1881/1913 regulations where one Mufti per Muslim community was granted jurisdiction over family and inheritance disputes (personal status). Act 1920/1990 acknowledges three Sharia courts in Thrace, chaired by the Mufti, whose jurisdiction is ambiguous as far as its alignment with human rights standards and its optional or mandatory character are concerned. The issue is discussed hereinafter in Chapter 9.

Another controversial issue relating to the Mufti is the manner of selection for office. Act 1920/1990 provides for the Mufti to be appointed by the government and not elected by the Muslims of his constituency (as it was provided for by the previous Act 2345/1920, albeit not implemented). Strong reactions by the minority in 1990 led to the election by a number of Muslims of two Muftis in Komotini and Xanthi, who to date act in parallel to the appointed Muftis. In the 1990s the two elected Muftis were prosecuted for and found guilty by Greek criminal courts of 'pretence of religious authority'. The ECtHR held that the prosecutions violated religious freedom according Article 9 of the Convention (see Case law below).

The Muftis have under their authority competences over waqf, to issue opinions (*fetva/fatwa*, not legally binding) and to appoint imams to each of the mosques of their constituencies. According to Act 3536/2007 (arts. 36–39), as amended twice, 240 posts for 'teachers of the Islamic faith' have been established all over Thrace for 'teaching the Qur'an in mosques' and, if the demand exists, upon decision of the regional school director to 'teach the Qur'an in public schools of primary or secondary education to pupils of Muslim faith who are exempted from the religious courses when needed'. These teachers teach the Qur'an in Greek in schools, they are hired on nine-month contracts and selected by a five-member committee chaired by the Mufti. Lastly, secretarial staff are provided by law to serve in the Mufti Offices and are remunerated by the state (Law 3536/2007, art. 40).

The Law

Νόμος 3536/2007 (ΦΕΚ Α 42) [όπως τροποποιήθηκε από τους ν. 4115/2013 (ΦΕΚ 24 Α) και 4283/2014 (ΦΕΚ Α 189).

Άρθρο 36

1. Για την αρωγή στο έργο της θρησκευτικής και πνευματικής καλλιέργειας των μουσουλμάνων της Θράκης, συνιστώνται στις Μουφτείες διακόσιες σαράντα (240) θέσεις ιεροδιδασκάλων ισλαμικής θρησκείας, οι οποίες θα καλυφθούν από μονίμους κατοίκους Θράκης, μέλη της μουσουλμανικής μειονότητας. Το έργο των ιεροδιδασκάλων είναι η διδασκαλία του Κορανίου στα Τεμένη της Θράκης. Οι ιεροδιδάσκαλοι μπορούν, εφόσον το επιθυμούν, κατόπιν σχετικής απόφασης του αρμοδίου, κατά περίπτωση, διευθυντή πρωτοβάθμιας ή δευτεροβάθμιας εκπαίδευσης, να διδάξουν το Κοράνιο και σε δημόσια σχολεία της πρωτοβάθμιας και δευτεροβάθμιας εκπαί-

δευσης της Θράκης, σε μαθητές μέλη της μουσουλμανικής μειονότητας που έχουν απαλλαγεί από το μάθημα των Θρησκευτικών και όπου προκύπτει σχετική ανάγκη, εντός του ωραρίου διδασκαλίας, χωρίς η διδασκαλία αυτή να εντάσσεται στο ωρολόγιο πρόγραμμα σπουδών. Όλες οι αναγκαίες λεπτομέρειες για τον καθορισμό, ανά σχολικό έτος ή ανά μικρότερες χρονικές περιόδους εντός αυτού, των σχολείων υποδοχής ιεροδιδασκάλων και των τάξεων που θα παρέχουν τις υπηρεσίες τους, την επιλογή των ιεροδιδασκάλων που θα διδάξουν στα σχολεία και γενικώς τον τρόπο εκτέλεσης της διδασκαλίας αυτής, θα καθοριστούν με απόφαση του Υπουργού Παιδείας και Θρησκευμάτων, Πολιτισμού και Αθλητισμού. Η κατανομή των θέσεων έχει ως εξής: Μουφτεία Ξάνθης: Ογδόντα (80) Μουφτεία Κομοτηνής: Εκατόν Είκοσι (120) Μουφτεία Διδυμότειχου: Σαράντα (40).
2. Οι υποψήφιοι Ιεροδιδάσκαλοι πρέπει να είναι Έλληνες πολίτες της μουσουλμανικής μειονότητας, κάτοχοι πτυχίου Ισλαμικών Σπουδών Ανώτατης Θεολογικής Σχολής της ημεδαπής ή αλλοδαπής αναγνωρισμένου από το ΔΟΑΤΑΠ. Σε περίπτωση που οι υποψήφιοι με τα ανωτέρω τυπικά προσόντα υπολείπονται των θέσεων που έχουν προκηρυχθεί, επιτρέπεται ο διορισμός σε θέση Ιεροδιδασκάλου και κατόχων πτυχίου Ανώτατου Εκπαιδευτικού Ιδρύματος της ημεδαπής, εφόσον οι τελευταίοι είναι απόφοιτοι των Ιεροσπουδαστηρίων της Θράκης. Κατ' εξαίρεση, κατά την πρώτη πενταετία από τη δημοσίευση του παρόντος νόμου στην Εφημερίδα της Κυβέρνησης, επιτρέπεται η πρόσληψη σε θέσεις Ιεροδιδασκάλων, Ελλήνων πολιτών της μουσουλμανικής μειονότητας που είναι απόφοιτοι των Ιεροσπουδαστηρίων Εχίνου και Κομοτηνής ή απόφοιτοι πρωτοβάθμιας ή δευτεροβάθμιας εκπαίδευσης και έχουν υπηρετήσει επί δεκαετία ως Ιεροδιδάσκαλοι ή απόφοιτοι της Ε.Π.Α.Θ. που έχουν εμπειρία διδασκαλίας του Κορανίου.
3. Τα ειδικότερα προσόντα των ιεροδιδασκάλων ανά κατηγορία τυπικών προσόντων, τα κριτήρια επιλογής κάθε κατηγορίας, καθώς και η διαδικασία προσλήψεως των ιεροδιδασκάλων καθορίζονται με κοινή απόφαση των Υπουργών Διοικητικής Μεταρρύθμισης και Ηλεκτρονικής Διακυβέρνησης και Παιδείας και Θρησκευμάτων, Πολιτισμού και Αθλητισμού, κατά παρέκκλιση των ισχυουσών διατάξεων προσλήψεως προσωπικού με σχέση εργασίας ιδιωτικού δικαίου στο Δημόσιο.
4. Με απόφαση του Υπουργού Παιδείας και Θρησκευμάτων, Πολιτισμού και Αθλητισμού, μετά από γνώμη της Επιτροπής του άρθρου 38 και του οικείου Μουφτή, κατανέμονται εντός της κάθε Μουφτείας, οι ανωτέρω θέσεις των ιεροδιδασκάλων, ανάλογα με τις ανάγκες της κάθε περιοχής.

Άρθρο 37
1. Οι ιεροδιδάσκαλοι προσλαμβάνονται με σύμβαση εργασίας ορισμένου χρόνου, διάρκειας μέχρι εννέα (9) μηνών, κατόπιν δημόσιας προκηρύξεως. Η σύμβαση υπογράφεται από τον Υπουργό Παιδείας και Θρησκευμάτων, Πολιτισμού και Αθλητισμού και ορίζει και τον τόπο άσκησης των καθηκόντων του κάθε ιεροδιδασκάλου,

ανάλογα με τις τοπικές ανάγκες, ο οποίος μπορεί να περιλαμβάνει περισσότερα τεμένη. Σε περίπτωση που ο Ιεροδιδάσκαλος αποδεχθεί να προσφέρει τις υπηρεσίες του σε σχολείο ή σε μουσουλμανικό Ιεροσπουδαστήριο της Θράκης, σύμφωνα με την πρώτη παράγραφο του προηγούμενου άρθρου, τεκμαίρεται ότι τροποποιείται ανάλογα η σύμβαση εργασίας με σύμφωνη γνώμη και των δύο μερών, με αντίστοιχη μείωση της απασχόλησής του στα τεμένη όπου τοποθετήθηκε. Προς τούτο, ενημερώνεται άμεσα και ο οικείος Μουφτής. Οι ιεροδιδάσκαλοι θα ασφαλίζονται υποχρεωτικά στο ΙΚΑ—ΕΤΑΜ.

Τα θέματα σχετικά με την επιλογή των Ιεροδιδασκάλων που θα διδάξουν στα μουσουλμανικά Ιεροσπουδαστήρια της Θράκης τα μαθήματα θρησκευτικής μουσουλμανικής εξειδίκευσης, ο καθορισμός των μαθημάτων, η διδασκαλία και γενικώς όλες οι αναγκαίες λεπτομέρειες, καθορίζονται με απόφαση του Υπουργού Παιδείας και Θρησκευμάτων, κατόπιν εισήγησης του Περιφερειακού Διευθυντή Εκπαίδευσης Ανατολικής Μακεδονίας και Θράκης.

2. Το ύψος των αποδοχών τους καθορίζεται με κοινή απόφαση των Υπουργών Οικονομικών και Παιδείας και Θρησκευμάτων, Πολιτισμού και Αθλητισμού. Η σχετική δαπάνη βαρύνει τον προϋπολογισμό του Υπουργείου Παιδείας και Θρησκευμάτων, Πολιτισμού και Αθλητισμού. Ιεροδιδάσκαλοι που παρέχουν τις υπηρεσίες τους σε δημόσια σχολεία της πρωτοβάθμιας και δευτεροβάθμιας εκπαίδευσης, καθώς και μουσουλμανικά ιεροσπουδαστήρια της Θράκης, σύμφωνα με τη διαδικασία της πρώτης παραγράφου του προηγούμενου άρθρου δεν θεωρείται ότι παρέχουν πρόσθετες υπηρεσίες πέραν των συμβατικών, ούτε δικαιούνται πρόσθετης αμοιβής.

3. Με απόφαση του οικείου Μουφτή και προς κάλυψη επειγουσών αναγκών, οι ιεροδιδάσκαλοι μπορούν να προσφέρουν τις υπηρεσίες τους στην Κεντρική Υπηρεσία της Μουφτείας, ως βοηθητικό διοικητικό προσωπικό και εντός του νομίμου ωραρίου, με αντίστοιχη μείωση της βασικής απασχόλησής τους, χωρίς πρόσθετες αποδοχές.

4. Με κοινή απόφαση των Υπουργών Διοικητικής Μεταρρύθμισης και Ηλεκτρονικής Διακυβέρνησης και Παιδείας και Θρησκευμάτων, Πολιτισμού και Αθλητισμού προκηρύσσονται κάθε φορά ο ακριβής αριθμός των προς κάλυψη θέσεων ανά Μουφτεία, η διάρκεια των συμβάσεων, οι μήνες που θα παρέχεται η εργασία και όλες οι αναγκαίες λεπτομέρειες για την πρόσληψη.

5. Με κοινή απόφαση των Υπουργών Παιδείας και Θρησκευμάτων, Οικονομικών και Διοικητικής Μεταρρύθμισης και Ηλεκτρονικής Διακυβέρνησης, και κατά παρέκκλιση της παραγράφου 1, μπορεί να παρατείνεται μονομερώς η ισχύς της σύμβασης εργασίας των υπηρετούντων με σύμβαση ιδιωτικού δικαίου ορισμένου χρόνου ιεροδιδασκάλων. Οι συμβάσεις που παρατείνονται, σύμφωνα με το προηγούμενο εδάφιο, λήγουν αυτόματα, χωρίς άλλη διατύπωση και χωρίς κανένα δικαίωμα αποζημίωσης, από την ημερομηνία έκδοσης της υπουργικής απόφασης περί πρόσληψης των επιτυχόντων που έχουν επιλεγεί κατόπιν της δημόσιας προκηρύξεως, θεωρούμενης της ημερομηνίας αυτής και ως συμβατική ημερομηνία λήξεως της ισχύος τους. Σε κάθε

περίπτωση, η παράταση, που προβλέπεται στην παράγραφο αυτή, δεν μπορεί να υπερβαίνει τους εννέα (9) μήνες.

Άρθρο 38
Η επιλογή των ιεροδιδασκάλων γίνεται από πενταμελή Επιτροπή, η οποία αποτελείται από: α) τον οικείο Μουφτή, ως Πρόεδρο, β) έναν υπάλληλο του Υπουργείου Παιδείας και Θρησκευμάτων, Πολιτισμού και Αθλητισμού, με τον αναπληρωτή του, γ) ένα μέλος Δ.Ε.Π. ειδικευμένο στις ισλαμικές σπουδές ή έναν πτυχιούχο Α.Ε.Ι. συναφούς γνωστικού αντικειμένου ή έναν απόφοιτο της ΕΠΑΘ, με τον αναπληρωτή του, δ) έναν έγκριτο μουσουλμάνο θεολόγο με τον αναπληρωτή του, ο οποίος ορίζεται από τον Υπουργό Παιδείας και Θρησκευμάτων, Πολιτισμού και Αθλητισμού και ε) έναν έγκριτο μουσουλμάνο θεολόγο με τον αναπληρωτή του, ο οποίος προτείνεται από τον οικείο Μουφτή. Χρέη γραμματέα χωρίς δικαίωμα ψήφου αναλαμβάνει δημόσιος υπάλληλος. Η Επιτροπή συγκροτείται με απόφαση του Υπουργού Παιδείας και Θρησκευμάτων, Πολιτισμού και Αθλητισμού.

Άρθρο 39
Για την επιλογή των καταλληλότερων στις θέσεις αυτές, η Επιτροπή του άρθρου 38 προκειμένου να αποφασίσει, επιπλέον των τυπικών προσόντων, σχηματίζει συνολική εικόνα για την ικανότητα των υποψηφίων, συνεκτιμώντας το ήθος, τη δραστηριότητα και την όλη προσωπικότητά τους, όπως επίσης και την προηγουμένη σταδιοδρομία τους ως ιεροδιδασκάλων.

Νόμος 4283/2014. Ίδρυση και οργάνωση Συμβουλίου Εθνικής Πολιτικής για την Παιδεία και άλλες διατάξεις (ΦΕΚ Α 189).

Άρθρο 7
Οι συμβάσεις των ιεροδιδασκάλων που καταρτίστηκαν εντός του έτους 2013 συνεχίζουν να ισχύουν και μετά τη πάροδο των εννέα (9) μηνών, κατά τα λοιπά ισχύουν τα οριζόμενα της παρ. 5 του άρθρου 37 του ν. 3536/2007. Η παρούσα παράγραφος ισχύει από την 30.7.2014.

Νόμος 1920/1991. Κύρωση της από 24ης Δεκεμβρίου 1990 Πράξης Νομοθετικού Περιεχομένου "Περί Μουσουλμάνων Θρησκευτικών Λειτουργών" (ΦΕΚ Α 11).

Άρθρο 1. Διαδικασία και προσόντα διορισμού σε θέση Μουφτή
1. Εντός τριμήνου αφότου κενωθεί θέση Μουφτή, ο κατά τόπο αρμόδιος Νομάρχης καλεί με πράξη του τους ενδιαφερομένους να την καταλάβουν, να υποβάλλουν σχετική αίτηση. [...].
2. Σε θέση Μουφτή διορίζονται μουσουλμάνοι Έλληνες πολίτες, κάτοχοι πτυχίου

ανωτάτης ισλαμικής θεολογικής σχολής (ημεδαπής ή αλλοδαπής) ή κάτοχοι διπλώματος Ιτζαζέτ ναμέ ή διατελέσαντες ιμάμηδες τουλάχιστον επί δεκαετία, οι οποίοι έχουν διακριθεί για το ήθος τους και τη θεολογική τους κατάρτιση και ως προς τους οποίους δεν συντρέχουν τα κωλύματα διορισμού, που αναφέρονται στα άρθρα 21 έως και 23 του υπαλληλικού κώδικος (π.δ. 611/1977).

3. Οι υποψήφιοι υποβάλλουν την αίτησή τους στον κατά τόπον αρμόδιο Νομάρχη εντός προθεσμίας δύο μηνών από την τοιχοκόλληση στο κατάστημα της Νομαρχίας της πράξεως της παραγράφου 1 του άρθρου αυτού. [...].

4. Εντός δέκα ημερών από τη λήξη της προθεσμίας της προηγουμένης παραγράφου ο Νομάρχης υποβάλλει στον κατά τόπον αρμόδιο Γενικό Γραμματέα της Περιφέρειας τις αιτήσεις, τα δικαιολογητικά και τον ονομαστικό κατάλογο των υποψηφίων.

5. Ο Γενικός Γραμματέας της Περιφέρειας εντός μηνός από τη λήψη των ανωτέρω στοιχείων συγκροτεί ενδεκαμελή επιτροπή με πρόεδρο τον κατά τόπον αρμόδιο Νομάρχη και μέλη έλληνες μουσουλμάνους θρησκευτικούς λειτουργούς και εξέχοντες μουσουλμάνους έλληνες πολίτες της περιφέρειάς του, ορίζει τον τόπο και το χρόνο της συνεδριάσεώς της και ανακοινώνει τη σχετική πράξη του στα μέλη της. [...]

6. Μόλις υποβληθεί στο Γενικό Γραμματέα της Περιφέρειας το κατά την προηγούμενη παράγραφο πρακτικό της επιτροπής ή η έκθεση του Νομάρχη, ο Γενικός Γραμματέας της Περιφέρειας υποβάλλει στον Υπουργό Εθνικής Παιδείας και Θρησκευμάτων όλα τα σχετικά για την επιλογή στοιχεία. Η επιλογή γίνεται με βάση ιδίως το ήθος, τη θεολογική κατάρτιση και την εν γένει θρησκευτική δράση των υποψηφίων.

7. Ο Μουφτής διορίζεται με προεδρικό διάταγμα εκδιδόμενο μετά από πρόταση του Υπουργού Εθνικής Παιδείας και Θρησκευμάτων για δεκαετή θητεία που δύναται να ανανεώνεται. Ο διορισθείς πριν από των ανάληψη των καθηκόντων του δίδει τον όρκο του δημοσίου υπαλλήλου στον αρμόδιο Νομάρχη.

Οι διατάξεις της παρούσης ως προς το διορισμό Μουφτή δεν θίγουν το κύρος προγενέστερων διορισμών που έγιναν με διαφορετικό τρόπο. Οι διορισμοί αυτοί θεωρούνται αναδρομικώς, αφότου συνετελέσθησαν, νόμιμοι και η θητεία των διορισθέντων λήγει μετά δέκα έτη από τη δημοσίευση της παρούσης.

Άρθρο 2. Παύση Μουφτή

Ο Μουφτής παύεται με προεδρικό διάταγμα, προκαλούμενο από τον Υπουργό Εθνικής Παιδείας και Θρησκευμάτων: α) σε περίπτωση αμετάκλητης καταδίκης του για κακούργημα ή πλημμέλημα από τα προβλεπόμενα στο άρθρο 22 του Υπαλληλικού Κώδικα (π.δ 611/1977), β)σε περίπτωση στερήσεως των πολιτικών δικαιωμάτων για οποιοδήποτε λόγο, γ) λόγω νόσου που κωλύει την άσκηση των καθηκόντων του, υπηρεσιακής ανεπάρκειας ή διαγωγής αναξιοπρεπούς ή ασυμβίβαστης προς τη θέση του και τα εκ του νόμου καθήκοντά του.

Η συνδρομή των όρων της περιπτώσεως γ' της παραγράφου 1 του παρόντος άρθρου βεβαιώνεται με αιτιολογημένη απόφαση συμβουλίου αποτελουμένου από έναν εφέτη Αθηνών ως πρόεδρο, έναν ανώτερο ή ανώτατο υπάλληλο του Υπουργείου Εθνικής Παιδείας και Θρησκευμάτων και ένα Μουφτή ή Τοποτηρητή ως μέλη, που ορίζονται με απόφαση του Υπουργού Εθνικής Παιδείας και Θρησκευμάτων. Η επιτροπή συνεδριάζει κατόπιν προσκλήσεως του προέδρου με την παρουσίαν τούτου και ενός τουλάχιστον μέλους. Σε περίπτωση ισοψηφίας υπερισχύει η ψήφος του προέδρου.

Άρθρο 3. Διορισμός, παύση και αντικατάσταση Τοποτηρητή

1. Εντός δέκα ημερών αφότου κενωθεί η θέση Μουφτή ο κατά τόπο Νομάρχης αναθέτει προσωρινώς και μέχρις αναλήψεως καθηκόντων από τον διοριζόμενο Μουφτή, με πράξη του, τα καθήκοντα Μουφτή σε Τοποτηρητή, που πρέπει να έχει τα προσόντα για την κατάληψη θέσεως Μουφτή ή να έχει διατελέσει ιμάμης, χατίπης ή ιεροκήρυκας.

2. Ο Τοποτηρητής παύεται με πράξη Νομάρχη για τους λόγους που αναφέρονται στο άρθρο 2 παρ.1.

3. Σε περίπτωση παραιτήσεως ή παύσεως του Τοποτηρητή ο κατά τόπο αρμόδιος Νομάρχης αναθέτει καθήκοντα σε άλλο Τοποτηρητή που έχει τα προσόντα της παραγράφου 1 τους παρόντος άρθρου.

Άρθρο 4. Βαθμολογική και μισθολογική κατάσταση Μουφτή και Τοποτηρητή.

Οι διοριζόμενοι Μουφτήδες και οι Τοποτηρητές είναι δημόσιοι υπάλληλοι, κατέχουν θέση γενικού διευθυντή και λαμβάνουν αποδοχές γενικού διευθυντή με βασικό μισθό τον προβλεπόμενο για το ανώτερο μισθολογικό κλιμάκιο (10) του Ν. 1505/1984. Κατά την άσκηση των καθηκόντων τους έχουν τις κατά το Σύνταγμα και τους νόμους υποχρεώσεις των δημοσίων υπαλλήλων.

Άρθρον 5. Καθήκοντα Μουφτή

1. Ο Μουφτής ασκεί στην περιφέρειά του τα καθήκοντα που προβλέπονται από τις διατάξεις της παρούσης, καθώς και τα θρησκευτικά καθήκοντα που απορρέουν από τον ιερό Μουσουλμανικό Νόμο. Διορίζει εποπτεύει και παύει τους μουσουλμάνους θρησκευτικούς λειτουργούς, τελεί ή επικυρώνει θρησκευτικούς γάμους μεταξύ μουσουλμάνων και γνωμοδοτεί σε θέματα που έχουν σχέση με τον Ιερό Μουσουλμανικό Νόμο.

2. Ο Μουφτής ασκεί δικαιοδοσία μεταξύ μουσουλμάνων Ελλήνων πολιτών της περιφέρειάς του επί γάμων, διαζυγίων, διατροφών, επιτροπειών, κηδεμονιών, χειραφεσίας ανηλίκων, ισλαμικών διαθηκών και της εξ αδιαθέτου διαδοχής εφ' όσον οι σχέσεις αυτές διέπονται από τον Ιερό Μουσουλμανικό Νόμο.

3. Οι εκδιδόμενες από το Μουφτή αποφάσεις επί υποθέσεων αμφισβητουμένης

δικαιοδοσίας δεν μπορούν να εκτελεσθούν ούτε αποτελούν δεδικασμένο, αν δεν κηρυχθούν εκτελεστές από το μονομελές πρωτοδικείο της περιφέρειας όπου η έδρα του Μουφτή, κατά τη διαδικασία της εκούσιας δικαιοδοσίας. Το δικαστήριο ερευνά μόνον αν η απόφαση εκδόθηκε μέσα στα όρια της δικαιοδοσίας του Μουφτή και αν οι διατάξεις που εφαρμόσθηκαν αντίκεινται στο Σύνταγμα. Κατά της αποφάσεως του Μονομελούς Πρωτοδικείου χωρεί προσφυγή ενώπιον του οικείου Πολυμελούς Πρωτοδικείου που δικάζει κατά την ίδια διαδικασία. Κατά της αποφάσεως του Πολυμελούς Πρωτοδικείου δεν χωρεί ένδικο μέσο τακτικό ή έκτακτο.

Άρθρο 6. Αριθμός και Περιφέρεια Μουφτειών
Ο αριθμός και η περιφέρεια των μουφτειών μεταβάλλονται με Προεδρικά διατάγματα εκδιδόμενα με πρόταση των Υπουργών Εσωτερικών, Δικαιοσύνης και Εθνικής Παιδείας και θρησκευμάτων.

Άρθρο 7. Κανόνες λειτουργίας. Ατέλειες Μουφτειών
Οι Μουφτείες θεωρούνται δημόσιες υπηρεσίες, αλληλογραφούν στην επίσημη γλώσσα του Κράτους, στην οποία συντάσσονται επίσης όσες πράξεις και έγγραφα εκδίδονται από το Μουφτή, απαλλάσσονται δε των ταχυδρομικών και τηλεγραφικών τελών.
[...]

Ν. 4235/2014 (ΦΕΚ Α 32).

Άρθρο 68. Ρυθμίσεις θεμάτων αρμοδιότητας του Υπουργείου Παιδείας και Θρησκευμάτων
[...]
2. Στο άρθρο 7 του ν. 1920/1991 (Α' 182) μετά από τη φράση «Οι Μουφτείες θεωρούνται δημόσια υπηρεσία» προστίθεται η φράση «επιπέδου γενικής διεύθυνσης».

Νόμος 3536/2007 (ΦΕΚ Α 42). Ειδικές ρυθμίσεις θεμάτων μεταναστευτικής πολιτικής και λοιπών ζητημάτων αρμοδιότητας Υπουργείου Εσωτερικών, Δημόσιας Διοίκησης και Αποκέντρωσης.

Άρθρο 40
Συνιστώνται στις Μουφτείες της Θράκης δέκα (10) νέες οργανικές θέσεις διοικητικών υπαλλήλων. Απόφοιτοι δευτεροβάθμιας εκπαίδευσης θα καταλαμβάνουν τις τρεις (3) θέσεις και πτυχιούχοι πανεπιστημιακών τμημάτων θα καταλαμβάνουν τις υπόλοιπες επτά (7) θέσεις. Οι θέσεις αυτές θα κατανέμονται ως εξής:
Μουφτεία Ξάνθης: μία (1) θέση για απόφοιτο δευτεροβάθμιας εκπαίδευσης και τρεις (3) θέσεις για πτυχιούχο πανεπιστημίου.

Μουφτεία Κομοτηνής: μία (1) θέση για απόφοιτο δευτεροβάθμιας εκπαίδευσης και τρεις (3) θέσεις για πτυχιούχο πανεπιστημίου.
Μουφτεία Διδυμότειχου: μία (1) θέση για απόφοιτο δευτεροβάθμιας εκπαίδευσης και μία (1) θέση για πτυχιούχο πανεπιστημίου. Τα προσόντα των ανωτέρω υπαλλήλων θα καθοριστούν με απόφαση των Υπουργών Εσωτερικών, Δημόσιας Διοίκησης και Αποκέντρωσης και Εθνικής Παιδείας και Θρησκευμάτων.

Υπουργική Απόφαση 98541/Α3/2007 (ΦΕΚ Β 1894). Καθορισμός προσόντων διοικητικών υπαλλήλων που θα καταλάβουν τις συσταθείσες με τον ν. 3536/2007 (ΦΕΚ Α 42) οργανικές θέσεις στις Μουφτείες της Θράκης. [Υπ. Εσωτερικών, Δημόσιας Διοίκησης και αποκέντρωσης & Εθνικής παιδείας και θρησκευμάτων]

Άρθρο 1
Καθορίζουμε τα προσόντα των διοικητικών υπαλλήλων, που θα καταλάβουν τις συσταθείσες με το ν. 3536/2007 (ΦΕΚ 42 τ. Α΄) οργανικές θέσεις στις Μουφτείες της Θράκης, κατά κατηγορία, ως ακολούθως:

Α. ΓΕΝΙΚΑ ΠΡΟΣΟΝΤΑ ΔΙΟΡΙΣΜΟΥ

Οι υποψήφιοι πρέπει:
α) Να είναι Έλληνες πολίτες. Για όσους έχουν αποκτήσει την ελληνική ιθαγένεια με πολιτογράφηση πρέπει να έχει παρέλθει ένα (1) τουλάχιστον έτος από την απόκτησή της, μέχρι την ημερομηνία λήξεως της προθεσμίας υποβολής των αιτήσεων. Εξαίρεση: δικαιούνται να είναι υποψήφιοι και πολίτες των κρατών—μελών της Ευρωπαϊκής Ένωσης. Για τους πολίτες αυτούς απαιτείται η γνώση της ελληνικής γλώσσας σε επαρκή βαθμό η οποία αποδεικνύεται με Πιστοποιητικό Ελληνομάθειας (ν. 2413/1996 άρθρο 10 παρ. 1, όπως έχει συμπληρωθεί και ισχύει). Επίσης αποδεικνύεται με αντίστοιχο πιστοποιητικό Σχολής ή Σχολείου της Ελληνικής Γλώσσας.
Δικαιούνται να είναι υποψήφιοι και όσοι απέκτησαν την ελληνική ιθαγένεια με πολιτογράφηση αλλά δεν έχει παρέλθει έτος από την απόκτησή της, εφόσον, μέχρι την απόκτησή της ήταν υπήκοοι κράτους—μέλους της Ευρωπαϊκής Ένωσης.
β) Να έχουν συμπληρώσει το 21ο έτος της ηλικίας τους, κατά το χρόνο λήξεως της προθεσμίας για την υποβολή των αιτήσεων.
γ) Να έχουν την φυσική καταλληλότητα που τους επιτρέπει την εκτέλεση των καθηκόντων της θέσης
τους
δ) Να μην υπάρχει κώλυμα από ποινική καταδίκη, στερητική ή επικουρική δικαστική συμπαράσταση, κατά τα οριζόμενα στο άρθρο 8 του ν. 3528/2007 (ΦΕΚ 26 τ. Α΄), κατά το χρόνο λήξης της προθεσμίας υποβολής των αιτήσεων και κατά το χρόνο του διορισμού τους.

ε) Οι άνδρες, μέχρι τη λήξη της προθεσμίας υποβολής των αιτήσεων, να έχουν εκπληρώσει τις στρατιωτικές τους υποχρεώσεις ή να έχουν απαλλαγεί νόμιμα από αυτές.

Β. ΤΥΠΙΚΑ ΠΡΟΣΟΝΤΑ ΔΙΟΡΙΣΜΟΥ
1. Κατηγορία Πανεπιστημιακής Εκπαίδευσης: [...]
2. Κατηγορία Δευτεροβάθμιας Εκπαίδευσης: [...]

Γ. ΠΡΟΣΘΕΤΑ ΠΡΟΣΟΝΤΑ ΔΙΟΡΙΣΜΟΥ
Πρόσθετο προσόν διορισμού και για τις δύο (2) κατηγορίες ορίζεται η επαρκής γνώση της Τουρκικής γλώσσας, η οποία θα αποδεικνύεται με οποιοδήποτε τίτλο σπουδών Τουρκικής γλώσσας, ή από βεβαίωση του οικείου Μουφτή ή Τοποτηρητή, η οποία θα χορηγείται ύστερα από προφορική εξέταση του υποψηφίου.

Δ. ΔΙΑΔΙΚΑΣΙΑ ΠΛΗΡΩΣΗΣ ΤΩΝ ΘΕΣΕΩΝ
Η πλήρωση των προαναφερομένων θέσεων θα γίνει με επιλογή, κατόπιν προκήρυξης, χωρίς διαγωνισμό.
[...].

Άρθρο 2
1. Διοικητικός και πειθαρχικός προϊστάμενος του παραπάνω προσωπικού είναι ο οικείος Μουφτής ή Τοποτηρητής.
2. Αρμόδιο για την όλη υπηρεσιακή κατάσταση του παραπάνω προσωπικού είναι το Κεντρικό Υπηρεσιακό Συμβούλιο Διοικητικού Προσωπικού (Κ.Υ.Σ.ΔΙ.Π.) του Υπουργείου Εθνικής Παιδείας και Θρησκευμάτων.

Case Law

Case 1: A group of Thracian Muslims appealed against the presidential decree of 28.1.2001 according to which the Mufti of Komotini was reappointed to his office. The Council of State said that the Greek-Ottoman Treaty of Athens (1913), Article 11, according to which the Muftis are elected by the Muslims of their constituency, had been replaced by the Treaty of Lausanne which does not regulate the position of the Muftis. Therefore Law 1920/1990 providing for the appointment of the Mufti was valid and in conformity with the pertinent international law (*StE*, judgment 466/2003).

Case 2: Ibrahim Serif was unofficially elected Mufti of Komotini in December 1990 by a group of Muslims. The public prosecutor of Rodopi instituted criminal proceedings against him under Articles 175 and 176 of the Criminal Code for having usurped the functions of a minister of a 'known religion'. Serif was tried and found guilty by the criminal court of Thessaloniki in 1994. The Court of Appeal and the Court of Cassation ratified the judgment (*Areios Pagos*, judgment 495/1997). The case was then brought before the ECtHR, which stated that there was no indication that the applicant had attempted at any time to exercise the judicial and administrative functions for which the legislation on the Muftis and other ministers of 'known religions' makes provision. The ECtHR considered that tensions in a society are unavoidable consequences of pluralism. The role of the authorities in such circumstances is not to remove the cause of tension by eliminating pluralism, but to ensure that the competing groups tolerate each other. Thus, the ECtHR held that the applicant's conviction under Articles 175 and 176 of the Criminal Code was not justified by 'a pressing social need', and the decisions of the Greek criminal courts were not 'necessary in a democratic society for the protection of public order' under Article 9 par. 2 of the Convention. There was, therefore, a violation of Article 9 (ECtHR, *Serif v Greece*, judgment of 14 December 1999).

Case 3: The Mufti of Xanthi delivered a decision on divorce for a Muslim couple who were inhabitants of Rodopi (Sacred Court of Xanthi, decision 40/2004). This decision was not ratified by the First Instance Court, which found that the Mufti had adjudicated on a case outside the limits of his constituency and in violation of Article 5 par. 2 of Law 1920/1990 (*Monomeles Protodikeio Xanthis*, judgment 203/2007).

3.2.2 *The Waqf*

Waqf in Arabic, *vakıf* in Turkish or *vakoufi* in Greek pertains to community property in the framework of the *millet* system. The institution of the community foundation has its roots in Ottoman law and community politics, where the only way for both Muslim and non-Muslim communities to own property was to establish foundations on land originally donated by the Sultan. A foundation was privately owned property that, once dedicated under a certain procedure, was to be managed for charitable purposes in perpetuity. In Islamic law, a foundation is the act of founding a charitable trust, and hence the trust itself. Law regulated the establishment of a foundation, its management and the status of its trustees, the possibility of changing its pious purpose, the allocation of its revenue and assignment of its beneficiaries, the position of the family of the founder, etc. Gradually, foundations were placed under the control and supervision of the state.

The Treaty of Lausanne (arts. 40–44) grants community/minority foundations of pious, social, educational or religious purpose the right to acquire, make use of and dispose of real property.[4] Under the Treaty, community foundations constitute *sui generis* legal entities and an exception to the foundations that are governed under Greek and Turkish civil law. The Treaty says that minority foundations are 'established, managed and controlled' by the minority. Accordingly, there must be a legal link between the foundation and the relevant minority community, namely 'Muslims' (in Greece) and 'non-Muslims' (in Turkey). Thus, the 'minority community' is the legal entity tasked with the founding and management of foundations and their property.

According to current Greek law, albeit one which is not implemented, waqf property is defined 'as the waqf itself, and any other real or tangible property, donated for the functioning of the waqf, implying the aims of the institutions or the institution itself, as defined under article 2 of the Law' (art. 3, Act 3647/2008). Waqf property is supposed to operate so as to serve the needs of the minority community. According to Article 41 paragraph 2 of the Treaty of Lausanne, the Greek government is also obliged to grant financial aid to the minority foundations. Waqf property has been reduced for internal (mismanagement, excessive selling) and external (expropriation) reasons. The main characteristics of the Law are:

- It reiterates the basic regulations of the previous Law of 1980 and acknowledges the *de facto* division of community property into three groups of waqf, in the towns of Komotini, Xanthi and Dydimoteiho, where the waqf are centrally managed. The scattered waqf property of the villages is locally managed.
- It reflects the will of the government to hold elections for waqf management committees.
- It does not refer to reciprocity.
- The waqf are expressly deemed to be legal entities of private law.
- Waqf which belonged to communities that have ceased to exist are put under the management of the nearest management committee so that they do not risk losing their legal autonomy.
- It does not clarify the position of the Islamic law as a source of the regulations as it makes a direct reference to it but not for the new waqf, which would come under the civil law on foundations (*idrymata*). Moreover, the relevant Ottoman law continues to be a source of law, to an unspecified extent and applicability.

---

4 Dilek Kurban and Konstantinos Tsitselikis, *A tale of reciprocity: Minority foundations in Greece and Turkey*, (Istanbul: TESEV/KEMO, 2010), pp. 6–7.

- The relationship between Waqf Committees and the local Mufti or imam is unclear.
- The Secretary General of the Region (representative of the government) holds important decision-making authority. His authority 'exceptionally' to establish a separate group of waqfs under a special committee and to determine the election process restricts the autonomy of Waqf Committees.
- School waqfs are separated from the main group of waqfs.
- Setting exclusively the purposes for which a Waqf Committee is allowed to dispose of the waqf income, this does not include payment of employees, research fees or other staff, grants or scholarships, or many other activities that could cater to the waqf.
- The election process is determined by strict rules which echo the norms regarding municipal elections.

To date (2015), elections for minority foundations management committees have not been held. In practice, since 1967 the government has appointed the members of such committees and the law on the waqf remains unimplemented. Even in April 2015, when the waqf committee of Komotini resigned for internal reasons, the government opted not to apply the law.

The Law

Νόμος 3647/2008 (ΦΕΚ Α 37). Διοίκηση και διαχείριση των Βακουφίων της Μουσουλμανικής Μειονότητας στη Δυτική Θράκη και των περιουσιών τους.

ΜΕΡΟΣ Α΄. ΓΕΝΙΚΕΣ ΔΙΑΤΑΞΕΙΣ

Άρθρο 1. Νομοθετικό πλαίσιο
Τα θέματα της διοίκησης και διαχείρισης των Βακουφίων της Μουσουλμανικής Μειονότητας της Δυτικής Θράκης και των περιουσιών τους διέπονται:
(α) από τη Συνθήκη Ειρήνης της Λωζάννης, που κυρώθηκε με το άρθρο 1 του νομοθετικού διατάγματος της 25ης Αυγούστου 1923 και
(β) από τον παρόντα νόμο.

Άρθρο 2. Βακούφιο
Βακούφιο είναι αφιέρωμα κατά τον Ιερό Ισλαμικό Νόμο, που περιλαμβάνει ακίνητα ή/και κινητά περιουσιακά στοιχεία ή πρόσοδο υπέρ ευσεβούς, αγαθοεργού, κοινωφελούς γενικά σκοπού ή υπέρ φιλανθρωπικού, θρησκευτικού, ευαγούς ιδρύματος, που είτε υπάρχει είτε ιδρύεται για μη κερδοσκοπικό σκοπό.

Άρθρο 3. Βακουφική περιουσία

1. Βακουφική περιουσία αποτελεί αυτό το ίδιο το Βακούφιο, καθώς και κάθε άλλο περιουσιακό στοιχείο, κινητό ή ακίνητο, αφιερωμένο στη λειτουργία του Βακουφίου, είτε υπό την έννοια του σκοπού είτε υπό την έννοια του ιδρύματος, όπως ορίζεται στο προηγούμενο άρθρο.

2. Η διαχείριση της Βακουφικής περιουσίας γίνεται σύμφωνα με τα οριζόμενα στη νομοθεσία περί κληροδοτημάτων και κοινωφελών ιδρυμάτων.

3. Τα μέλη των Επιτροπών που διαχειρίζονται τη Βακουφική περιουσία είναι υποχρεωμένα να σέβονται τις μουσουλμανικές αρχές και παραδόσεις ως προς τη διαχείρισή της. Τη σχετική εποπτεία ασκεί ο Μουφτής.

4. Η Επιτροπή που διαχειρίζεται τα έσοδα της Βακουφικής περιουσίας μπορεί να τα διαθέτει για:

α. την επισκευή τεμενών, μετζιτίων και άλλων ιερών χώρων, οικοτροφείων, γεφυρών, πηγών, και συντήρηση νεκροταφείων εντός των ορίων του οικείου νομού, β. την προσφορά φιλανθρωπικής βοήθειας προς πρόσωπα χρήζοντα βοηθείας, γ. τη νομική υποστήριξη απαιτήσεων, λήψη ασφαλιστικών μέτρων, παράσταση σε δικαστήριο για την εν γένει προστασία της Βακουφικής περιουσίας, δ. την πληρωμή των χρεών και βαρών της Βακουφικής περιουσίας.

5. Η διαχείριση των εσόδων της Βακουφικής περιουσίας για οποιονδήποτε άλλο λόγο περιλαμβανομένης της τυχόν εκποιήσεως της ακίνητης περιουσίας, της συστάσεως υποθήκης, της ανεγέρσεως οικοδομής με το σύστημα της αντιπαροχής, της αγοράς ακινήτων και της οικονομικής συνδρομής σε άλλο Βακούφιο, γίνεται μετά τη διατύπωση σύμφωνης γνώμης του οικείου Μουφτή.

Άρθρο 4. Βακούφια με ακίνητη περιουσία

1. Τα υπάρχοντα Βακούφια που περιλαμβάνουν ακίνητη περιουσία αποτελούν, από της ενάρξεως ισχύος του παρόντος νόμου, χωριστά νομικά πρόσωπα ιδιωτικού δικαίου και λογίζονται ως κοινωφελή ιδρύματα που λειτουργούν προς εξυπηρέτηση του σκοπού για τον οποίον έχουν συσταθεί.

2. Βακούφια υπό την έννοια της προηγούμενης παραγράφου θεωρούνται και τα δημόσια μουσουλμανικά νεκροταφεία που βρίσκονται στους Νομούς Ξάνθης, Ροδόπης και Έβρου.

3. Δεν θεωρούνται νομικά πρόσωπα ιδιωτικού δικαίου τα Βακούφια που προορίζονται προς κοινή χρήση σύμφωνα με το άρθρο 967 του Α.Κ.

Άρθρο 5. Νέα Βακούφια

Τα Βακούφια που θα συσταθούν μετά την έναρξη ισχύος του παρόντος νόμου και περιλαμβάνουν κινητή ή ακίνητη περιουσία διέπονται ως προς μεν την ίδρυση και διοίκησή τους από τις διατάξεις του Αστικού Κώδικα περί Ιδρυμάτων, ως προς δε τη διαχείρισή τους από τον παρόντα νόμο.

ΜΕΡΟΣ Β΄. ΒΑΚΟΥΦΙΚΕΣ ΕΠΙΤΡΟΠΕΣ

Άρθρο 6. Βακουφική Επιτροπή

1. Τη Βακουφική περιουσία ανά τέμενος ή ομάδα από τεμένη σε οικισμούς της Θράκης εκτός των ορίων των Δήμων Κομοτηνής, Ξάνθης και Διδυμότειχου διαχειρίζεται Βακουφική Επιτροπή. Η Επιτροπή αυτή ασκεί τις αρμοδιότητές της επί των Βακουφικών περιουσιών σύμφωνα με την πρακτική που έχει καθιερωθεί από της συστάσεως του Βακουφίου.

2. Η Βακουφική Επιτροπή είναι τριμελής, αποτελούμενη από τον Πρόεδρο (Μουτεβελή), τον Ταμία και ένα μέλος.

Άρθρο 7. Εκλογή Βακουφικής Επιτροπής

1. Οι μουσουλμάνοι κάτοικοι του οικισμού όπου ανήκει το Βακούφιο εκλέγουν τη Βακουφική Επιτροπή, μετά από γνώμη του Ιμάμη του τεμένους στο οποίο ανήκει το Βακούφιο.

2. Η Βακουφική Επιτροπή, αμέσως μετά την εκλογή της, συγκροτείται σε Σώμα δια της εκλογής, κατ' απόλυτη πλειοψηφία, Προέδρου (Μουτεβελή) και Ταμία. Ο νέος Πρόεδρος κοινοποιεί τα αποτελέσματα της εκλογής και της συγκροτήσεως της Βακουφικής Επιτροπής σε Σώμα στον οικείο Μουφτή.

3. Το αποτέλεσμα της εκλογής επικυρώνει με απόφασή του ο οικείος Μουφτής, ο οποίος ενημερώνει τον Γενικό Γραμματέα Περιφέρειας.

Άρθρο 8. Αντικατάσταση μελών Βακουφικής Επιτροπής

Σε περίπτωση αποποιήσεως διορισμού, θανάτου ή βαρείας ασθένειας, παραιτήσεως ή εκπτώσεως μέλους της Βακουφικής Επιτροπής, αυτή συνεχίζει τη λειτουργία της εφόσον έχει τουλάχιστον δύο μέλη, τα οποία καταλαμβάνουν τις θέσεις του Προέδρου (Μουτεβελή) και του Ταμία. Σε περίπτωση διαφωνίας για την κατάληψη των θέσεων, τη διαφορά επιλύει ο Μουφτής. Σε περίπτωση που δεν είναι δυνατή η λειτουργία της Βακουφικής Επιτροπής, επαναλαμβάνεται η διαδικασία εκλογής του άρθρου 7.

Άρθρο 9. Λογοδοσία Βακουφικής Επιτροπής

Η Βακουφική Επιτροπή υποχρεούται, επιπλέον των υποχρεώσεών της περί διαχειρίσεως, που προβλέπονται στην παράγραφο 2 του άρθρου 3 του παρόντος νόμου, να αποδίδει στον Μουφτή ακριβή λογοδοσία της διαχειρίσεως για κάθε οικονομικό έτος.

ΜΕΡΟΣ Γ. ΔΙΑΧΕΙΡΙΣΤΙΚΕΣ ΕΠΙΤΡΟΠΕΣ

Άρθρο 10. Διαχειριστική Επιτροπή

1. Η διοίκηση και διαχείριση καθενός εκ των νομικών προσώπων του άρθρου 4 στους Δήμους Ξάνθης, Κομοτηνής και Διδυμοτείχου ασκείται από μία Διαχειριστική Επιτροπή σε καθεμία από τις τρεις πόλεις. Οι Διαχειριστικές Επιτροπές είναι πενταμελείς. Τα μέλη τους εκλέγονται με μυστική ψηφοφορία από τους μουσουλμάνους, άνδρες και γυναίκες, που είναι εγγεγραμμένοι στους εκλογικούς καταλόγους των Δήμων, όπου υφίστανται τα υπαγόμενα στην αντίστοιχη Επιτροπή Βακούφια.
2. Κατ' εξαίρεση, ο Γενικός Γραμματέας Περιφέρειας μπορεί, με απόφασή του, αναλόγως του σκοπού, να ορίσει ότι ομάδα Βακουφίων ανά δήμο, που βρίσκεται εντός των διοικητικών ορίων του Δήμου Ξάνθης ή Κομοτηνής ή Διδυμοτείχου, διοικείται και αποτελεί αντικείμενο διαχείρισης από ειδική Διαχειριστική Επιτροπή, για την οποία ισχύουν αναλόγως οι διατάξεις των άρθρων 10 επ' αυτού του νόμου. Ο Γενικός Γραμματέας Περιφέρειας λαμβάνει υπόψη του τη βούληση του αφιερωτή ως προς το φιλανθρωπικό ή θρησκευτικό σκοπό αφιερώσεως του κάθε Βακουφίου.

Άρθρο 11. Εκλογή Διαχειριστικής Επιτροπής

Το εκλογικό σύστημα και ο τρόπος διεξαγωγής των εκλογών για όλες τις Διαχειριστικές Επιτροπές, η συμμετοχή σε αυτές των εκλογέων, η εποπτεία των εκλογών, η ανακήρυξη των επιτυχόντων και ο έλεγχος των εκλογών ρυθμίζονται με ανάλογη εφαρμογή των άρθρων 32 έως και 74 του Κώδικα Δήμων και Κοινοτήτων με την εξαίρεση της παραγράφου 3 του άρθρου 34 (ν. 3463/ 2006). Με κοινή απόφαση των Υπουργών Εσωτερικών, Οικονομίας και Οικονομικών, Εξωτερικών και Εθνικής Παιδείας και Θρησκευμάτων καθορίζονται οι αναγκαίες προσαρμογές ως προς τον τρόπο εκλογής.

Άρθρο 12. Συγκρότηση Διαχειριστικής Επιτροπής

1. Η Διαχειριστική Επιτροπή, αμέσως μετά την ανακήρυξη των επιτυχόντων, συγκροτείται σε Σώμα δια της εκλογής, κατ' απόλυτη πλειοψηφία, Προέδρου, Αντιπροέδρου, Γραμματέα και Ταμία. Ο Αντιπρόεδρος αναπληροί τον Πρόεδρο, σε όλα του τα καθήκοντα, σε περίπτωση απουσίας ή κωλύματος. Ο Πρόεδρος και τα Μέλη της Διαχειριστικής Επιτροπής δύνανται, για τις υπηρεσίες τους, να λαμβάνουν εύλογη αποζημίωση, η οποία ορίζεται με απόφαση της Διαχειριστικής Επιτροπής και βαρύνει το Βακούφιο.
2. Ο νεοεκλεγείς Πρόεδρος κοινοποιεί τα αποτελέσματα της εκλογής και της συγκροτήσεως της Διαχειριστικής Επιτροπής σε Σώμα στον Γενικό Γραμματέα Περιφέρειας και στον οικείο Μουφτή.

Άρθρο 13. Αντικατάσταση μελών Διαχειριστικής Επιτροπής
[...]

Άρθρο 14. Διαχείριση περιουσίας
1. Η Διαχειριστική Επιτροπή δημοσιεύει ετησίως, σε δύο ημερήσιες ή εβδομαδιαίες εφημερίδες του τοπικού τύπου, απολογισμό των εσόδων και εξόδων της και καταρτίζει γενικό ισολογισμό της περιουσίας του Βακουφίου, ο οποίος περιλαμβάνει την κατάσταση του ενεργητικού και παθητικού, καθώς και όλες τις μεταβολές της περιουσίας κατά τη διάρκεια του οικονομικού έτους.
2. Η Διαχειριστική Επιτροπή προβαίνει σε τοποθέτηση και επένδυση τυχόν πλεονασμάτων από τα ετήσια εισοδήματα σε έντοκο τραπεζικό λογαριασμό.

ΜΕΡΟΣ Δ'.
ΠΡΟΣΟΝΤΑ ΕΚΛΟΓΙΜΟΤΗΤΑΣ—ΕΚΠΤΩΣΗ— ΘΗΤΕΙΑ—ΕΚΠΡΟΣΩΠΗΣΗ

Άρθρο 15. Προσόντα εκλογιμότητας
1. Εκλόγιμοι ως μέλη των διαχειριστικών ή των Βακουφικών Επιτροπών είναι όσοι εκ των Ελλήνων πολιτών έχουν συμπληρώσει το 21ο έτος της ηλικίας τους, άνδρες και γυναίκες, Μουσουλμάνοι κατά το θρήσκευμα.
2. Δεν είναι εκλόγιμοι οι Μουφτήδες και οι σύζυγοί τους, οι υπάλληλοι των Μουφτειών και οι σύζυγοί τους, οι Βουλευτές, οι Νομάρχες και Αντινομάρχες, οι Δήμαρχοι και οι Κοινοτάρχες. Μη εκλόγιμοι είναι επίσης όσοι έχουν στερηθεί των πολιτικών τους δικαιωμάτων για οποιαδήποτε αιτία και όσοι έχουν καταδικασθεί αμετακλήτως για κακούργημα, κλοπή, απάτη, υπεξαίρεση, εκβίαση, πλαστογραφία, απιστία, δωροδοκία, καταπίεση, παράβαση καθήκοντος, έγκλημα κατά της γενετήσιας ελευθερίας και κατά της οικονομικής εκμετάλλευσης της γενετήσιας ζωής, συκοφαντική δυσφήμιση και χρεοκοπία.
3. Το ίδιο πρόσωπο δεν μπορεί να μετέχει σε περισσότερες από μια Διαχειριστικές ή Βακουφικές Επιτροπές.
4. Οι σύζυγοι μελών ή οι συγγενείς εξ αίματος μέχρι και του 3ου βαθμού δεν μπορούν να μετέχουν στην ίδια Διαχειριστική ή Βακουφική Επιτροπή.
1. [...]

Άρθρο 17. Θητεία Επιτροπών
Η θητεία των μελών των Διαχειριστικών και Βακουφικών Επιτροπών είναι τριετής. Όποιος εξελέγη και υπηρέτησε ως μέλος Διαχειριστικής Επιτροπής για δύο συνεχείς θητείες δεν μπορεί να επανεκλεγεί για την αμέσως επόμενη θητεία.

Άρθρο 18. Εκπροσώπηση Βακουφίων
Ο πρόεδρος της Διαχειριστικής και της Βακουφικής Επιτροπής εκπροσωπεί το Βακούφιο και την περιουσία του ενώπιον των Δικαστηρίων, της Διοικήσεως και των τρίτων. Ο πρόεδρος και τα μέλη της Διαχειριστικής και της Βακουφικής Επιτροπής έχουν, σύμφωνα με την κείμενη νομοθεσία, τα δικαιώματα και τις υποχρεώσεις του προέδρου και των μελών του διοικητικού συμβουλίου των κοινωφελών ιδρυμάτων ιδιωτικού δικαίου.

ΜΕΡΟΣ Ε'

ΣΧΟΛΙΚΑ ΒΑΚΟΥΦΙΑ ΚΑΙ ΒΑΚΟΥΦΙΑ ΣΕ ΑΚΑΤΟΙΚΗΤΗ ΠΕΡΙΟΧΗ

Άρθρο 19. Σχολικά Βακούφια
1. Στην περίπτωση που ένα Βακούφιο συνίσταται σε σχολείο, περιλαμβανομένου και τυχόν περιουσιακού στοιχείου, κινητού ή ακινήτου, με το οποίο έχει προικισθεί κατά το παρελθόν σύμφωνα με τον Ιερό Ισλαμικό Νόμο, τον έλεγχο και τη διαχείρισή του ασκεί η αρμόδια αιρετή Σχολική Εφορία.
2. Η Σχολική Εφορία λογοδοτεί ετησίως ενώπιον της συνελεύσεως των γονέων και κηδεμόνων. Κατά τα λοιπά ισχύει η υπουργική απόφαση 6209/2002 «Καθήκοντα και αρμοδιότητες σχολικής Εφορίας στα μειονοτικά σχολεία της Θράκης» (ΦΕΚ 776 Β'/2002), όπως εκάστοτε ισχύει.

Άρθρο 20. Βακούφια σε ακατοίκητη περιοχή
Εάν υπάρχει Βακούφιο σε ακατοίκητη περιοχή ή σε τόπο μη κατοικούμενο από Μουσουλμάνους εντός των ορίων των Νομών Ξάνθης, Ροδόπης και Έβρου, η πλησιέστερη Διαχειριστική ή Βακουφική Επιτροπή, μετά από σύμφωνη γνώμη του Μουφτή, ορίζει Μουτεβελή για τη διαχείριση αυτού και της τυχόν περιουσίας του. Ο διορισμός ανακοινώνεται στον Γενικό Γραμματέα Περιφέρειας. Ο διοριζόμενος οφείλει να συγκεντρώνει τα τυπικά προσόντα εκλογιμότητας.

ΜΕΡΟΣ ΣΤ'. ΜΕΤΑΒΑΤΙΚΕΣ ΚΑΙ ΤΕΛΙΚΕΣ ΔΙΑΤΑΞΕΙΣ

Άρθρο 21. Ιδιοκτησιακό καθεστώς
1. Για την επίλυση τυχόν εκκρεμοτήτων σχετικών με το ιδιοκτησιακό καθεστώς των Βακουφίων που έχουν ακίνητη περιουσία, ο Γενικός Γραμματέας Περιφέρειας συγκροτεί επιτροπή αποτελούμενη από έναν εκπρόσωπο του Υπουργείου Οικονομίας και Οικονομικών, έναν πτυχιούχο Νομικής Σχολής που θα υποδειχθεί από το Υπουργείο Εξωτερικών, έναν εκπρόσωπο της Περιφέρειας Ανατολικής Μακεδονίας—Θράκης και δύο εκπροσώπους της αντίστοιχης Διαχειριστικής ή Βακουφικής Επιτροπής, προκειμένου να προτείνουν τρόπους αντιμετωπίσεως των εκκρεμοτήτων αυτών.

2. Με κοινή απόφαση των Υπουργών Εσωτερικών, Οικονομίας και Οικονομικών, Εξωτερικών, καθώς και Εθνικής Παιδείας και Θρησκευμάτων καθορίζονται οι λεπτομέρειες εφαρμογής του παρόντος άρθρου.

Άρθρο 22.
1. Ο ν. 1091/1980 καταργείται.
2. Κάθε γενική ή ειδική διάταξη αντικειμένη στις διατάξεις του παρόντος νόμου καταργείται.
3. Οι υφιστάμενες Διαχειριστικές Επιτροπές, που έχουν συσταθεί βάσει του ν.1091/1980, συνεχίζουν τη λειτουργία τους μέχρι την ανάδειξη των νέων Διαχειριστικών Επιτροπών με βάση τον παρόντα νόμο σύμφωνα και με τα οριζόμενα στο άρθρο 24.
[...]

Άρθρο 24
1. Η ισχύς του παρόντος νόμου αρχίζει από τη λήξη της θητείας των Διαχειριστικών Επιτροπών, όπως προβλέπεται στο π.δ. 2/2007 (ΦΕΚ 2 Α'/2.1.2007) εκτός εάν άλλως ορίζεται στις επί μέρους διατάξεις του.
2. Σε περίπτωση αντικειμενικής αδυναμίας εφαρμογής των διατάξεων του παρόντος νόμου, παρατείνεται η θητεία των υφιστάμενων Διαχειριστικών Επιτροπών, με ανάλογη εφαρμογή του άρθρου 90 του Κώδικα Δήμων και Κοινοτήτων.
3. Σε περίπτωση αδυναμίας διενέργειας εκλογών ή υπάρξεως άλλων συνθηκών που καθιστούν αδύνατη τη συγκρότηση ή λειτουργία των Διαχειριστικών Επιτροπών, ο Γενικός Γραμματέας Περιφέρειας διορίζει, μετά από γνώμη του οικείου Μουφτή, προσωρινή Διαχειριστική Επιτροπή που αποτελείται από Μουσουλμάνους Έλληνες πολίτες, οι οποίοι διαθέτουν τα τυπικά προσόντα εκλογιμότητας. Εφόσον δημιουργηθούν οι κατάλληλες συνθήκες για τη διενέργεια εκλογών, ο Γενικός Γραμματέας Περιφέρειας προκηρύσσει εκλογές, σύμφωνα με την κείμενη νομοθεσία. Οι εκλεγμένες Διαχειριστικές Επιτροπές αντικαθιστούν τις προσωρινές μετά την ολοκλήρωση της προβλεπόμενης από το νόμο εκλογικής διαδικασίας. Σε κάθε περίπτωση, η θητεία των προσωρινών Διαχειριστικών Επιτροπών δεν μπορεί να υπερβαίνει την τριετία.

Case Law

Case: In 1989 the management committee of the Waqf of Komotini resigned, and in 1991 the government appointed the Mufti of Komotini as manager. The Hayiriye *medrese*, one of the most important waqfs of Komotini, began a case before the civil court regarding a property dispute under the authority of the Mufti. The First Instance Court of Rodopi denied the Hayiriye *medrese* the status/capacity of litigant because the Management Committee was not established according to the requirement of the law on the waqf, and therefore denied the status/capacity of the waqf as litigant (*Monomeles Protodikeio Rodopis*, judgment 26/1995).

3.2.3 *Minority Education*

The bilingual (Greek/Turkish) minority education system stems, above all, from Articles 40 and 41 of the Treaty of Lausanne concerning 'private' and 'public' minority schools as applied and interpreted in the context of the educational reform of 1977. In addition, a general law, namely Law 1566/85 'on the organisation of General Education', as well as a special law (Law 694/1977, Law 695/1977 and Law 4310/2014) implemented through a series of decrees of the Minister of National Education regulates aspects of structure, organisation and content of the minority education of Thrace, namely all about elementary schools, gymnasia and lycea.

Minority education is only accessible for Muslims of Greek citizenship residing in Thrace, and thus retains a strict *millet*-like character. Attendance at minority schools is forbidden to 'ethnic Greeks' or 'Greeks by origin' (*Ellines to genos*) (art, 10 par. PD 483/1977, FEK A 149). This division between 'Greeks by origin' and 'non-Greeks by origin' reflects lawmakers' perception of 'Greekness', which renders mutually incompatible a vision of Greek and Turkish 'national descent' as a function of Christian and Muslim affiliation.

Turkish, as the dominant language within the minority, and the official Greek are both taught in minority schools for an equal amount of time. Schooling comprises mainly elementary schools and in some cases high schools (gymnasia/lycea and *medrese*). In addition, Islamic instruction in Turkish is guaranteed in all minority schools in Thrace. It is also provided in a series of public elementary and secondary schools all over Thrace (Ministerial Decision 182721/A3/29-11-2013).

By 2007, kindergarten attendance became compulsory for all pupils in Greece although no kindergarten has been established for minority-oriented education (although in the past there were such schools). Muslim children of pre-school age attend normal Greek-speaking kindergartens where no Turkish-language instruction is provided.

The aim of the minority school is 'to ensure the physical, intellectual and moral development and progress of the students according to the purposes of the general education in Greece and the determined principles of the curriculum of the respective public schools of the Country' (art. 2, Law 694/1977). Moreover, according to Ministerial Decision 149251/1957, 'the educational purposes of Muslim schools aim at the correct speaking, reading and writing of the mother tongue and the correct speaking, reading, writing, and love of the official language of the State'.

The legal character of minority education lies in a *sui generis* combination of legal regulations in private and public schools. Minority schools are considered private schools governed closely by the law on public schools (art, 1 par. 1, Law 694/77). These schools are deemed equal to public schools, and yet they are also viewed through the prism of the principle of reciprocity in Greek-Turkish relations. The mixed legal character of minority schools raises technical issues which, in turn, contribute to the problematic situation in Thrace. This is because, gradually, as the role of the state became more and more interventionist, the semi-public status of the schools made them vulnerable to fluctuations in bilateral relations with Turkey. This situation only recently permitted recourse to legal means to appeal against state control.

The government has the authority in the name of the Minister of Education to hire and fire temporary school staff, to appoint the principals and the vice-principals, and to handle other matters relating to the status of Muslim teachers (Ministerial Decision Z2/451/31.10.2000, FEK B 1378).

Public financial support for the minority schools' boards in Thrace is provided by the state budget as set out in Article 9 paragraph 19 of Law 2817/2000 (FEK A 78). According to Ministerial Decision 13520/2008 (FEK B 368) and Article 4 paragraph 3 of Law 3194/2003 (FEK A 267) the minority school boards are granted a percentage of the state budget that is allocated to the local authorities. It is not clear whether the state financial contribution to minority education is proportionate to the amount allocated to general education in Greece: according to Article 40 of the Treaty of Lausanne, the financing of minority schools should be on equal terms to the rest of the public educational institutions.

Last but not least is the question of minority teachers' prospects regarding teaching in mainstream Greek schools. After all, they are hired not as 'Muslims' but as teachers. Today, there are a few minority teachers working in 'Greek' public elementary and high schools. There are also a few Muslim teachers who teach the Greek curriculum in minority schools. Nonetheless, segregation is again deepened by the new law on minority education.

Law 4310/2014 (FEK A 258) brought about a series of changes in minority education. According to the Law, a clear divide governs the appointment of teachers in the Greek curriculum and the Turkish curriculum of the (bilingual) minority schools of Thrace: exclusively Muslim teachers will be appointed for the 'minority curriculum' (the term 'Turkish' is avoided). 'Members of the Muslim minority of Thrace are not allowed to be appointed for the Greek-language curriculum' (art. 64 par. 1). This strict divide among teachers on the basis of religion retains the millet-style segregation between Christians and Muslims to the detriment of the principle of equality. The administration of minority schools is placed within the Offices for Elementary Schools or high schools and it is headed by a counsellor in each region. Another counsellor supervises the teachers of the Muslim religion in all schools, of both minority and public character (art. 65).

The Coordination Office for Minority Schools (*Syntonistiko Grafeio*), after many decades of ambivalent functioning, has been abolished. The Office constituted the state supervisory mechanism and implementing authority of minority education policy in Thrace. For years it was seen as a controlling mechanism of interference into minority affairs. By Law 4310/2014 minority schools are under the supervision of the state management education bodies, namely the Offices of First and Second Degree Public Education of Xanthi and Rodopi-Evros. From 1995 a Service Council of Minority Education (YSME) was the body competent for the selection and appointment of schoolteachers in Thrace, and the control and supervision of their competence as a disciplinary board. By Article 63 par. 7, Law 4310/2014 it has also been abolished and replaced by the respective boards having authority for public schools.

According to Article 66 of Law 4310/2014, graduates from pedagogical schools of Greece belonging to the Muslim minority of Thrace (exclusively)—willing to be appointed to minority schools—have to be trained in a special school. For this purpose the School for Educational Staff for the Minority Curriculum is due to be established in 2015 in Alexandroupolis under the auspices of the University of Thrace. For this reason the Pedagogical School of the University of Thessaloniki ceased to accommodate minority teachers offering universal and special education at university level. This special cluster of the Pedagogical School was fully operational only for a couple of years (2011–2012), encountering reactions after it had replaced the notorious Special Pedagogical Academy of Thessaloniki (only for Muslim students) established by the junta in 1969.[5] Lastly, the staff eligible to be selected for minority schools constitutes, according to the law, a special category of school staff, and the appointment of teachers for the 'minority curriculum' is taking place, for the first time, through the National Examination for Entrance into the Public Sector (ASEP) (art. 67).

A Supervising Council for the Muslim Seminars of Thrace has been established in accordance with Law 4301/2014 (FEK A 223). The Council assumes competences regarding any issue on the functioning of the two Religious Seminaries (high schools) of Thrace in coordination and cooperation with the

5 K. Tsitselikis, *Old and New Islam. From historical minorities to immigrant newcomers* (Leiden/Boston: Martinus Nijhoff, 2012), pp. 509–515.

Ministry of Education and on any other issue which is related to the teaching of Islam in schools.

The opening of a Department of Islamic Studies as provided for by Law 1920/1990 was never implemented. By 2014 a discussion on the eventual establishment of a Department of Islamic Studies within the Theological School of the Aristotle University of Thessaloniki triggered strong reactions against such a perspective within nationalist circles. However, it is not unlikely that the Department will open in 2017.

The Law

Υπουργική Απόφαση 55369 της 16.5.1978 (ΦΕΚ Β' 501). Περί εγγραφών, μετεγγραφών, φοιτήσεων, εξετάσεων, τίτλων σπουδών και άλλων μαθητικών θεμάτων Μειονοτικών Σχολείων, της Μουσουλμανικής Μειονότητος Δυτ. Θράκης.

Άρθρο 1.
Θέματα που, αναφέρονται στις εγγραφές, μετεγγραφές, τη φοίτηση, τη βαθμολογία, την προαγωγή, τους τίτλους σπουδών, τα διδασκόμενα μαθήματα και άλλα συναφή μαθητικά θέματα ρυθμίζονται από τις κείμενες διατάξεις της Γενικής και ειδικότερα της Ιδιωτικής Εκπαιδεύσεως και από τα οριζόμενα στα επόμενα άρθρα.

Άρθρο 2. Υποχρεωτική για την εκπαίδευση ηλικία.
1. Στην Α' τάξη του Μειονοτικού σχολείου Δημοτικής Εκπαιδεύσεως εγγράφονται υποχρεωτικά παιδιά και των δύο φύλλων που συμπληρώνονται την 1η Οκτωβρίου του έτους της εγγραφής τους την ηλικία των 5 ετών και 6 μηνών. Η ηλικία αποδεικνύεται με την προσκόμιση πιστοποιητικού του Δήμου ή της Κοινότητας, του τόπου εγγραφής τους στα Μητρώα ή τα Δημοτολόγια, στο οποίο αναγράφεται η ακριβής ημερομηνία γεννήσεως ή ληξιαρχικής πράξεως γεννήσεως που έχει νόμιμα συνταχθεί.
2. Δεν γίνονται δεκτά στα Μειονοτικά σχολεία τα ψυχικά και πνευματικά ανώμαλα παιδιά, καθώς και εκείνα που πάσχουν από μεταδοτικές ασθένειες.
3. Τα παιδιά που βρίσκονται στην ηλικία για τη φοίτηση στη δημοτική εκπαίδευση αλλά δεν γνωρίζουν ανάγνωση και γραφή υπογράφονται στην πρώτη τάξη, με την επιφύλαξη της διατάξεως της παραγράφου 5 του άρθρου 6 της παρούσης αποφάσεως.

Άρθρο 3. Υποχρέωση έγγραφης.
Οι γονείς ή κηδεμόνες είναι υποχρεωμένοι να εγγράψουν έγκαιρα τα παιδιά τους που βρίσκονται στην ηλικία της δημοτικής εκπαιδεύσεως.

Άρθρο 4. Σχολείο στο οποίο θα γίνονται οι εγγραφές.
Οι μαθητές και των δυο φύλλων που βρίσκονται στην ηλικία της δημοτικής εκπαιδεύσεως εγγράφονται στο σχολείο της Περιφερείας όπου βρίσκεται ο τόπος της κατοικίας των. Η περιφέρεια από την οποία κάθε σχολείο μπορεί να δεχθεί αυτές καθορίζεται πριν από την έναρξη εγγραφών και ανάλογα με τις δυνατότητες του σχολείου με απόφαση του αρμόδιου Επιθεωρητή.

Άρθρο 5. Χρόνος εγγραφής.
Οι εγγραφές των μαθητών στα Μειονοτικά σχολεία από την πρώτη Σεπτεμβρίου μέχρι και τις δέκα τέσσερις του ιδίου μηνός.
Με τη λήξη της προθεσμίας αυτής κάθε εγγραφή μαθητή στο σχολείο θεωρείται μη νόμιμη αν δεν εγκριθεί από τον οικείο Επιθεωρητή.
Προκειμένου όμως για μαθητές που επανέρχονται από το εξωτερικό ή δεν μπόρεσαν λόγω ασθενείας να εγγραφούν εμπρόθεσμα, η εγγραφής τους γίνεται σε όλη τη διάρκεια του διδακτικού έτους.

Άρθρο 6. Τρόπος εγγραφής.
[...]
Τα παιδιά των αλλοδαπών που βρίσκονται στην Ελλάδα για λόγους υπηρεσίας μπορούν να εγγραφούν και να φοιτούν ύστερα από άδεια του αρμόδιου Επιθεωρητή κατά τη διάρκεια της υπηρεσίας του πατέρα ή της μητέρας τους στο πλησιέστερο σχολείο της κατοικίας τους, υπό την προϋπόθεση τηρήσεως της αρχής της διακρατικής αμοιβαιότητας.
[...]

Άρθρο 7. Μετεγγραφές.
1. Επιτρέπεται μετεγγραφή: α) σε δημόσια δημοτικά σχολεία, β) σε άλλο Μειονοτικό δημοτικό σχολείο όταν η οικογένεια του μαθητή ή ο κηδεμόνας του μετοικήσει, γ) αν υπάρχουν άλλοι λόγοι που εκτιμώνται από τον αρμόδιο Επιθεωρητή.
2. Σε περίπτωση μετεγγραφής συντάσσεται σχετικό πιστοποιητικό όπου αναγράφεται η μαθητική κατάσταση του μεταγραφομένου μαθητή (βαθμοί, απουσίες, διαγωγή, ποινές, παρατηρήσεις).
[...]

Άρθρο 8. Φοίτηση.
Όταν διαπιστωθεί ότι ένας μαθητής βγήκε από τα όρια του νομού όπου ευρίσκεται το σχολείο ή ανεχώρησε στο εξωτερικό ή ότι δεν εξακριβώνεται η διεύθυνση της κατοικίας του ή εν πάσει περιπτώσει, δεν εξασφαλίζεται η φοίτησή του, ο μαθητής αυτός διαγράφεται από το βιβλίο μητρώου και προόδου μαθητών.

Άρθρο 9. Βαθμολογία.
Η βαθμολογία για τα Ελληνικά διδασκόμενα μαθήματα διατηρείται ως έχει σύμφωνα με τις ισχύουσες διατάξεις περί βαθμολογίας των μαθητών των Ελληνικών σχολείων.

Άρθρο 10. Βιβλίο προαγωγών—Βιβλίο απολυτηρίων.
[...]

Άρθρο 11. Ημέρες αργίας.
Τα Μειονοτικά σχολεία Δυτικής Θράκης αργούν οσάκις αργούν και τα δημοτικά Χριστιανικά σχολεία και επί πλέον κατά τις θρησκευτικές Μουσουλμανικές εορτές ήτοι: 1) Κατά το Σεκέρ Μπαϊράμ, ημέρες πέντε, 2) Κατά το Κουρμπάν Μπαϊράμ, ημέρες πέντε, 3) Κατά τις τέσσερις εορτές του Μωάμεθ (Αελεϊ Ραγκαϋπ, Καλβουτ Λεϊλέ Μπεράτ και Λεϊλέ Μμπρατς).

Άρθρον 12. Αγωγή.
1. Πρέπει στην ενίσχυση και ανάπτυξη της αγάπης και της πίστεως προς την πατρίδα.
2. Ιδιαίτερα κατά τις Εθνικές εορτές πρέπει να εξαίρονται οι μεγάλοι αγώνες και θυσίες των Ελλήνων για τα ιδανικά της ελευθερίας, της ειρήνης και της δικαιοσύνης και να προβάλλεται η παγκοσμίως αναγνωρισμένη συμβολή του αρχαίου Ελληνικού πνεύματος στην πολιτιστική πρόοδο της ανθρωπότητας.

Άρθρο 13. Εκπαιδευτικοί περίπατοι—Εκδρομές.
[...]

Άρθρο 14. Δίδακτρα.
1. Οι μαθητές των Μειονοτικών σχολείων καταβάλλουν ετησίως δίδακτρα που καθορίζονται από τον ιδρυτή του σχολείου και εγκρίνονται από την οικεία Νομαρχία.
2. Τα δίδακτρα είναι ανάλογα με την οικονομική κατάσταση των γονέων και εν πάσει περιπτώσει δεν μπορούν να υπερβαίνουν τα εκάστοτε καθοριζόμενα για τους μαθητές των ιδιωτικών σχολείων.

Άρθρο 15. Διδακτικά βιβλία και άλλα έντυπα.
Στα Μειονοτικά δημοτικά σχολεία χρησιμοποιούνται βιβλία τα οποία έχει εγκρίνει το Υπουργείο Εθνικής Παιδείας και Θρησκευμάτων. Η φύλαξη, διάθεση και χρήση βιβλίων και κάθε άλλου εντύπου στο χώρο του σχολείου που δεν έχει εγκρίνει το Υπουργείο απαγορεύεται.

Άρθρο 16. Τελετή της σημαίας.
1. Κατά την έναρξη και λήξη του σχολικού έτους και κατά την έναρξη της επισήμου αργίας της Εθνικής εορτής της 25ης Μαρτίου γίνεται η τελετή της σημαίας. Κατά την τελετή ψάλλεται ο Εθνικός Ύμνος. Στην τελετή μετέχουν όλοι οι μαθητές και το προσωπικό των σχολείων.
2. Κατά τις ημέρες των επισήμων αργιών υψώνεται η Ελληνική σημαία στο κτίριο του σχολείου.

Άρθρο 17. Τελετές.
Κατά τις Εθνικές επετείους γίνονται τελετές που αποβλέπουν την ανάπτυξη των εθνικών αισθημάτων των μαθητών σύμφωνα με τα εγκεκριμένα προγράμματα, διατηρουμένων των όρων και προϋποθέτουν του Ελληνοτουρκικού Πρωτοκόλλου του 1968.

Άρθρο 18. Προσευχή.
Κάθε πρωί και πριν από την έναρξη των μαθημάτων γίνεται ομαδική προσευχή είτε ολοκλήρου του σχολείου, είτε κατά τάξεις.

Άρθρο 19. Βιβλιοθήκη Τάξεων.
1. Κάθε τάξη έχει τη μαθητική της βιβλιοθήκη.
Η βιβλιοθήκη περιέχει, αποκλειστικά, βιβλία και κάθε είδους έντυπα που έχουν εγκριθεί από το Υπουργείο Εθνικής Παιδείας και Θρησκευμάτων.
2. Τα βιβλία και λοιπά έντυπα της βιβλιοθήκης είναι στη διάθεση των μαθητών.

Άρθρο 20. Τηρούμενα στοιχεία
Στα μειονοτικά σχολεία τηρούνται υποχρεωτικά τα ακόλουθα:
1. Το Σύνταγμα της Ελλάδος.
2. Το αναλυτικό πρόγραμμα.
3. Οι νόμοι, αποφάσεις και εγκύκλιοι που είναι σχετικοί με την στοιχειώδη εκπαίδευση.
4. Λεξικό της ελληνικής γλώσσης.
5. Ορθογραφικός οδηγός.
6. Ιστορικοί και γεωγραφικοί άτλαντες.
7. Τα επαγγελματικά βιβλία για τους διδασκάλους, που είναι σχετικά με την στοιχειώδη εκπαίδευση και που έχουν εγκριθεί από το Υπουργείο Εθνικής Παιδείας και Θρησκευμάτων.

Υπουργική Απόφαση Ζ2/219 της 24.5.1993 (ΦΕΚ Β' 712). Τρόπος πρόσληψης μουσουλμάνων δασκάλων με σύμβαση εξηρτημένης εργασίας ιδιωτικού δικαίου ορισμένου χρόνου και άλλες διατάξεις.

Άρθρο 1. Πρόσληψη διδακτικού προσωπικού.
[...]
1. Μετά τη λήξη του χρόνου διάρκειας της σύμβασης, αυτή λύεται αυτοδικαίως και ο προσληφθείς αποχωρεί χωρίς δικαίωμα αποζημίωσης.
2. Η Σχολική Εφορεία, υποχρεούται, πλην της μισθοδοσίας, να ασφαλίζει τους προσλαμβανόμενους στο Ι.Κ.Α. και σε κάθε άλλο επικουρικό Οργανισμό και Ταμείο, αποδίδοντας τις αντίστοιχες εισφορές.
3. Τα απαιτούμενα δικαιολογητικά για την αρχική πρόσληψη είναι:
[...]

Άρθρο 2. Μετακίνηση
[...]
2. Η μετακίνηση γνωστοποιείται στον ιδρυτή ή την Σχολική Εφορεία του σχολείου από το οποίο μετακινείται και του σχολείου προς το οποίο τοποθετείται ο προσληφθείς.

Άρθρο 3. Αναπλήρωση δασκάλων
Οι προσλαμβανόμενοι που απουσιάζουν για οποιοδήποτε λόγο, αναπληρώνονται από άλλους μουσουλμάνους δασκάλους που υπηρετούν στο ίδιο σχολείο ή μετακινούνται από άλλο σχολείο, με απόφαση του αρμοδίου Προϊσταμένου του Γραφείου Μουσουλμανικών Σχολείων.

Άρθρο 4. Συνέπειες από την παράβαση των όρων της σύμβασης
[...]
2. Αν υπάρχει σπουδαίος λόγος, μπορεί να καταγγελθεί η σύμβαση εργασίας οποτεδήποτε. Σπουδαίοι λόγοι είναι ιδίως:
α) Η σοβαρή απείθεια, αδικαιολόγητη αποχή από την εκτέλεση των καθηκόντων, άρνηση εκτέλεσης γραπτής ή προφορικής εντολής προϊσταμένης αρχής, ανάξια και αναξιοπρεπής διαγωγή εντός και εκτός υπηρεσίας, ενέργειες, πράξεις ή παραλείψεις οι οποίες μπορούν να βλάψουν τα συμφέροντα της Πολιτείας.
β) Η έλλειψη πίστης και αφοσίωσης προς την Πατρίδα ως και η επιδίωξη με έργα ή λόγους βίαιης ανατροπής του υπάρχοντος πολιτειακού ή κοινωνικού καθεστώτος.
γ) Οι οποιασδήποτε μορφής εκδηλώσεις και δράσεις υπέρ πολιτικών κομμάτων ή συλλόγων με παράνομη και αντεθνική δραστηριότητα.
[...]

Άρθρο 5. Λύση της σχέσης εργασίας.
Η σχέση εργασίας, λύεται δια του θανάτου, της αποδοχής παραιτήσεως, της λήξεως του χρόνου συμβάσεως και της καταγγελίας.

Άρθρο 6. Μεταβατικές διατάξεις
[...].
2. Όπου δεν υπάρχει Σχολική Εφορεία, ή η υπάρχουσα αρνείται να εκπληρώσεις τις υποχρεώσεις της, συμφωνά με την υπ' αριθμ. 70464/20.6.78 απόφαση ΥΠΕΠΘ (ΦΕΚ 579 Β729.6.78), τις αρμοδιότητες αυτής μπορούν να εκτελούν ο Διευθυντής και ο Υποδιευθυντής του Μουσουλμανικού Σχολείου.
3. Από την δημοσίευση της παρούσης καταργείται υπ' αριθμ. 55368/1978 απόφαση ΥΠΕΠΘ (ΦΕΚ 520 Β76.6.78), ισχύει η παρούσα, η οποία αφορά και τους ήδη απασχολουμένους.

Υπουργική Απόφαση Ζ2/141 της 31.5.1994 (ΦΕΚ Β' 464). Τροποποίηση—συμπλήρωση της απόφασης περί του τρόπου πρόσληψης μουσουλμάνων δασκάλων με σύμβαση εξηρτημένης εργασίας ιδιωτικού δικαίου ορισμένου χρόνου.

Ο Υπουργός Εθνικής Παιδείας και Θρησκευμάτων
Τροποποιούμε και συμπληρώνουμε την απόφαση Ζ2/219/24.5.1993 (ΦΕΚ 712/10.9. 93 τ.Β') ως ακολούθως:
α) Άρθρο 1 παράγραφος 1: Μουσουλμάνοι, που έχουν τα σχετικά προσόντα, προσλαμβάνονται με σχέση εργασίας ιδιωτικού δικαίου ορισμένου χρόνου ως δάσκαλοι σε μουσουλμανικά σχολεία και διατηρούνται μέχρι την με οποιοδήποτε τρόπο αποχώρηση τους. Η πρόσληψη γίνεται για ένα έως τρία χρόνια, με δυνατότητα ανανέωσης.
3. [...]
ζ) Άρθρο 4 παράγραφος 3: Η καταγγελία της σχέσεως εργασίας σύμφωνα με τις διατάξεις του άρθρου αυτού, γίνεται με απόφαση του Νομάρχη, μετά από εισήγηση του αρμοδίου Προϊσταμένου Γραφείου Πρωτοβάθμιας Εκπαίδευες Μουσουλμανικών Σχολείων και πρόταση του οικείου Περιφερειακού Υπηρεσιακού Συμβουλίου Πρωτοβάθμιας Εκπαίδευσης ΠΥΣΠΕ).
η) Άρθρο 4 παράγραφος 4: Υπηρεσιακά πειθαρχικά Συμβούλια για τους Μουσουλμάνους δασκάλους και τους ιδρυτές των Μουσουλμανικών Σχολείων είναι τα οικεία Περιφερειακά Υπηρεσιακά Συμβούλια Πρωτοβάθμιας Εκπαίδευσης (ΠΥΣΠΕ) και το οικείο Κεντρικό Υπηρεσιακό Συμβούλιο Πρωτοβάθμιας Εκπαίδευσης (ΚΥΣΠΕ). Κατά τα λοιπά για τους ανωτέρω Μουσουλμάνους δασκάλους και τους ιδρυτές των Μουσουλμανικών Σχολείων ισχύουν αναλόγως οι διατάξεις των άρθρων 41,42,43,44 και 45 του Νόμου 682/1977, «περί ιδιωτικών σχολείων Γενικής Εκπαιδεύσεως και Σχολικών Οικοτροφείων».

θ) Άρθρο 6 παράγραφος 1:. Οι συμβάσεις των προσληφθέντων οι οποίες για οποιοδήποτε τρόπο δεν ανανεώθηκαν νομότυπα και εμπρόθεσμα σύμφωνα με την απόφαση του ΥΠ.Ε.Π.Θ. 55368/1978, ανανεώνονται με απλή αίτηση, σύμφωνα με τις διατάξεις της απόφασης αυτής.

Νόμος 2621/1998 (ΦΕΚ Α136). Ρύθμιση θεμάτων οργάνωσης και λειτουργίας των Τεχνολογικών Εκπαιδευτικών Ιδρυμάτων και άλλες διατάξεις.

Άρθρο 4
α. Τα λειτουργούντα πεντατάξια ιεροσπουδαστήρια που λειτουργούν ένα στην Κομοτηνή του Νομού Ροδόπης και ένα στον Εχίνο του Νομού Ξάνθης, για την εκπαίδευση θρησκευτικών λειτουργών των μουσουλμάνων, μετατρέπονται σε εξατάξια.
β. Στα ιεροσπουδαστήρια δικαιούνται να φοιτούν μαθητές, μουσουλμάνοι το θρήσκευμα, απόφοιτοι των δημοτικών σχολείων.
γ. Οι τίτλοι σπουδών που εκδίδονται από τα ιεροσπουδαστήρια και χορηγούνται στους αποφοίτους των τριών πρώτων τάξεων είναι ισότιμοι με τους τίτλους σπουδών των δημόσιων εκκλησιαστικών Γυμνασίων που εκδίδονται και χορηγούνται στους αποφοίτους των υπολοίπων τριών τάξεων είναι ισότιμοι με τους τίτλους σπουδών των δημόσιων εκκλησιαστικών λυκείων.
δ. Με αποφάσεις του Υπουργού Εθνικής Παιδείας και Θρησκευμάτων καθορίζονται:
i) Η σύνθεση του διδακτικού προσωπικού.
ii) Το αναλυτικό και ωρολόγιο πρόγραμμα, τα βιβλία των διδασκόμενων μαθημάτων και η γλώσσα διδασκαλίας αυτών.
iii) Θέματα εγγραφών, φοίτησης, εξετάσεων και οργάνωσης της μαθητικής ζωής, καθώς και κάθε άλλη ρύθμιση σχετική με τη λειτουργία τους.
iv) Θέματα εσωτερικής λειτουργίας.
v) Θέματα που αφορούν τη συντήρηση και επισκευή των σχολικών κτιρίων και της οικονομικής, γενικά, διαχείρισής τους.
ε. Την εποπτεία των ιεροσπουδαστηρίων ασκεί ο Υπουργός Εθνικής Παιδείας και Θρησκευμάτων, δια του προϊσταμένου του Συντονιστικού Γραφείου Α/βάθμιας και Β/θμιας Μειονοτικής Εκπαίδευσης.
στ. Μέχρι ολοκληρώσεως των ρυθμίσεων για τη λειτουργία των ως άνω εκπαιδευτηρίων, εξακολουθούν να λειτουργούν ως έχουν τα ήδη λειτουργούντα πεντατάξια.

Υπουργική Απόφαση ΑΣ367/42790/Ζ2/19/4/2010 Διορισμός διευθυντών-υποδιευθυντών μειονοτικών σχολείων δευτεροβάθμιας εκπαίδευσης (ΦΕΚ Β 1261). [Υπουργείο Εθν. Παιδείας]

Ορίζουμε ότι για τον τρόπο διορισμού διευθυντών-υποδιευθυντών μειονοτικών σχολείων δευτεροβάθμιας εκπαίδευσης καθώς και τις αρμοδιότητες και τα καθήκοντα αυτών ισχύουν τα όσα ορίζονται στην υπουργική απόφαση 16287/18.2.1978 (ΦΕΚ 139 Β) για τον τρόπο ορισμού, τις αρμοδιότητες και τα καθήκοντα των διευθυντών και υποδιευθυντών μειονοτικών δημοτικών σχολείων.

Υπουργική απόφαση 166194/2010 (ΦΕΚ Β 1106). Σχολικό και διδακτικό έτους, εγγραφές, αργίες και λοιπά θέματα για επαγγελματικές σχολές εποπτείας υπουργείου ανάπτυξης.

Άρθρο 3
[...]
5. Μαθητές της μουσουλμανικής θρησκείας επιτρέπεται να απουσιάζουν από τα μαθήματα την παραμονή και κατά την ημέρα των ακόλουθων μουσουλμανικών εορτών: α. Σεκέρ μπαϊράμ β. Κουρμπάν μπαϊράμ

Νόμος 3988/2011 (ΦΕΚ Α 118). Θεσμικό πλαίσιο [...] και λοιπές διατάξεις.

Άρθρο 59.
[...]
10α. Η ειδική Παιδαγωγική Ακαδημία Θεσσαλονίκης (ΕΠΑΘ) που ιδρύθηκε με το βδ 31/1968 (Α' 8) καταργείται την 31.8.2013. Τα ζητήματα που ανακύπτουν από την κατάργησή της, ως ιδίως θέματα περιουσίας, ζητήματα εκκρεμών δικών, επαγγελματικών δικαιωμάτων αποφοίτων, θέματα κατάστασης προσωπικού και ασφαλιστικών ρυθμίζονται με προεδρικό διάταγμα που εκδίδεται μετά από πρόταση των υπουργείων Εσωτερικών, Αποκέντρωσης και Ηλεκτρονικής Διακυβέρνησης και Παιδείας, Δια Βίου Μάθησης και Θρησκευμάτων

Νόμος 4310/2014 (ΦΕΚ Α 258). Έρευνα, Τεχνολογική Ανάπτυξη και Καινοτομία και άλλες διατάξεις.

Άρθρο 63. Θέματα διοικητικής οργάνωσης μειονοτικής εκπαίδευσης

1. Στη παρ. 1 του άρθρου 2 του ν. 2986/2002 (Α΄ 24), όπως αντικαταστάθηκε με την παρ. 5 του άρθρου 16 του ν. 3467/2006 (Α΄ 128), προστίθεται νέο εδάφιο ως εξής: «Η Περιφερειακή Διεύθυνση Εκπαίδευσης Ανατολικής Μακεδονίας—

Θράκης περιλαμβάνει, επιπλέον των ανωτέρω, το Γραφείο Μειονοτικής Εκπαίδευσης».
2. Στο τέλος της περίπτωσης β΄ της παρ. 2 του άρθρου 2 του ν. 2986/2002 προστίθεται νέο εδάφιο ως εξής: «Το Γραφείο Μειονοτικής Εκπαίδευσης της Περιφερειακής Διεύθυνσης Εκπαίδευσης Ανατολικής Μακεδονίας—Θράκης ασκεί το συντονισμό των Διευθύνσεων Πρωτοβάθμιας και Δευτεροβάθμιας Εκπαίδευσης των Περιφερειακών Ενοτήτων Ροδόπης, Ξάνθης και Έβρου για τα ειδικότερα ζητήματα της μειονοτικής εκπαίδευσης, ιδίως: βα) τα θέματα που αφορούν στην οργάνωση και λειτουργία των Μειονοτικών Σχολείων Πρωτοβάθμιας και Δευτεροβάθμιας Εκπαίδευσης, ββ) τα θέματα που αφορούν στην οργάνωση και λειτουργία των Μουσουλμανικών Ιεροσπουδαστηρίων και βγ) τα θέματα που αφορούν στην οργάνωση και διοικητική υποστήριξη για τη διδασκαλία του Κορανίου από τους Ιεροδιδασκάλους Ισλαμικής Θρησκείας του άρθρου 53 του ν. 4115/2013 (Α΄24) στα δημόσια σχολεία της Θράκης.»
3. Στο εδάφιο γ΄ της παρ. 2 του άρθρου 2 του ν. 2986/2002 μετά τη φράση «των τμημάτων επιστημονικής—παιδαγωγικής καθοδήγησης των Περιφερειακών Διευθύνσεων Εκπαίδευσης» προστίθεται η φράση «και του Γραφείου Μειονοτικής Εκπαίδευσης της Περιφερειακής Διεύθυνσης Εκπαίδευσης Ανατολικής Μακεδονίας—Θράκης».
4. Στην παρ. 6 του άρθρου 2 του ν. 2986/2002 μετά τη φράση «των προϊσταμένων των τμημάτων των περιφερειακών διευθύνσεων εκπαίδευσης» προστίθεται η φράση «και του προϊσταμένου του Γραφείου Μειονοτικής Εκπαίδευσης της Περιφερειακής Διεύθυνσης Εκπαίδευσης Ανατολικής Μακεδονίας—Θράκης».
5. Στο τέλος της παρ. 3 του άρθρου 3 του ν. 2986/2002 προστίθεται νέο εδάφιο ως εξής: «Προϊστάμενος του Γραφείου Μειονοτικής Εκπαίδευσης της Περιφερειακής Διεύθυνσης Εκπαίδευσης Ανατολικής Μακεδονίας—Θράκης τοποθετείται εν ενεργεία εκπαιδευτικός της πρωτοβάθμιας εκπαίδευσης. Οι υποψήφιοι πρέπει να έχουν ασκήσει διδακτικά καθήκοντα επί, τουλάχιστον, οκτώ (8) έτη στην πρωτοβάθμια εκπαίδευση εκ των οποίων, τουλάχιστον, έξι (6) έτη σε μειονοτικά σχολεία της Θράκης. Η επιλογή γίνεται σύμφωνα με τις ισχύουσες κάθε φορά διατάξεις για την επιλογή Διευθυντών Σχολικών Μονάδων της Πρωτοβάθμιας Εκπαίδευσης, ύστερα από εισήγηση του Α.Π.Υ.Σ.Π.Ε. της Περιφερειακής Διεύθυνσης Εκπαίδευσης Ανατολικής Μακεδονίας—Θράκης και απόφαση του Περιφερειακού Διευθυντή Εκπαίδευσης Ανατολικής Μακεδονίας—Θράκης. Η θητεία του Προϊσταμένου του Γραφείου Μειονοτικής Εκπαίδευσης είναι τετραετής.»
6. Στην υποπερίπτωση εε΄ της περίπτωσης β΄ της παρ. 1 του άρθρου 18 του ν. 4024/2011 (Α΄ 226) και ανάμεσα στις φράσεις «Πρωτοβάθμιας και Δευτεροβάθμιας Εκπαίδευσης» και «τριακόσια (300) ευρώ», προστίθεται η φράση «και του Γραφείου Μειονοτικής Εκπαίδευσης της Περιφερειακής Διεύθυνσης Εκπαίδευσης Ανατολικής Μακεδονίας—Θράκης».

7. Το Υπηρεσιακό Συμβούλιο Μειονοτικής Εκπαίδευσης που ιδρύθηκε με την παρ. 12 του άρθρου 1 του ν. 2341/1995 (Α΄ 208) καταργείται με τη δημοσίευση του παρόντος νόμου στην Εφημερίδα της Κυβερνήσεως.

8. Οι αρμοδιότητες του Υπηρεσιακού Συμβουλίου Μειονοτικής Εκπαίδευσης (Υ.Σ.Μ.Ε.) ασκούνται εφεξής από τα οικεία υπηρεσιακά συμβούλια Π.Υ.Σ.Π.Ε, Π.Υ.Σ.Δ.Ε., Α.Π.Υ.Σ.Π.Ε., Α.Π.Υ.Σ.Δ.Ε., Κ.Υ.Σ.Π.Ε. και Κ.Υ.Σ.Δ.Ε. του π.δ. 1/2003 (Α΄ 1) αντίστοιχα.

9. Στο τέλος της υποπερίπτωσης αα΄ της περίπτωσης α΄ της παρ. 2 του άρθρου έκτου του ν. 4057/2012 (Α΄ 54) προστίθεται η φράση «και σχολικές μονάδες της μειονοτικής εκπαίδευσης στη Θράκη» και στην περίπτωση β΄ της παρ. 2 του άρθρου 6 του ν. 4057/2012 προστίθεται υποπερίπτωση δδ΄ ως εξής: «δδ) στα μειονοτικά σχολεία της Θράκης».

10. Στο πρώτο εδάφιο του άρθρου 1 του π.δ. 182/2004 (Α΄ 161) προστίθεται περίπτωση ε΄ ως εξής: «ε) για το κάθε φύσης και σχέσης εργασίας διοικητικό προσωπικό της μειονοτικής εκπαίδευσης» και στο άρθρο 2 του π.δ. 182/2004 προστίθεται περίπτωση 13 ως εξής: «13) Τα οικεία Π.Υ.ΣΔΙ.Π. ασκούν τις αρμοδιότητες των προαναφερομένων περιπτώσεων 1 έως 12 για το κάθε φύσης και σχέσης εργασίας διοικητικό προσωπικό της μειονοτικής εκπαίδευσης.»

11. Προστίθεται τελευταίο εδάφιο στην περίπτωση γ΄ της παρ. 2 του άρθρου έκτου του ν. 3839/2010 (Α΄ 51) ως εξής: «Ειδικά, για τα Π.Υ.Σ.Π.Ε. Ξάνθης, Ροδόπης και Έβρου και στις περιπτώσεις που αυτά εξετάζουν θέματα εκπαιδευτικών που υπηρετούν στο μειονοτικό πρόγραμμα των μειονοτικών σχολείων πρωτοβάθμιας εκπαίδευσης, οι δύο (2) αιρετοί εκπρόσωποι των εκπαιδευτικών, καθώς και οι αναπληρωτές αυτών προέρχονται από τους εκπαιδευτικούς του μειονοτικού προγράμματος των μειονοτικών σχολείων πρωτοβάθμιας εκπαίδευσης. Για την εκλογή τους εφαρμόζονται ανάλογα οι διατάξεις των άρθρων 19 μέχρι και 31 και του άρθρου 47 του π.δ. 1/2003 (Α΄ 1).»

12. Προστίθεται τελευταίο εδάφιο στην περίπτωση γ΄ της παρ. 3 του άρθρου έκτου του ν. 3839/2010 (Α΄51) ως εξής: «Ειδικά, για τα Π.Υ.Σ.Δ.Ε. Ξάνθης και Ροδόπης και στις περιπτώσεις που αυτά εξετάζουν θέματα εκπαιδευτικών που υπηρετούν στο μειονοτικό πρόγραμμα των μειονοτικών σχολείων δευτεροβάθμιας εκπαίδευσης, οι δύο (2) αιρετοί εκπρόσωποι των εκπαιδευτικών, καθώς και οι αναπληρωτές αυτών, προέρχονται από τους εκπαιδευτικούς του μειονοτικού προγράμματος των μειονοτικών σχολείων δευτεροβάθμιας εκπαίδευσης. Για την εκλογή τους εφαρμόζονται ανάλογα οι διατάξεις των άρθρων 19 μέχρι και 31 και του άρθρου 47 του π.δ. 1/2003 (Α΄ 1).»

13. Προστίθεται τελευταίο εδάφιο στην περίπτωση δ΄ του άρθρου πέμπτου του π.δ. 1/2003 (Α΄ 1) ως εξής: «Ειδικά, για το Α.Π.Υ.Σ.Π.Ε. της Περιφερειακής Διεύθυνσης Εκπαίδευσης Ανατολικής Μακεδονίας—Θράκης και στις περιπτώσεις που αυτό εξετάζει θέματα εκπαιδευτικών που υπηρετούν στο μειονοτικό πρόγραμμα των

μειονοτικών σχολείων πρωτοβάθμιας εκπαίδευσης, οι δύο (2) αιρετοί εκπρόσωποι των εκπαιδευτικών, καθώς και οι αναπληρωτές αυτών, προέρχονται από τους εκπαιδευτικούς του μειονοτικού προγράμματος των μειονοτικών σχολείων πρωτοβάθμιας εκπαίδευσης. Για την εκλογή τους εφαρμόζονται ανάλογα οι διατάξεις των άρθρων 19 μέχρι και 31 και του άρθρου 47.»
14. Προστίθεται τελευταίο εδάφιο στην περίπτωση δ' του άρθρου έκτου του π.δ. 1/2003 (Α'1) ως εξής: «Ειδικά, για το Α.Π.Υ.Σ.Δ.Ε. της Περιφερειακής Διεύθυνσης Εκπαίδευσης Ανατολικής Μακεδονίας—Θράκης και στις περιπτώσεις που αυτό εξετάζει θέματα εκπαιδευτικών που υπηρετούν στο μειονοτικό πρόγραμμα των μειονοτικών σχολείων δευτεροβάθμιας εκπαίδευσης, οι δύο (2) αιρετοί εκπρόσωποι των εκπαιδευτικών, καθώς και οι αναπληρωτές αυτών, προέρχονται από τους εκπαιδευτικούς του μειονοτικού προγράμματος των μειονοτικών σχολείων δευτεροβάθμιας εκπαίδευσης. Για την εκλογή τους εφαρμόζονται ανάλογα οι διατάξεις των άρθρων 19 μέχρι και 31 και του άρθρου 47.»
15. Το Συντονιστικό Γραφείο Μειονοτικών Σχολείων Πρωτοβάθμιας και Δευτεροβάθμιας Εκπαίδευσης, που ιδρύθηκε με την παρ. 9 του άρθρου 14 του ν. 2640/1998 (Α' 206), όπως τροποποιήθηκε με την παρ. 8 και την παρ. 10 του άρθρου 9 του ν. 2817/2000 (Α' 78), καταργείται με τη δημοσίευση του παρόντος νόμου στην Εφημερίδα της Κυβερνήσεως

Άρθρο 64. Θέματα Εκπαιδευτικού Προσωπικού Μειονοτικών Σχολείων
1. Στις θέσεις εκπαιδευτικού προσωπικού του μειονοτικού προγράμματος των μειονοτικών σχολείων της πρωτοβάθμιας εκπαίδευσης, όπως αυτές ορίζονται σύμφωνα με την περίπτωση α' της παρ. 1 του άρθρου 7 του ν. 694/1977 (Α' 264), υπηρετούν αποκλειστικά μέλη της μουσουλμανικής μειονότητας της Θράκης. Στις θέσεις εκπαιδευτικού προσωπικού του ελληνόγλωσσου προγράμματος των μειονοτικών σχολείων της πρωτοβάθμιας εκπαίδευσης, όπως αυτές ορίζονται σύμφωνα με την περίπτωση α' της παρ. 1 του άρθρου εβδόμου του ν. 694/1977 (Α' 264), δεν επιτρέπεται να υπηρετούν μέλη της μουσουλμανικής μειονότητας της Θράκης.
2. Για την κάλυψη των κενών οργανικών θέσεων εκπαιδευτικού προσωπικού και των λειτουργικών αναγκών του ελληνόγλωσσου προγράμματος των μειονοτικών σχολείων πρωτοβάθμιας και δευτεροβάθμιας εκπαίδευσης της Θράκης μπορεί να μετατίθενται ή να αποσπώνται εκπαιδευτικοί από άλλα μειονοτικά σχολεία πρωτοβάθμιας και δευτεροβάθμιας εκπαίδευσης της Θράκης, καθώς και από άλλα σχολεία της πρωτοβάθμιας και δευτεροβάθμιας εκπαίδευσης, σύμφωνα με τις ισχύουσες κάθε φορά διατάξεις για τις μεταθέσεις και τις αποσπάσεις εκπαιδευτικών.
3. Για την κάλυψη των κενών οργανικών θέσεων εκπαιδευτικού προσωπικού και των λειτουργικών αναγκών του μειονοτικού προγράμματος των μειονοτικών σχολείων πρωτοβάθμιας και δευτεροβάθμιας εκπαίδευσης της Θράκης μπορεί να μετατίθενται ή να αποσπώνται, αποκλειστικά, εκπαιδευτικοί του μειονοτικού προγράμματος

από άλλα μειονοτικά σχολεία πρωτοβάθμιας και δευτεροβάθμιας εκπαίδευσης της Θράκης, σύμφωνα με τις ισχύουσες κάθε φορά διατάξεις για τις μεταθέσεις και τις αποσπάσεις εκπαιδευτικών.

Άρθρο 65. Θέματα λειτουργίας και Επιστημονικής—Παιδαγωγικής Υποστήριξης Μειονοτικών Σχολείων

1.α) Τα θέματα που αφορούν στη λειτουργία των Μειονοτικών Γυμνασίων—Λυκείων και των Μουσουλμανικών Ιεροσπουδαστηρίων των Περιφερειακών Ενοτήτων Ροδόπης και Ξάνθης περιέρχονται στην αρμοδιότητα των αντίστοιχων Διευθύνσεων Δευτεροβάθμιας Εκπαίδευσης των Περιφερειακών Ενοτήτων Ροδόπης και Ξάνθης.

β) Τα θέματα που αφορούν στη λειτουργία των Μειονοτικών Δημοτικών Σχολείων των Περιφερειακών Ενοτήτων Ροδόπης, Ξάνθης και Έβρου περιέρχονται στην αρμοδιότητα των αντίστοιχων Διευθύνσεων Πρωτοβάθμιας Εκπαίδευσης των Περιφερειακών Ενοτήτων Ροδόπης, Ξάνθης και Έβρου.

2. Συστήνεται μία (1) θέση σχολικού συμβούλου μειονοτικού εκπαιδευτικού προγράμματος για την επιστημονική και παιδαγωγική καθοδήγηση των εκπαιδευτικών του μειονοτικού προγράμματος στα μειονοτικά σχολεία πρωτοβάθμιας εκπαίδευσης της περιφερειακής ενότητας Ξάνθης, μία (1) θέση σχολικού συμβούλου μειονοτικού εκπαιδευτικού προγράμματος για την επιστημονική και παιδαγωγική καθοδήγηση των εκπαιδευτικών του μειονοτικού προγράμματος στα μειονοτικά σχολεία πρωτοβάθμιας εκπαίδευσης των περιφερειακών ενοτήτων Ροδόπης και Έβρου και μία (1) θέση σχολικού συμβούλου του μειονοτικού εκπαιδευτικού προγράμματος για την επιστημονική και παιδαγωγική καθοδήγηση των εκπαιδευτικών του μειονοτικού προγράμματος στα μειονοτικά σχολεία δευτεροβάθμιας εκπαίδευσης. Ως σχολικοί σύμβουλοι του μειονοτικού εκπαιδευτικού προγράμματος των μειονοτικών σχολείων πρωτοβάθμιας εκπαίδευσης ή της δευτεροβάθμιας εκπαίδευσης επιλέγονται εκπαιδευτικοί, οι οποίοι έχουν ασκήσει διδακτικά καθήκοντα επί δέκα (10) τουλάχιστον έτη στο μειονοτικό εκπαιδευτικό πρόγραμμα των μειονοτικών σχολείων πρωτοβάθμιας ή δευτεροβάθμιας εκπαίδευσης αντιστοίχως. Κατά τα λοιπά, η επιλογή σχολικών συμβούλων μειονοτικού εκπαιδευτικού προγράμματος των μειονοτικών σχολείων πρωτοβάθμιας ή δευτεροβάθμιας εκπαίδευσης διέπεται από τις διατάξεις που ισχύουν για την επιλογή σχολικών συμβούλων δημοτικής εκπαίδευσης και δευτεροβάθμιας εκπαίδευσης αντιστοίχως και λαμβάνει χώρα ταυτόχρονα με τη διαδικασία επιλογής των σχολικών συμβούλων της δημόσιας εκπαίδευσης.

3. Συστήνεται μία (1) θέση σχολικού συμβούλου μουσουλμανικής θρησκείας για την επιστημονική και παιδαγωγική καθοδήγηση των εκπαιδευτικών των μαθημάτων μουσουλμανικής θρησκευτικής ειδίκευσης που υπηρετούν στα μουσουλμανικά ιεροσπουδαστήρια, των εκπαιδευτικών που διδάσκουν μουσουλμανικά θρησκευτικά μαθήματα στα μειονοτικά Γυμνάσια—Λύκεια και των Ιεροδιδασκάλων του άρθρου

53 του ν. 4115/2013 που διδάσκουν στα δημόσια σχολεία. Σε θέση σχολικού συμβούλου Μουσουλμανικής Θρησκείας διορίζεται, ύστερα από εισήγηση του Εποπτικού Συμβουλίου Μουσουλμανικών Ιεροσπουδαστηρίων Θράκης, με απόφαση του Υπουργού Παιδείας και Θρησκευμάτων εκπαιδευτικός ο οποίος έχει ασκήσει διδακτικά καθήκοντα επί πέντε (5) τουλάχιστον έτη στα μουσουλμανικά ιεροσπουδαστήρια σε μάθημα μουσουλμανικής θρησκευτικής ειδίκευσης.

Άρθρο 66. Ίδρυση Διδασκαλείου Εκπαιδευτικών Μειονοτικού Προγράμματος
1. Στο άρθρο 8 του ν. 2327/«4. Από το ακαδημαϊκό έτος 2015–2016 ιδρύεται Διδασκαλείο Εκπαιδευτικών Μειονοτικού Προγράμματος (Δ.Ε.Μ.Π.) της Μειονοτικής Εκπαίδευσης στην Αλεξανδρούπολη, που εντάσσεται στο Παιδαγωγικό Τμήμα Δημοτικής Εκπαίδευσης του Δημοκριτείου Πανεπιστημίου Θράκης (Δ.Π.Θ.). Δικαίωμα φοίτησης σε αυτό έχουν αποκλειστικά μέλη της μουσουλμανικής μειονότητας της Θράκης που είναι απόφοιτοι Παιδαγωγικών Τμημάτων Δημοτικής Εκπαίδευσης της ημεδαπής. Το Διδασκαλείο Εκπαιδευτικών Μειονοτικού Προγράμματος (Δ.Ε.Μ.Π.) απονέμει Δίπλωμα Μετεκπαίδευσης και έχει την ευθύνη για τη διαρκή επιμόρφωση των εκπαιδευτικών του μειονοτικού προγράμματος των μειονοτικών σχολείων πρωτοβάθμιας εκπαίδευσης της Θράκης. Με προεδρικό διάταγμα, που εκδίδεται μετά από πρόταση των Υπουργών Παιδείας και Θρησκευμάτων και Οικονομικών κατόπιν σχετικής εισήγησης της Συγκλήτου του Δημοκριτείου Πανεπιστημίου Θράκης, ρυθμίζονται όλες οι αναγκαίες λεπτομέρειες για τη λειτουργία του Διδασκαλείου Εκπαιδευτικών Μειονοτικού Προγράμματος [...]»
2. Στη παρ. 3 του άρθρου 2 του ν. 3848/2010 (Α΄ 71) προστίθεται παράγραφος στ΄ ως εξής: «στ) με την κατοχή πτυχίου της Ειδικής Παιδαγωγικής Ακαδημίας Θεσσαλονίκης (Ε.Π.Α.Θ.).» [*συμμετοχή στον διαγωνισμό ΑΣΕΠ*].

Άρθρο 67. Διαδικασία διορισμού και προσλήψεων εκπαιδευτικών στα μειονοτικά σχολεία πρωτοβάθμιας εκπαίδευσης
Μετά το άρθρο 7 του ν. 3848/2010 (Α΄ 71) προστίθεται νέο άρθρο 7Α ως εξής:
«Άρθρο 7Α. Διαδικασία διορισμού και προσλήψεων εκπαιδευτικών στα μειονοτικά σχολεία πρωτοβάθμιας εκπαίδευσης
1. Για την κάλυψη των κενών οργανικών θέσεων και των λειτουργικών αναγκών του ελληνόγλωσσου προγράμματος των μειονοτικών σχολείων πρωτοβάθμιας εκπαίδευσης διορίζονται ή προσλαμβάνονται εκπαιδευτικοί από τους κατά περίπτωση ισχύοντες πίνακες της δημόσιας εκπαίδευσης, σύμφωνα με τα οριζόμενα στις διατάξεις του παρόντος νόμου.
2. Συστήνεται Κλάδος ΠΕ 73 «Εκπαιδευτικοί Μειονοτικού Προγράμματος Μειονοτικών Σχολείων Πρωτοβάθμιας Εκπαίδευσης Θράκης» αποκλειστικά για την κάλυψη των κενών οργανικών θέσεων του εκπαιδευτικού προσωπικού και των λειτουργικών αναγκών του μειονοτικού εκπαιδευτικού προγράμματος των μειονοτικών

σχολείων πρωτοβάθμιας εκπαίδευσης Θράκης στον οποίο εγγράφονται: α) οι απόφοιτοι της Ειδικής Παιδαγωγικής Ακαδημίας Θεσσαλονίκης (Ε.Π.Α.Θ.), β) οι απόφοιτοι του Παιδαγωγικού Τμήματος Δημοτικής Εκπαίδευσης του Αριστοτελείου Πανεπιστημίου Θεσσαλονίκης, μέλη της μουσουλμανικής μειονότητας της Θράκης, που έχουν εισαχθεί από το ακαδημαϊκό έτος 2011–2012 έως το ακαδημαϊκό έτος 2014–2015 και εφόσον κατά τη διάρκεια των σπουδών τους έχουν αξιολογηθεί επιτυχώς σε επτά (7) τουλάχιστον διδακτικά αντικείμενα—μαθήματα που εμπίπτουν στις ακόλουθες γνωστικές περιοχές «Τουρκική γλώσσα και η Διδακτική της», «Μειονοτική Εκπαίδευση» και «Θέματα πολυγλωσσίας και πολυπολιτισμικότητας» και γ) οι απόφοιτοι των Παιδαγωγικών Τμημάτων Δημοτικής Εκπαίδευσης που είναι μέλη της μουσουλμανικής μειονότητας και διαθέτουν Δίπλωμα Μετεκπαίδευσης από το Διδασκαλείο Εκπαιδευτικών Μειονοτικού Προγράμματος (Δ.Ε.Μ.Π.) του Π.Τ.Δ.Ε. του Δ.Π.Θ.

3. Για την κάλυψη των κενών οργανικών θέσεων εκπαιδευτικού προσωπικού και των λειτουργικών αναγκών του μειονοτικού προγράμματος των μειονοτικών σχολείων πρωτοβάθμιας εκπαίδευσης διορίζονται ή προσλαμβάνονται εκπαιδευτικοί από τους κατά περίπτωση ισχύοντες πίνακες επιτυχόντων του Κλάδου ΠΕ 73 κατόπιν διαγωνισμού που διενεργεί το Α.Σ.Ε.Π., σύμφωνα με τα οριζόμενα στις διατάξεις του παρόντος νόμου.

4. Στο διαγωνισμό για την πρόσληψη ή το διορισμό των εκπαιδευτικών του μειονοτικού προγράμματος των μειονοτικών σχολείων πρωτοβάθμιας εκπαίδευσης γίνονται δεκτοί όσοι έχουν δικαίωμα εγγραφής στον κλάδο ΠΕ 73. Ο υποψήφιος συμμετέχει στο διαγωνισμό για την πρόσληψη εκπαιδευτικών του κλάδου ΠΕ 70 και εξετάζεται επιπλέον σε θέματα που αφορούν στη γνώση της γλώσσας διδασκαλίας του μειονοτικού προγράμματος των μειονοτικών σχολείων και στη μουσουλμανική θρησκεία. Εάν κάποιος υποψήφιος διαθέτει τα τυπικά προσόντα ένταξης και στον κλάδο ΠΕ 70 κατατάσσεται ταυτοχρόνως και στους δύο (2) πίνακες επιτυχόντων. [...]

[...]

6. Ο Ενιαίος Πίνακας Εκπαιδευτικών Μειονοτικού Προγράμματος Μειονοτικών Σχολείων οριστικοποιείται τρεις (3) μήνες πριν τη διενέργεια του πρώτου διαγωνισμού για την πρόσληψη ή διορισμό εκπαιδευτικών στο μειονοτικό πρόγραμμα των μειονοτικών σχολείων. Κατά την πρώτη τριετία μετά τη διενέργεια του πρώτου διαγωνισμού οι διορισμοί και οι προσλήψεις εκπαιδευτικών στο μειονοτικό πρόγραμμα των μειονοτικών σχολείων πραγματοποιούνται σε ποσοστό 40% από τους εγγεγραμμένους στον Ενιαίο Πίνακα Εκπαιδευτικών Μειονοτικού Προγράμματος Μειονοτικών Σχολείων και κατά τη σειρά εγγραφής τους σε αυτόν και σε ποσοστό 60% από τους ισχύοντες πίνακες διοριστέων εκπαιδευτικών του κλάδου ΠΕ 73 του Α.Σ.Ε.Π..»

Νόμος 4301/2014 Έρευνα, Τεχνολογική Ανάπτυξη και Καινοτομία και άλλες διατάξεις (ΦΕΚ Α 223).

Άρθρο 28

Μετά το άρθρο 40 του ν. 3536/2007 (ΦΕΚ Α΄42) προστίθεται νέο άρθρο 40Α ως ακολούθως:

Άρθρο 40Α: Εποπτικό Συμβούλιο Μουσουλμανικών Ιεροσπουδαστηρίων Θράκης (Ε.Σ.Μ.Ι.Θ.)

1. Στην κεντρική υπηρεσία του Υπουργείου Παιδείας και Θρησκευμάτων συστήνεται διαρκές Εποπτικό Συμβούλιο Μουσουλμανικών Ιεροσπουδαστηρίων Θράκης (Ε.Σ.Μ.Ι.Θ.), το οποίο είναι συμβουλευτικό όργανο του Υπουργού Παιδείας και Θρησκευμάτων για θέματα που αφορούν τα Μουσουλμανικά Ιεροσπουδαστήρια Θράκης και γενικότερα για τα ζητήματα της θρησκευτικής εκπαίδευσης της μουσουλμανικής μειονότητας της Θράκης. [...]

2. Το Εποπτικό Συμβούλιο Μουσουλμανικών Ιεροσπουδαστηρίων Θράκης είναι αρμόδιο να διατυπώνει απόψεις προς τον Υπουργό Παιδείας και Θρησκευμάτων για θέματα των Μουσουλμανικών Ιεροσπουδαστηρίων Θράκης και γενικότερα για τα ζητήματα της θρησκευτικής εκπαίδευσης της μουσουλμανικής μειονότητας της Θράκης σχετικά με:

α) την ίδρυση, συγχώνευση, κατάργηση και μεταφορά της έδρας των μουσουλμανικών Ιεροσπουδαστηρίων της Θράκης, β) την κατάρτιση ή αναθεώρηση των προγραμμάτων σπουδών των μουσουλμανικών Ιεροσπουδαστηρίων της Θράκης, γ) την προκήρυξη και συγγραφή από το Ινστιτούτο Εκπαιδευτικής Πολιτικής ειδικών βιβλίων για τους μαθητές και τους εκπαιδευτικούς των μουσουλμανικών Ιεροσπουδαστηρίων της Θράκης, δ) τις εγγραφές, μετεγγραφές, φοίτηση, ποινές, εξετάσεις, διαδικασία αξιολόγησης των μαθητών και την οργάνωση της μαθητικής ζωής εν γένει, των μουσουλμανικών Ιεροσπουδαστηρίων της Θράκης, ε) τις επίσημες αργίες, τις ημέρες και τις ώρες λειτουργίας των μουσουλμανικών Ιεροσπουδαστηρίων της Θράκης, στ) τη μελέτη κάθε εκπαιδευτικού θέματος, το οποίο παραπέμπεται σε αυτό από τον Υπουργό Παιδείας και Θρησκευμάτων και αφορά γενικώς στη λειτουργία των μουσουλμανικών Ιεροσπουδαστηρίων της Θράκης, και ζ) κάθε άλλο συναφές θέμα.

Επίσης, δύναται:

α) να συνεργάζεται με το Ινστιτούτο Εκπαιδευτικής Πολιτικής, με άλλους εποπτευόμενους φορείς και υπηρεσίες του Υπουργείου Παιδείας και Θρησκευμάτων, με Α.Ε.Ι. για παιδαγωγικά και επιστημονικά θέματα, καθώς και με εξειδικευμένους επιστήμονες επί ειδικότερων θεμάτων που αφορούν τη λειτουργία των μουσουλμανικών Ιεροσπουδαστηρίων, [...]

3. Το Εποπτικό Συμβούλιο Μουσουλμανικών Ιεροσπουδαστηρίων Θράκης εκφέρει άποψη στο αρμόδιο κατά το νόμο όργανο για τους διευθυντές και τους υποδιευθυντές των Μουσουλμανικών Ιεροσπουδαστηρίων Θράκης.

4. Το Εποπτικό Συμβούλιο Μουσουλμανικών Ιεροσπουδαστηρίων Θράκης συνεδριάζει στην έδρα της κεντρικής υπηρεσίας του Υπουργείου Παιδείας και Θρησκευμάτων ή, κατόπιν απόφασης του Προέδρου του, στην έδρα της Περιφερειακής Διεύθυνσης Εκπαίδευσης Ανατολικής Μακεδονίας Θράκης. [...]
5. Η συμμετοχή στο Εποπτικό Συμβούλιο Μουσουλμανικών Ιεροσπουδαστηρίων Θράκης είναι άμισθη. Τα έξοδα των μετακινήσεων του Προέδρου, των μελών και του Γραμματέα για τη συμμετοχή τους στις συνεδριάσεις του Εποπτικού Συμβουλίου Μουσουλμανικών Ιεροσπουδαστηρίων Θράκης επιβαρύνουν τον προϋπολογισμό του Υπουργείου Παιδείας και Θρησκευμάτων.

Νόμος 1920/1991 (ΦΕΚ Α 11). Κύρωση της από 24ης Δεκεμβρίου 1990 Πράξης Νομοθετικού Περιεχομένου "Περί Μουσουλμάνων Θρησκευτικών Λειτουργών".

Άρθρο 8. Ιερατικό Μουσουλμανικό Τμήμα
1. Στην Ειδική Παιδαγωγική Ακαδημία Θεσσαλονίκης ιδρύεται Ιερατικό Μουσουλμανικό Τμήμα προς εκπαίδευση θρησκευτικών λειτουργών για την κάλυψη των θρησκευτικών αναγκών των μουσουλμάνων.
2. Η οργάνωση και η Λειτουργία του Ιερατικού Μουσουλμανικού Τμήματος, τα του προσωπικού και των προσόντων του, οι προϋποθέσεις εισαγωγής των σπουδαστών, η διάρκεια των σπουδών, τα διδακτέα μαθήματα, το αναλυτικό πρόγραμμα και κάθε λεπτομέρεια ορίζονται με προεδρικό διάταγμα εκδιδόμενο μετά από πρόταση των Υπουργών Εθνικής Παιδείας και Θρησκευμάτων και Οικονομικών.

Case Law

Case 1: The head of the Elementary Schools Service of Xanthi decided to declare as retired a Muslim teacher at a minority school and offer him a pension after he had served 35 years and reached the age of 67 (after which all civil servants retire and claim their pensions according to the law). The teacher appealed against the act issued by the head of the Elementary Schools Service of Xanthi. The Council of State said that the minority schools of Thrace are of private legal character subject to a special legal regime as regards their establishment, functioning, educational staff and service status. Retiring and leaving the service and claiming a pension are subject to the legal regime governing civil servants, and this does not contravene the principle of equality (*StE*, judgment 95/2004).

Case 2: A teacher, qualified to teach English, applied for the post of teacher of the English language in a minority elementary school. Notwithstanding the willingness of the School Board to enter into the contract, the Prefect and the Coordinator for Minority Schools rejected the application. The teacher appealed to the court to overturn the refusal of the school administration to approve her contract. The Administrative Court held that posts for teachers of the English language in minority schools are supposed to be of public character and therefore do not come under the discretion of minority school boards under private contracts (*Administrative Court of Appeals of Rodopi*, judgment 8/2004).

CHAPTER 4

Muslims in Integration Law

4.1 Positive Measures Relating to the Muslim Minority of Thrace

Certain positive measures favourable to the Muslims of Thrace have been adopted since 1995 in order to improve integration into the socio-economic sphere of the local and broader Greek society.

The most important positive measure is related to education. In order to stop the flow of minority students to Turkey, the Greek administration sought to facilitate attendance for minority students at Greek universities and technical schools. A special quota in favour of Muslim high school graduates from the minority of 0.5 per cent of the available seats in tertiary education was institutionalised by Law 2341/1995. Beneficiaries of the quota are Muslim students in minority or Greek schools who are registered in the Civil Registration Offices of Thrace by birth, according to Ministerial Decision F152/B6/198 of 2000. Muslim students are entitled to enrol in any tertiary educational institution except for Theological Schools. According to the introductory report on the law, the legality of this favourable quota for Muslim students is based on Article 4 of the Constitution, which suggests that substantial equality can be achieved by addressing dissimilar situations through dissimilar measures.[1] In effect, the law attempts to make up for the lack of perfect knowledge of the Greek language by the Muslim students who attended bilingual minority schools but does not provide any measures for improving language or any other educational deficit. Lastly, by 2015 the beneficiaries of the quota do not have the right to transfer from a university school to any other (Min. Decision 143456/Z1 of 2015).

A complementary measure for facilitating access to university education for minority students is the special programme for scholarships launched by the Foundation of State Scholarships (IKY) on an annual basis. There were special scholarships for post-graduate studies for students from the minority of Thrace, and more recently there has been a supplement of 150 Euros to the scholarship provided by IKY, especially for Muslim students (the same applies to students of Roma background and children of immigrants of Greek and non-Greek descent).

1 See *case law* and Stergios Kofinis, *Equality and prohibition of discrimination*, [in Greek], (Thessaloniki: Sakkoulas, 2016), p. 70.

 | DOI: 10.1163/PROJECTEISBN_005

Regardless of what the cause of segregation among Christians and Muslims in Thrace is, since the 1950s no Muslim has worked in the public sector in Thrace and the Dodecanese islands, with the few exceptions of local authorities or the Citizens' Advisory Bureaus (KEP) located in the main urban centres. In this regard Law 3647/2008 (art. 23) provides for a quota for Thracian Muslims (0.5 per cent) in appointments to the public sector. This measure, although it constitutes an unprecedented advance in positive measures policy, continues to use religion as the ground for designating who should benefit from the regulations. The measure was not welcomed by either Christians or Muslims for different reasons. The minority community considered the special quota an attempt at assimilation, particularly where the beneficiaries were appointed to posts beyond Thrace. In fact the measure was not implemented as in the context of the austerity measures in practice no new post were made available in the public sector.

Another measure in favour of the Muslim minority was the special facilitation to reduce the penalty for improving the legal status of unregistered properties. By an amendment to Law 4042/2012 (by art. 47, Law 4067/2012) Muslims of Thrace would pay 80 per cent less than the normal penalty required for the regularisation of estates. However, this measure had limited applicability as most of the properties owned by Muslims in the northern part of the region still have not been properly registered in the Land Registry.

Lastly, the high rate of unemployment among members of the minority has led to other initiatives of short-term applicability and limited impact, such as the 'Interventions in favour of unemployed persons with cultural specificities (Roma and Greek Muslims)', allowing financial support to employment services for the minority of Thrace (implemented in 2003).

The Law

Νόμος 2341/1995. Ρύθμιση θεμάτων του εκπαιδευτικού προσωπικού μειονοτικών σχολείων της Θράκης και της ΕΠΑΘ και άλλες διατάξεις (ΦΕΚ Α 208).

Άρθρο 2. Εισαγωγή και κατάταξη σπουδαστών σε ΑΕΙ και ΤΕΙ. ΕΠΑΘ.
Παρ. 1. Με την απόφαση του Υπουργού Εθνικής Παιδείας και Θρησκευμάτων, που εκδίδεται σύμφωνα με το άρθρο 1 παρ. 5 του ν. 1351/1983 (ΦΕΚ 56 Α'), μπορεί να ορίζεται χωριστό ποσοστό θέσεων για την εισαγωγή σε ΑΕΙ και ΤΕΙ αποφοίτων λυκείου που προέρχονται από την μουσουλμανική μειονότητα της Θράκης. Με την ίδια απόφαση ορίζονται τα κριτήρια και η διαδικασία επιλογής των δυναμένων να υπαχθούν στην ρύθμιση αυτή.

Υπουργική απόφαση Φ. 152.11/Β3/790 του 1996 (ΦΕΚ Β' 129). Καθορισμός ποσοστού θέσεων υποψηφίων που προέρχονται από τη μουσουλμανική μειονότητα της Θράκης, για εισαγωγή στα ΑΕΙ, ΤΕΙ και ΑΣΕΤΕΜ/ΣΕΛΕΤΕ.

[...]
1. Ορίζουμε ποσοστό θέσεων 0,5% επί του αριθμού εισακτέων που ορίζεται κάθε φορά σύμφωνα με τις διατάξεις της παραγράφου 5 του άρθρου 1 του Ν. 1351/83 (ΦΕΚ 56 τ.Α') για κάθε σχολή ή τμήμα σχολής Α.Ε.Ι. πλην των τμημάτων Θεολογίας, Κοινωνικής Θεολογίας και Ποιμαντικής και Κοινωνικής Θεολογίας των Παν/μίων Αθήνας και Θεσσαλονίκης, Τ.Ε.Ι. και Α.Σ.Ε.Τ.Ε.Μ./Σ.Ε.Λ.Ε.Τ.Ε., που είναι ενταγμένα στο σύστημα των γενικών εξετάσεων, για όσους από τους υποψηφίους με το σύστημα των γενικών εξετάσεων προέρχονται από τη μουσουλμανική μειονότητα της Θράκης και συμμετέχουν στις γενικές εξετάσεις στα μαθήματα γενικής αξιολόγησης και στα ειδικά μαθήματα ή δοκιμασίες όπου αυτά απαιτούνται.
[...]
4. Η εισαγωγή των υποψηφίων της παραγράφου 1 της παρούσης γίνεται με το σύστημα των γενικών εξετάσεων, όπως ισχύει κάθε φορά.

Υπουργική απόφαση 143456/Ζ1/2015 (ΦΕΚ Β 2011). Ρύθμιση θεμάτων Μετεγγραφών στα Ανώτατα Εκπαιδευτικά Ιδρύματα, τις Ανώτατες Εκκλησιαστικές Ακαδημίες και τις Ανώτερες Σχολές Τουριστικής Εκπαίδευσης.

2. Δεν έχουν δικαίωμα μετεγγραφής:
α) οι φοιτητές, στους οποίους έχει ήδη χορηγηθεί μετεγγραφή ή μεταφορά θέσης εισαγωγής [...],
β) οι φοιτητές των οποίων η διάρκεια φοίτησης έχει υπερβεί τη διάρκεια των εξαμήνων που απαιτούνται για τη λήψη του τίτλου σπουδών σύμφωνα με το ενδεικτικό πρόγραμμα σπουδών.
γ) Οι φοιτητές που με αίτησή τους έχουν διακόψει τη φοίτησή τους [...].
δ) Φοιτητές που έχουν εισαχθεί στα ΑΕΙ με τις κάτωθι κατηγορίες: (i) Τέκνα των Ελλήνων Εξωτερικού. (ii) Αλλοδαποί—Αλλογενείς. (iii) Έλληνες πολίτες της Μουσουλμανικής Μειονότητας της Θράκης που εισήχθησαν σε ποσοστό θέσεων καθ' υπέρβαση του αριθμού εισακτέων. (iv) Υπότροφοι Αλλοδαποί—Αλλογενείς που έχουν δικαίωμα πρόσβασης στα τμήματα Θεολογικών σχολών [...]. (v) Υπότροφοι Ομογενείς. (vi) Πάσχοντες από σοβαρές παθήσεις, οι οποίοι έχουν δικαίωμα πρόσβασης στην τριτοβάθμια εκπαίδευση χωρίς εξετάσεις [...].

Νόμος 3647/2008 (ΦΕΚ Α 37). Διοίκηση και διαχείριση των Βακουφίων της Μουσουλμανικής Μειονότητας στη Δυτική Θράκη και των περιουσιών τους.

Άρθρο 23
Ποσοστό πέντε τοις χιλίοις των θέσεων του τακτικού προσωπικού και προσωπικού με σύμβαση εργασίας ιδιωτικού δικαίου αορίστου χρόνου κατά κατηγορία ΠΕ, ΤΕ, ΔΕ και ΥΕ, που προκηρύσσονται με πανελλήνιους διαγωνισμούς του Α.Σ.Ε.Π., καλύπτονται από Έλληνες υπηκόους, που προέρχονται από τη Μουσουλμανική μειονότητα της Θράκης και είναι οι ίδιοι εγγεγραμμένοι στα δημοτολόγια δήμου της Θράκης ή άλλου δήμου της χώρας, στον οποίο έχουν μετεγγραφεί από δήμο της Θράκης. Το Α.Σ.Ε.Π. κατανέμει με την προκήρυξή του τις θέσεις που αναλογούν στο ανωτέρω ποσοστό κατά νομαρχία, φορέα και κατηγορία.

Νόμος 4042/2012 Ποινική προστασία του περιβάλλοντος—Εναρμόνιση με την Οδηγία 2008/99/ΕΚ—Πλαίσιο παραγωγής και διαχείρισης αποβλήτων—Εναρμόνιση με την Οδηγία 2008/98/ΕΚ—Ρύθμιση θεμάτων Υπουργείου Περιβάλλοντος, Ενέργειας και Κλιματικής Αλλαγής (ΦΕΚ Α 24).

Άρθρο 70
Παλιννοστούντες ομογενείς οι οποίοι έχουν εγγραφεί στα Μητρώα Αρρένων και τα Δημοτολόγια δήμου ή κοινότητας για την υπαγωγή στο άρθρο 24 του ν. 4014/2011 της κύρια και μοναδικής κατοικίας τους καταβάλλουν ποσοστό 20% του ενιαίου ειδικού προστίμου όπως υπολογίζεται σύμφωνα με το Παράρτημα του ν. 4014/2011. Για την υπαγωγή των παραπάνω προσώπων στο άρθρο 24 του ν. 4014/2011 υποβάλλονται επί πλέον των όσων ορίζονται στο άρθρο 24 του ν. 4014/2011 τα δικαιολογητικά που αποδεικνύουν την συνδρομή των προϋποθέσεων του παραπάνω εδαφίου καθώς και ο τίτλος ιδιοκτησίας του ακινήτου στο οποίο βρίσκεται η αυθαίρετη κατασκευή ή χρήση.

Νόμος 4067/2012. Νέος Οικοδομικός Κανονισμός (ΦΕΚ Α 79).

Άρθρο 47
Οι διατάξεις των δύο τελευταίων εδαφίων του άρθρου 70 του ν. 4042/2012 (Α΄ 24) εφαρμόζονται και για τα μέλη της μουσουλμανικής μειονότητας της Θράκης.

Case Law

Case: A group of Christian inhabitants of Komotini appealed against the law that established the special quota in favour of Muslims to enter universities on the grounds of religious discrimination against 'Christian' pupils. The Council of State decided that the appellants had no legal interest and rejected the appeal, avoiding comment on the substance of the criticism of positive discrimination measures in favour of minorities. The Court nevertheless said that, even in a case of the abrogation of the law under consideration, the complaining Christians would not have benefited, as the special quota set for Muslim students was in addition to the existing numbers and therefore would not affect the total number of seats in the universities for Christian students (*StE*, judgment 3118/1996).

4.2 Immigrants

Greek legislation does not in general favour the long-term integration of migrants, nor specifically Muslim migrants. However, most of the migrants in Greece are Muslims or have a Muslim background. From the early 1990s to date, Greek policies vis-à-vis immigration have been characterised by an awkward stance stemming from two opposite goals: 1. To repel as far as possible the inflow of migrants, to keep as many as possible in legal irregularity once they enter the country, so that a maximum number of returns to the country of origin is achieved. 2. To accommodate immigrants and secure integration through legalisation procedures, granting stay and work permits, and the acquisition of citizenship.

After a period of denial (1990–1997), Greece graduated to 'temporary tolerance and crime-phobia' (1998–2000), then to 'elementary migration policy' (2001–2004), and finally to a 'positive turn of the public discourse' (2005–2009).[2] In 2009–2011 serious efforts aimed at putting down a general framework of regularisation took place, with not very successful outcomes, as the political and economic crisis strengthened xenophobic discourse and policies. Law 1975/1991 on immigrants was characterised by the absence of any concern for human rights; the main goal was the regularisation of undocumented migration. Taking a modest step forward, a new law on immigration was passed by the parliament in 2001 (Law 2910). This law regulated the conditions under which immigrants could obtain a residence permit and facilitated their integration into Greek society. These measures drastically reduced the number of illegal immigrants and eased legal migrants' incorporation into the national health

2 Miltos Pavlou, 2009, 'Discourse and Policies for immigrants', (in Greek), in M. Pavlou and Ath. Skoulariki (eds.), *Migrants and Minorities: Discourse and Policies*, (Athens: Vivliorama, 2009), p. 42.

and insurance systems, and the safeguarding of their labour and other social rights, but only temporarily. The law was introduced very late, and addressed symptoms rather than core problems.

After the elections of 2015, the new government of SYRIZA and ANEL promised that new laws on migration and citizenship would solve problems on the basis that essential and vital ties with the country would be recognised by the law. The inflow of undocumented migrants (most of whom having right to international protection, see below Chapter 4.3) also increased after conflicts in the Middle East engulfed Syria and Iraq. Police reports indicated that the numbers of apprehended and undocumented immigrants coming through Turkey quadrupled in 2014 in relation to 2013. Numbers in 2015 and early 2016 were by far higher.[3]

Law 4018/2011 (FEK A 215) aims at the implementation of EU Regulation 380/2008 (which amends Regulation 1030/2002) laying down a uniform system for the provision of residence permits for third-country nationals. Nonetheless a lot remains to be achieved as long as human rights relating to labour and housing, education and health care are not satisfactorily guaranteed.[4] Today, Law 4251/2014, the 'Migration Code', adopts the EU standards on residence permits, namely, Residence permits for work or professional reasons, Temporary residence permits, Residence permits for humanitarian reasons, exceptional reasons and others, Residence permits for studies, volunteer work, research and professional training, Residence permits for victims of human trafficking and illegal trafficking of migrants, Residence permits for family unification, and Long term residence permits.

501,000 residence permits had been issued by mid-2015, and correspond to the above mentioned categorisations. These residence permits are broken down into more than twenty different categories.[5] The most important pertain to family members of Greek or EU citizens, or aliens with legal status (149,000), ten-year residence permits or unlimited ones (134,000), dependents (37,000),

---

3 <www.astynomia.gr/index.php?option=ozo content&lang=%27..%27&perform=view&id=55858&Itemid=1240&lang=>.

4 For a comprehensive overview of the legal position of immigrants in Greece see: ELIAMEP, 'Migration in Greece, Recent Developments in 2014' <www.eliamep.gr/wp-content/uploads/2014/10/Migration-in-Greece-Recent-Developments-2014_2.pdf> and European Union Agency for Fundamental Rights, 2011, *Fundamental rights of migrants in an irregular situation in the European Union*, <http://fra.europa.eu/fraWebsite/attachments/FRA_2011_Migrants_in_an_irregular_situation_EN.pdf>.

5 For the statistics see: <www.ypes.gr/el/Generalsecretariat_PopulationSC/general_directorate_migratation/diefthinsi_metanasteftikis_politikhs/>.

husbands or wives of Greek citizens (52,000), etc. The abovementioned categories stem from a series of legal texts that coexist and in many cases overlap each other, creating confusion about their legal content and their requirements.

The Migration Code provides for conditions and requirements for the regularisation of immigrants. The immigration authorities may refuse entry to aliens. Therefore, foreigners do not have an absolute right of entry to Greece and may be refused entry unless they hold a permanent residence permit or a valid immigration authorisation, or unless they are temporary residents and hold a valid entry permit or disembarkation permit. The powers of the police and coast guard authorities to prohibit entry to, or to order the expulsion of, an alien, although subject to judicial control, are very wide. The law comprehensively implements Directive 2003/109/EC 'concerning the status of third country nationals who are long term residents' and Directive 2003/86/EC 'on the right to family reunification'. It should further be noted that Directive 2004/38/EC 'concerning the freedom of movement and residence of citizens of member states of the European Union and of members of their family' has been implemented by Presidential Decree 106/2007, which provides that citizens of the Union and their family members have the right to move and reside freely within Greece.

The law is strict in relation to both undocumented migrants and legal migrants, resulting in problems. If undocumented migrants seek to become legal after effectively being legally invisible (and therefore in a grey non-rights zone) they are liable to labour exploitation. Legal migrants meanwhile have to overcome high unemployment in order to retain their legal status. Moreover, undocumented migrants, together with refugees, have found themselves trapped in Greece as the road to the West is blocked, especially by 2016. The EU-Turkey agreement of 18 March 2016 reactivated the readmission protocols between Greece, EU and Turkey. On that basis, irregular migrants are being deported to Turkey with no thorough oversight of human rights guarantees. Unfeasible deportation and detention involving unacceptable conditions, which thus violate both Articles 5 and 3 of the ECHR, serve to aggravate the problems that characterise migration policies and law in Greece.

The Law

Νόμος 4251/2014 (ΦΕΚ Α 80). Κώδικας Μετανάστευσης και Κοινωνικής Ένταξης και λοιπές διατάξεις.

Άρθρο 1. Ορισμοί
[...]

Άρθρο 2. Πεδίο εφαρμογής
1. Οι διατάξεις του Κώδικα αυτού δεν έχουν εφαρμογή στις ακόλουθες κατηγορίες προσώπων, εκτός αν ορίζεται διαφορετικά σε επιμέρους διατάξεις του:
α. Στους πολίτες της Ευρωπαϊκής Ένωσης, κατά την έννοια του άρθρου 20 παρ. 1 της Συνθήκης της Ευρωπαϊκής Κοινότητας, όπως αυτό τροποποιήθηκε και ισχύει.
β. Στους υπηρετούντες σε διπλωματικές και προξενικές αρχές υπαλλήλους που απολαύουν νομικού καθεστώτος υποκειμένου στη σύμβαση της Βιέννης του 1961 περί των διπλωματικών σχέσεων, η οποία κυρώθηκε με το ν.δ. 503/1970 (Α΄ 108), ή στη σύμβαση της Βιέννης του 1963 περί των προξενικών σχέσεων, η οποία κυρώθηκε με το ν. 90/1975 (Α΄ 150), καθώς και σε ανακοινωθέντες στις αρμόδιες ελληνικές αρχές υπαλλήλους διεθνών οργανισμών, στο μέτρο που το νομικό τους καθεστώς διέπεται από τις οικείες διεθνείς συμβάσεις.
γ. Στους δικαιούχους διεθνούς προστασίας, καθώς και στους αιτούντες διεθνή προστασία, κατά την έννοια της Σύμβασης της Γενεύης του 1951 και σύμφωνα με το εθνικό δίκαιο.
δ. Στα πρόσωπα που έχουν την άδεια να παραμείνουν στην Ελλάδα με βάση προσωρινή προστασία ή ζήτησαν την άδεια να παραμείνουν για το λόγο αυτόν και αναμένουν την έκδοση της σχετικής απόφασης.
ε. Στα πρόσωπα στα οποία έχει χορηγηθεί καθεστώς επικουρικής προστασίας.
2. Πρόσωπα που έχουν περισσότερες ιθαγένειες, από τις οποίες η μία είναι ελληνική ή κράτους—μέλους της Ευρωπαϊκής Ένωσης ή κράτους το οποίο δεν είναι μέλος της Ε.Ε. αλλά εφαρμόζει το κοινοτικό κεκτημένο σε θέματα θεωρήσεων, αντιμετωπίζονται ως Έλληνες ή πολίτες των κρατών—μελών της Ευρωπαϊκής Ένωσης αντίστοιχα και εξαιρούνται από το πεδίο εφαρμογής του Κώδικα αυτού.
[...]

Άρθρο 7. Κατηγορίες αδειών διαμονής
1. Πολίτης τρίτης χώρας, που έχει λάβει θεώρηση εισόδου στην Ελλάδα για έναν από τους λόγους που προβλέπονται από τις διατάξεις του παρόντος, οφείλει να ζητήσει ευθύς μετά την είσοδό του στη χώρα άδεια διαμονής για τον ίδιο λόγο, υπό την επιφύλαξη των ειδικότερων άρθρων του παρόντος Κώδικα, εάν πληροί τις προβλεπόμενες από τον Κώδικα αυτόν προϋποθέσεις.
2.Οι κατηγορίες αδειών διαμονής, καθώς και οι τύποι αδειών που περιλαμβάνονται σε αυτές είναι οι εξής:
Α) Άδεια διαμονής για εργασία και επαγγελματικούς λόγους
Α1. Εργαζόμενοι με εξαρτημένη εργασία—παροχή υπηρεσιών ή έργου
Α2. Εργαζόμενοι ειδικού σκοπού
Α3. Επενδυτική δραστηριότητα
Α4. Απασχόληση υψηλής ειδίκευσης «Μπλε Κάρτα»
Β) Προσωρινή διαμονή

Β1. Εποχική εργασία
Β2. Αλιεργάτες
Β3. Μέλη καλλιτεχνικών συγκροτημάτων
Β4. Πολίτες τρίτων χωρών που μετακινούνται από επιχείρηση εγκατεστημένη σε κράτος—μέλος της Ευρωπαϊκής Ένωσης ή του Ευρωπαϊκού Οικονομικού Χώρου, με σκοπό την παροχή υπηρεσίας
Β5. Πολίτες τρίτων χωρών που μετακινούνται από επιχείρηση εγκατεστημένη σε τρίτη χώρα με σκοπό
την παροχή υπηρεσίας
Β6. Αρχηγοί οργανωμένων ομάδων τουρισμού
Β7. Πολίτες τρίτων χωρών φοιτητές τριτοβάθμιας εκπαίδευσης που συμμετέχουν σε προγράμματα πρακτικής άσκησης
Γ) Άδεια διαμονής για ανθρωπιστικούς, εξαιρετικούς
και άλλους λόγους
Γ1. Ανθρωπιστικοί λόγοι
Γ2. Εξαιρετικοί λόγοι
Γ3. Δημόσιο συμφέρον
Γ4. Άλλοι λόγοι
Δ) Άδεια διαμονής για σπουδές, εθελοντική εργασία,
έρευνα και επαγγελματική κατάρτιση,
Δ1. Σπουδές
Δ2. Εθελοντική εργασία
Δ3. Έρευνα
Δ4. Επαγγελματική κατάρτιση.
Ε) Άδεια διαμονής για θύματα εμπορίας ανθρώπων και παράνομης διακίνησης μεταναστών
ΣΤ) Άδεια διαμονής για οικογενειακή επανένωση
ΣΤ1. Μέλη οικογένειας πολίτη τρίτης χώρας
ΣΤ2. Μέλη οικογένειας Έλληνα ή ομογενούς
ΣΤ3. Αυτοτελής άδεια διαμονής μέλους οικογένειας
πολίτη τρίτης χώρας ή ομογενούς
ΣΤ4. Προσωποπαγές δικαίωμα διαμονής μελών οικογένειας Έλληνα
Ζ) Άδεια διαμονής μακράς διάρκειας
Ζ1. Άδεια διαμονής επί μακρόν διαμένοντος
Ζ2. Άδεια διαμονής δεύτερης γενιάς
Ζ3. Άδεια δεκαετούς διάρκειας
3. Σε κάθε άδεια διαμονής αναγράφεται εάν επιτρέπεται η πρόσβαση στην αγορά εργασίας, με
[...]

Άρθρο 17. Χορήγηση και ανανέωση άδειας διαμονής ειδικού σκοπού
1. Υπό την επιφύλαξη των διατάξεων της περίπτωσης στ΄ του παρόντος, επιτρέπεται να εισέλθουν στη χώρα αφού προηγουμένως λάβουν εθνική θεώρηση εισόδου, πολίτες τρίτων χωρών που πρόκειται να απασχοληθούν ή διαμείνουν στην Ελλάδα, βάσει ειδικής νομοθεσίας, διακρατικών συμφωνιών ή προς εξυπηρέτηση του δημοσίου συμφέροντος, του πολιτισμού, του αθλητισμού και της εθνικής οικονομίας. Στην παραπάνω κατηγορία εντάσσονται πολίτες τρίτων χωρών:
[...]
η. Λειτουργοί της επικρατούσας θρησκείας ή γνωστής θρησκείας στη χώρα που ασκούν αποκλειστικά ιερατικά καθήκοντα εφόσον προσκομισθεί στην αρμόδια ελληνική προξενική αρχή, βεβαίωση του οικείου μητροπολίτη, προκειμένου για λειτουργούς της επικρατούσας θρησκείας ή βεβαίωση του Υπουργείου Παιδείας και Θρησκευμάτων ή του οικείου εκπροσώπου της γνωστής θρησκείας στη χώρα ότι οι ανωτέρω λειτουργοί θα ασκήσουν αποκλειστικά ιερατικά καθήκοντα.
[...]

ΚΕΦΑΛΑΙΟ Ε΄
ΧΟΡΗΓΗΣΗ ΚΑΙ ΑΝΑΝΕΩΣΗ ΑΔΕΙΩΝ ΔΙΑΜΟΝΗΣ ΓΙΑ ΑΝΘΡΩΠΙΣΤΙΚΟΥΣ Η΄ ΑΛΛΟΥΣ ΛΟΓΟΥΣ

Άρθρο 19. Χορήγηση άδειας διαμονής για εξαιρετικούς λόγους
1. Ο Υπουργός Εσωτερικών μπορεί κατ' εξαίρεση να χορηγεί μετά από γνώμη των Επιτροπών της παραγράφου 1 του άρθρου 134 άδεια διαμονής διάρκειας ενός έτους σε πολίτες τρίτων χωρών που διαμένουν στην Ελλάδα και αποδεικνύουν ότι έχουν αναπτύξει ισχυρούς δεσμούς με τη χώρα. Η άδεια διαμονής για εξαιρετικούς λόγους μπορεί να ανανεώνεται μόνο για έναν από τους λοιπούς λόγους του παρόντος Κώδικα.
[...]

Άρθρο 21. Κοινά δικαιώματα πολιτών τρίτων χωρών
1. Οι πολίτες τρίτων χωρών που διαμένουν νομίμως στη χώρα έχουν ελευθερία κίνησης και εγκατάστασης στο σύνολο της επικράτειας. Με προεδρικό διάταγμα, που εκδίδεται ύστερα από πρόταση των Υπουργών Εσωτερικών, Εξωτερικών, Εθνικής Άμυνας και Δημόσιας Τάξης και Προστασίας του Πολίτη, μπορεί να απαγορεύεται, για λόγους δημόσιου συμφέροντος, η διαμονή ή η εγκατάστασή τους σε ορισμένες γεωγραφικές περιοχές της Χώρας.
2. Οι πολίτες τρίτων χωρών που διαμένουν νόμιμα στην Ελλάδα ασφαλίζονται στους οικείους ασφαλιστικούς οργανισμούς και έχουν τα ίδια ασφαλιστικά δικαιώματα με τους ημεδαπούς.
3. Οι διατάξεις του ν.δ. 57/1973, όπως κάθε φορά ισχύει, για την κοινωνική προ-

στασία, εφαρμόζονται και στους πολίτες τρίτων χωρών που διαμένουν νόμιμα στην Ελλάδα.
4. Οι κρατούμενοι πολίτες τρίτων χωρών ενημερώνονται, σε γλώσσα την οποία κατανοούν, αμέσως μετά την εισαγωγή τους σε ίδρυμα, για τους κανόνες διαβίωσής τους σε αυτό, καθώς και για τα δικαιώματα και τις υποχρεώσεις τους. Διευκολύνεται, επίσης, η επικοινωνία τους με διπλωματικούς ή προξενικούς υπαλλήλους του Κράτους, του οποίου έχουν την ιθαγένεια ή από το οποίο προέρχονται,
8. Για την εγγραφή ανήλικων πολιτών τρίτων χωρών στα ελληνικά σχολεία, όλων των βαθμίδων, απαιτούνται τα αντίστοιχα με τα προβλεπόμενα για τους ημεδαπούς δικαιολογητικά. Κατ΄ εξαίρεση, με ελλιπή δικαιολογητικά μπορεί να εγγράφονται στα δημόσια σχολεία και τέκνα πολιτών τρίτων χωρών, εφόσον:
α. Προστατεύονται από το ελληνικό κράτος ως δικαιούχοι διεθνούς προστασίας και όσων τελούν υπό την προστασία της Ύπατης Αρμοστείας των Ηνωμένων Εθνών. β. Προέρχονται από περιοχές, στις οποίες επικρατεί έκρυθμη κατάσταση.
γ. Έχουν υποβάλει αίτηση διεθνούς προστασίας. δ. Είναι πολίτες τρίτων χωρών που διαμένουν στην Ελλάδα, ακόμη και αν δεν έχει ρυθμισθεί η νόμιμη διαμονή τους σε αυτή.
[…]
9. Με απόφαση του Υπουργού Παιδείας και Θρησκευμάτων μπορεί να καθορίζονται οι όροι και οι προϋποθέσεις αναγνώρισης τίτλων σπουδών πρωτοβάθμιας και δευτεροβάθμιας εκπαίδευσης που αποκτήθηκαν στη χώρα προέλευσης και οι προϋποθέσεις κατάταξης σε βαθμίδες του ελληνικού εκπαιδευτικού συστήματος, καθώς και εγγραφής μαθητών, οι οποίοι είναι πολίτες τρίτων χωρών, στα δημόσια σχολεία. Με όμοια απόφαση μπορεί να ρυθμίζονται θέματα προαιρετικής διδασκαλίας της μητρικής γλώσσας και πολιτισμού εκεί όπου υπάρχει ικανός αριθμός μαθητών που ενδιαφέρονται, στο πλαίσιο των ενισχυτικών δράσεων του Υπουργείου Παιδείας και Θρησκευμάτων και να καθορίζονται, η εργασιακή σχέση και τα προσόντα των εκπαιδευτικών που θα διδάσκουν τη μητρική γλώσσα και τα στοιχεία πολιτισμού της χώρας προέλευσής τους. […]

Άρθρο 70. Προϋποθέσεις για την οικογενειακή επανένωση
1. Ο πολίτης τρίτης χώρας που κατοικεί νόμιμα στην Ελλάδα για διάστημα δύο ετών δικαιούται να ζητήσει, κατόπιν αίτησής του, την είσοδο και διαμονή στη χώρα των μελών της οικογένειάς του. […]

Άρθρο 82. Είσοδος και διαμονή πολιτών τρίτων χωρών που είναι μέλη οικογένειας Έλληνα
[…]

Άρθρο 89. Προϋποθέσεις απόκτησης του καθεστώτος επί μακρόν διαμένοντος
1. Στον πολίτη τρίτης χώρας που διαμένει στην Ελλάδα, νόμιμα και αδιάλειπτα, κατά τα πέντε (5) έτη αμέσως πριν από την ημερομηνία υποβολής της σχετικής αίτησης, υπό την επιφύλαξη της παραγράφου 3 του άρθρου αυτού, χορηγείται το καθεστώς επί μακρόν διαμένοντος, εφόσον συντρέχουν σωρευτικά οι εξής προϋποθέσεις:
α. Διαθέτει εισόδημα, επαρκές για τις ανάγκες του ιδίου και της οικογένειάς του, το οποίο δεν προέρχεται από προσφυγή στο σύστημα κοινωνικής αρωγής της Χώρας. Το εισόδημα αυτό δεν μπορεί να είναι μικρότερο από τις ετήσιες αποδοχές του αμειβόμενου με τον κατώτατο μισθό, σύμφωνα με την εθνική νομοθεσία, προσαυξημένο κατά 10 % για το σύνολο των συντηρούμενων μελών της οικογένειάς του, συνυπολογιζομένου τυχόν ποσού προερχόμενου από επίδομα τακτικής επιδότησης ανεργίας. Στον υπολογισμό του εισοδήματος λαμβάνονται υπόψη οι συνεισφορές των μελών της οικογένειας. Ο τακτικός χαρακτήρας του ανωτέρω εισοδήματος αποδεικνύεται ιδίως από την εκπλήρωση των ασφαλιστικών και φορολογικών υποχρεώσεών του.
β. Διαθέτει πλήρη ασφάλιση ασθενείας ως προς το σύνολο των παροχών που καλύπτονται για τις αντίστοιχες κατηγορίες ασφαλισμένων ημεδαπών, η οποία καλύπτει και τα μέλη της οικογένειάς του.
γ. Πληροί όρους ένταξης στην ελληνική κοινωνία, σύμφωνα με τα οριζόμενα στο άρθρο 90 παράγραφος 2.

Άρθρο 108. Άδεια διαμονής δεύτερης γενιάς
Σε ενήλικες πολίτες τρίτων χωρών που γεννήθηκαν στην Ελλάδα ή έχουν ολοκληρώσει επιτυχώς έξι τάξεις ελληνικού σχολείου στην Ελλάδα, πριν τη συμπλήρωση του 21ου έτους της ηλικίας τους και διαμένουν νόμιμα στη χώρα χορηγείται, εφόσον προσκομιστούν τα απαιτούμενα δικαιολογητικά, άδεια διαμονής πενταετούς διάρκειας η οποία παρέχει στον κάτοχό της τα δικαιώματα του άρθρου 97.
Η άδεια διαμονής ανανεώνεται για πέντε έτη, κάθε φορά με μόνη υποχρέωση την προσκόμιση της προηγούμενης άδειας διαμονής. Η εν λόγω άδεια, μπορεί να ανανεωθεί, υπό τους όρους του παρόντος Κώδικα, οποτεδήποτε κατά το διάστημα ισχύος της, για την υπαγωγή στο καθεστώς του επί μακρόν διαμένοντος. Η άδεια διαμονής ανακαλείται ή δεν ανανεώνεται, εάν συντρέχουν στο πρόσωπο του κατόχου οι λόγοι που προβλέπονται από τις διατάξεις του άρθρου 93.

ΜΕΡΟΣ ΤΡΙΤΟ
ΚΟΙΝΩΝΙΚΗ ΕΝΤΑΞΗ—ΡΥΘΜΙΣΕΙΣ ΟΡΓΑΝΩΤΙΚΟΥ ΧΑΡΑΚΤΗΡΑ—ΜΕΤΑΒΑΤΙΚΕΣ ΚΑΙ ΛΟΙΠΕΣ ΔΙΑΤΑΞΕΙΣ
ΚΕΦΑΛΑΙΟ Α΄ ΚΟΙΝΩΝΙΚΗ ΕΝΤΑΞΗ

Άρθρο 128. Πεδίο εφαρμογής
1. Η πολιτική της κοινωνικής ένταξης αποσκοπεί στην ομαλή προσαρμογή των πολι-

τών τρίτων χωρών στην ελληνική κοινωνία και στην αναγνώριση από πλευράς της ελληνικής κοινωνίας δυνατότητας ισότιμης συμμετοχής, στην οικονομική, κοινωνική και πολιτιστική ζωή της χώρας.

Οι πολίτες τρίτων χωρών κατά τη διαδικασία ένταξής τους στην ελληνική κοινωνία αποκτούν δικαιώματα και υποχρεώσεις, όπως και οι Έλληνες πολίτες. Βασική τους υποχρέωση είναι ο σεβασμός της έννομης τάξης και των θεμελιωδών αξιών της ελληνικής κοινωνίας.

2. Οι πολιτικές ένταξης και οι δράσεις που εντάσσονται σε αυτές εφαρμόζονται σε όλους τους νομίμως διαμένοντες πολίτες τρίτων χωρών και στα μέλη των οικογενειών τους στο πλαίσιο των ρυθμίσεων, για την οικογενειακή επανένωση. Επίσης, εφαρμόζονται στα παιδιά των μεταναστών, στους δικαιούχους διεθνούς προστασίας και στα μέλη των οικογενειών τους.

3. Η στρατηγική ένταξης των μεταναστών μπορεί να συνδυάζεται με δράσεις εξωτερικής πολιτικής αναπτυξιακού χαρακτήρα ως προς τις χώρες προέλευσής τους με στόχο τη δημιουργία ευνοϊκών κοινωνικοοικονομικών συνθηκών για πιθανή επιστροφή τους σε αυτές.

Άρθρο 129. Βασικές αρχές κοινωνικής ένταξης
Ολοκληρωμένο Πρόγραμμα Δράσης

1. Για την ένταξη των πολιτών τρίτων χωρών που διαμένουν νομίμως στη χώρα το Υπουργείο Εσωτερικών σε συνεργασία με τα καθ' ύλην αρμόδια Υπουργεία και φορείς εφαρμόζει μία Στρατηγική που περιλαμβάνει ένα Ολοκληρωμένο Πρόγραμμα Δράσης. Η Εθνική Στρατηγική για την Ένταξη των πολιτών τρίτων χωρών και το Ολοκληρωμένο Πρόγραμμα Δράσης βασίζεται στις θεμελιώδεις αρχές:

α) Απουσίας κάθε μορφής διάκρισης, βασισμένης σε κριτήρια που ορίζει το Ελληνικό Σύνταγμα.

β) Σεβασμού των θεμελιωδών δικαιωμάτων των πολιτών τρίτων χωρών και προστασίας της πολιτιστικής ετερότητας.

2. Το Ολοκληρωμένο Πρόγραμμα Δράσης διαρθρώνεται σε τομεακά προγράμματα που μεταξύ άλλων περιλαμβάνουν:

α) εκμάθηση της ελληνικής γλώσσας, ιστορίας και πολιτισμού,

β) εκστρατείες ενημέρωσης των πολιτών τρίτων χωρών για θέματα υγείας, κοινωνικής ασφάλισης και εργασίας,

γ) ευαισθητοποίησης της κοινής γνώμης για θέματα ξενοφοβίας, εμπορίας ανθρώπων και παράνομης δια κίνησης μεταναστών,

δ) εκπαίδευσης και ευαισθητοποίησης των εργαζομένων στο δημόσιο τομέα και την τοπική αυτοδιοίκηση για θέματα μετανάστευσης,

ε) διαπολιτισμική μεσολάβηση και

στ) ενίσχυση της συμμετοχής των πολιτών τρίτων χωρών σε συλλογικές δράσεις στα Συμβούλια Ένταξης Μεταναστών.

ΚΕΦΑΛΑΙΟ Β΄

ΡΥΘΜΙΣΕΙΣ ΟΡΓΑΝΩΤΙΚΟΥ ΧΑΡΑΚΤΗΡΑ

Άρθρο 130. Επιτροπή Συντονισμού της Μεταναστευτικής Πολιτικής και της Κοινωνικής Ένταξης

1. Για το συντονισμό της μεταναστευτικής πολιτικής συνιστάται Επιτροπή, [...]

2. Έργο της Επιτροπής είναι η επεξεργασία θεμάτων μετανάστευσης (νόμιμης και παράνομης) και ένταξης, με βάση την εξελικτική πορεία του φαινομένου, η έκδοση κατευθυντήριων οδηγιών με σκοπό το συντονισμό των κατά περίπτωση εμπλεκόμενων φορέων, η παρακολούθηση του έργου τους και η εισήγηση μέτρων θεσμικού και τεχνικού χαρακτήρα στον καθ' ύλην αρμόδιο Υπουργό προς την κατεύθυνση αποτελεσματικής αντιμετώπισης των σχετικών ζητημάτων.

Άρθρο 131

Για τη διευκόλυνση του έργου της, η Επιτροπή επικουρείται από Επιστημονική Επιτροπή, η οποία συνέρχεται μία φορά ανά εξάμηνο και έχει ως έργο την προετοιμασία των θεμάτων που εξετάζονται, καθώς και την εισήγηση των κατάλληλων μέτρων. Η ανωτέρω Επιστημονική Επιτροπή συγκροτείται με απόφαση του Υπουργού Εσωτερικών. Με την ίδια απόφαση ορίζεται ο Πρόεδρος και η γραμματειακή της υποστήριξη, καθώς και ειδικότερα λειτουργικά ζητήματα.

[...]

Case Law

Case 1: The appellant was legally settled in Greece with his family. After he was convicted of having committed a felony relating to narcotics, and had not applied for the renewal of his residence permit because he was detained, the Greek authorities issued a deportation order. The appellant sought the annulment of the deportation order before the Council of State. The Court held that the deportation was legally ordered and the principle of proportionality (in respect to the right to family life) could not apply. In their dissenting opinion, a group of judges asserted that Article 8 of the ECHR should be applicable as of superior legal value, according to the primacy of international law that the Greek Constitution guarantees (*StE*, judgment 1881/2012).

Case 2: A group of more than 100 undocumented Bangladeshi workers were shot by the foremen at one of the strawberry fields of Manolada, when they claimed their wages owed to them by the owner. Some of them were injured. The prosecutor prosecuted the perpetrators of the shooting and the owner of the fields for labour exploitation. The group had also been granted residence permits as victims of labour exploitation. The case was heard by the Criminal Court of Patras which unanimously found the owner of the strawberry fields not guilty of labour exploitation (*Meikto Orkoto Dikastirio Patron*, judgment 118/2014). The Court of Cassation also found no grounds to examine the case on appeal.

Case 3: The appellant had entered Greece illegally and a case of robbery was pending against him. A deportation order was issued against him on the ground of national public order. He was eventually acquitted but the deportation order was not lifted. The appellant sought the annulment of the deportation order before the Council of State as he was not notified in due time according to the law. The Court upheld that the law provides for a 48-hour deadline from notification in which action against deportation could be taken. As the applicant was acquitted, there were no legal grounds for the deportation order. Therefore the Court quashed the deportation act (*StE*, judgment 2012/2012).

Case 4: An Afghani national was held in a detention centre for undocumented migrants under a deportation order for more than 18 months, although the law explicitly provides that deprivation of liberty as an administrative measure for undocumented migrants cannot be longer than 18 months. The Administrative Court of Athens said that deprivation of liberty without time limits and with no legal grounds could not be legal and ordered the release of the appellant (*Dioikitiko Protodikeio Athinon*, judgment 2255/2014).

4.3 Asylum Seekers

In Greece, asylum is perceived as primarily a security issue strictly related to state sovereignty. This trend is clearly reflected in the choice of the public authorities competent for the examination of asylum claims and the attribution of refugee status. Until 2013 the examination of asylum claims in Greece at first and second instance was the privilege of the police and their supervising ministry of public order. For years official statistics revealed a negligible percentage of positive decisions. Even after 2001 and wars in Afghanistan and Iraq, recognition rates were constantly close to 0.3 per cent.[6] Hence the

6 See official statistics by the Greek Police for years 2005–2012 <www.astynomia.gr/images/stories//2012/statistics2012/06032012-apotelesmata.jpg>; See UNHCR Office in Greece, sta-

Greek asylum system systematically left the population in need literally without any protection and social care. Only a few cases were approved during 2010, concerning serious instances of Afghan and Iranian refugees following a series of protests and hunger strikes that took place as a reaction to the dysfunctional and unfair Greek asylum system.[7] By 2013 and especially in 2015 and early 2016 the massive inflow of refugees from Syria triggered new legal and political developments. The involvement of the NATO fleet in the Aegean sea (since February 2016) and the EU-Turkey agreement on asylum seekers and migrants (18 March 2016) brought new hurdles affecting the secure passage of Syrian, Iraqi or Afghani refugees from Turkey to Greece.

The extreme length of time taken to process claims, the massive rejection rate and the systematic detention of individuals in extremely poor conditions discouraged genuine applicants for international protection from applying. At the same time it became the ideal attraction in the eyes of irregular migrants seeking to benefit from the prolonged procedures in order to acquire documents delivered to asylum seekers which released them temporarily from the risk of expulsion.

After strong reactions from International Organisations and NGOs, and the ECtHR's judgment *M.S.S. v. Belgium and Greece* (2011) a new refugee law was adopted. Law 3907/2011 established an Asylum Service based in Athens (an autonomous civil organisation under the authority of the Ministry of Citizens' Protection), a First Reception Service and an Appeals Board, and thirteen Regional Asylum Offices in other locations across Greece. The Service is competent to register asylum applications, ensure their accurate examination by qualified personnel in due time, to provide adequate interpretation, and fair and fully reasoned decisions.[8]

With the opening in Athens of the first office of the new Asylum Service on 7 June 2013 and the immediate adoption of Presidential Decree 113/2013 (FEK A 146), the transitional phase officially came to an end. As of that date, Greece has operated a twofold regime for applications for international pro-

tistical information on asylum in Greece: 1997–2010, <www.unhcr.gr/genikes-plirofories/statistika.html> and the most recent data: <http://asylo.gov.gr/wp-content/uploads/2015/01/Greek-Asylum-Service-statistical-data-2014_gr.pdf> and http://asylo.gov.gr/wp-content/uploads/2015/04/Greek-Asylum-Service-statistical-data-March-2015_gr.pdf that show that lately international protection is granted to about 20% of the applications.

7 'Greece as a Country of Asylum', UNHCR, 2014, Report at: <www.refworld.org/docid/54cb3af34.html> and "Current Issues of Refugee Protection", UNHCR-Office in Greece, 2014, at: <www.unhcr.gr/fileadmin/Greece/Extras/WRD_2014/2014_PROTECTION_POSITIONS_EN.pdf>.

8 On the Service see <http://asylo.gov.gr/?page_id=589>.

tection, whereby:[9] a. applications lodged before 7 June 2013 fall within the scope of PD 114 ('Old Procedure'); b. applications lodged after 7 June 2013 fall within the scope of PD 113 ('New Procedure'). Since March 2016 a 'new generation' of fast-track procedures has been inaugurated in order to deal with the return/readmission of asylum seekers, from Greece to Turkey, according to art. 60 par. 4 of Law 4375/2016 (FEK A 51).

The reception conditions and detention of all undocumented immigrants including asylum seekers was always a problematic area. In general, in cases of irregular entry and irregular stay, administrative detention for the purpose of removal is ordered in a systematic manner for a prolonged period of time, irrespective of the fact that implementation of returns of, for example, Afghans, Iranians, Iraqis or Somalis is not feasible. Administrative detention is ordered indiscriminately without taking into consideration the circumstances of each individual case and without sufficient and specific reasoning.

Presidential Decree 167/2014 (FEK A 252) had also amended the legal refugee framework. Applicants for international protection can lodge a claim at entry points, at the border or in the territory before the Asylum Service. The Asylum Service is responsible for examining applications for international protection at first instance and for carrying out Dublin procedures. These applications for international protection should be examined within the accelerated procedure when they are considered to be manifestly unfounded or when the applicant is a national of a safe country of origin or comes from a safe third country. The accelerated procedure also applies where applications for international protection are lodged at the border or at transit zones of ports or airports. However, access to the Asylum Service is problematic as only a very limited number of aliens can lodge an asylum application at the Service each day due to understaffing. The new Law 4375/2016 established the Appeals Service and the new Reception and Identification Service, all under the authority of the Ministry of Interior. The new law reshaped services and administration and improved the capacity of the Asylum Service under the burden of the refugee crisis.

Until recently, Asylum-seekers and unaccompanied minors continue to be highly exposed to human rights abuses, such as systematic detention, substandard detention conditions, serious impediments to their access to asylum determination procedures and poor living conditions. Also, the detention conditions in which asylum seekers are held ('reception' or 'pre-return') are in most cases extremely poor, thus contravening the requirements set by Article 3 of

9 Greek Council for Refugees, 'Greece' country report AIDA, at: <http://www.asylumineurope.org/reports/country/greece>.

the European Convention on Human Rights.[10] For that reason countries taking part in the Dublin system opposed the return of asylum seekers to Greece. However, the Dublin system is likely to change after the dramatic refugee crisis of 2015–2016 and the securitisation of European borders according the decisions adopted by the European Council and the EU-Turkey agreement of 18 March 2016 that put into question human rights principles as Turkey is regarded as safe country. Law 4375/2016 attempts to implement the agreement.[11] More than 50,000 asylum seekers are settled (June 2016) in camps all over Greece that in theory should be subject to the relocation scheme, and therefore expected to be received by a EU member state.

The Law

Προεδρικό Διάταγμα 113/2013 (ΦΕΚ Α 146). Καθιέρωση ενιαίας διαδικασίας αναγνώρισης σε αλλοδαπούς και ανιθαγενείς του καθεστώτος του πρόσφυγα ή δικαιούχου επικουρικής προστασίας σε συμμόρφωση προς την Οδηγία 2005/85/ΕΚ του Συμβουλίου «σχετικά με τις ελάχιστες προδιαγραφές για τις διαδικασίες με τις οποίες τα κράτη μέλη χορηγούν και ανακαλούν το καθεστώς του πρόσφυγα» (L 326/13.12.2005) και άλλες διατάξεις.

Άρθρο 1. Σκοπός του παρόντος προεδρικού διατάγματος είναι η προσαρμογή της διαδικασίας αναγνώρισης σε αλλοδαπούς και ανιθαγενείς του καθεστώτος του πρόσφυγα ή δικαιούχου επικουρικής προστασίας που εφαρμόζεται σε συμμόρφωση προς την Οδηγία 2005/85/ΕΚ του Συμβουλίου «σχετικά με τις ελάχιστες προδιαγραφές για τις διαδικασίες με τις οποίες τα κράτη μέλη χορηγούν και ανακαλούν το καθεστώς του πρόσφυγα» (L 326/13.12.2005) στο πλαίσιο εφαρμογής του ν. 3907/2011.

Άρθρο 4 (Άρθρο 6 Οδηγίας). Πρόσβαση στη διαδικασία.
1. Κάθε αλλοδαπός ή ανιθαγενής έχει δικαίωμα υπο—βολής αίτησης διεθνούς προστασίας. Οι αρμόδιες αρχές παραλαβής διασφαλίζουν την άσκηση του δικαιώματος υποβολής αίτησης διεθνούς προστασίας, υπό την προ—ϋπόθεση ότι ο αιτών θα παρουσιασθεί αυτοπροσώπως ενώπιον των ως άνω αρχών, με την επιφύλαξη των διατάξεων του άρθρου 9 παρ. 1 περίπτ. α΄. Σε περίπτωση που ο αιτών υπόκειται σε

10 See ECtHR *Efremidze*, judgment of 21.6.2011; *AL.K*, judgment of 11.12.2014; *Mohammad and others*, judgment of 15.1.2014.

11 <http://www.consilium.europa.eu/en/press/press-releases/2016/02/18-euco-conclusions-migration/> and <www.consilium.europa.eu/en/press/press-releases/2016/03/18-eu-turkey-statement>.

διαδικασία πρώτης υποδοχής ή είναι κρατούμενος, οι αρμόδιες υπηρεσίες Πρώτης Υποδοχής ή κράτησης μεριμνούν για την άμεση ενημέρωση και παραπομπή αυτού στην κατά τόπον αρμόδια αρχή εξέτασης, εντός των νομίμων προθεσμιών της παρ. 5 του άρθρου 11 του ν. 3907/2011 (Α΄ 7). 2. Ο αιτών μπορεί να υποβάλει αίτηση εξ ονόματος και των μελών της οικογένειάς του. Σε αυτές τις περιπτώσεις τα ενήλικα μέλη πρέπει να συναινούν εγγράφως στην κατάθεση της αίτησης εξ ονόματός τους ή σε αντίθετη περίπτωση να έχουν την ευκαιρία να υποβάλουν οι ίδιοι την αίτησή τους. Η συναίνεση ζητείται κατά το χρόνο υποβολής της αίτησης ή το αργότερο κατά την προσωπική συνέντευξη με το εν λόγω μέλος. Αιτών που αποκτά τέκνο μετά την είσοδό του στη χώρα δύναται να υποβάλει αίτηση διεθνούς προστασίας εξ ονόματος του τέκνου, η οποία υποχρεωτικά συνοδεύεται από τη ληξιαρχική πράξη γέννησης του τέκνου. Η αίτηση αυτή συνενώνεται με την αίτηση διεθνούς προστασίας του αιτούντος γονέα σε όποιο στάδιο και βαθμό της διαδικασίας βρίσκεται αυτή. 3. Ο ασυνόδευτος, ή μη, ανήλικος άνω των 14 ετών δύναται να υποβάλει ο ίδιος αίτηση. 4. Ο ασυνόδευτος ανήλικος, κάτω των 14 ετών, υποβάλλει αίτηση δι' εκπροσώπου, κατά τα οριζόμενα στο άρθρο 11.
[...]

Προεδρικό Διάταγμα 114/2010 (ΦΕΚ Α 195). Καθιέρωση ενιαίας διαδικασίας αναγνώρισης σε αλλοδαπούς και ανιθαγενείς του καθεστώτος του πρόσφυγα ή δικαιούχου επικουρικής προστασίας σε συμμόρφωση προς την Οδηγία 2005/85/ΕΚ του Συμβουλίου «σχετικά με τις ελάχιστες προδιαγραφές για τις διαδικασίες με τις οποίες τα κράτη μέλη χορηγούν και ανακαλούν το καθεστώς του πρόσφυγα» (L 326/13.12.2005).

ΓΕΝΙΚΕΣ ΔΙΑΤΑΞΕΙΣ

Άρθρο 1
Σκοπός του παρόντος προεδρικού διατάγματος είναι η καθιέρωση ενιαίας διαδικασίας αναγνώρισης σε αλλοδαπούς και ανιθαγενείς του καθεστώτος του πρόσφυγα ή δικαιούχου επικουρικής προστασίας σε συμμόρφωση προς την Οδηγία 2005/85/ΕΚ του Συμβουλίου «σχετικά με τις ελάχιστες προδιαγραφές για τις διαδικασίες με τις οποίες τα κράτη μέλη χορηγούν και ανακαλούν το καθεστώς του πρόσφυγα» (L 326/13.12.2005).

Άρθρο 3
(Άρθρο 3 Οδηγίας) Πεδίο εφαρμογής
1. Το παρόν προεδρικό διάταγμα εφαρμόζεται σε όλες τις αιτήσεις ασύλου που υποβάλλονται στο έδαφος της ελληνικής επικράτειας, περιλαμβανομένων των συνόρων, ή στις ζώνες διέλευσης της Χώρας, καθώς και για την ανάκληση του καθεστώτος του

πρόσφυγα. Οι ίδιες διατάξεις εφαρμόζονται αναλόγως και για τις αιτήσεις επικουρικής προστασίας καθώς και για την ανάκληση του καθεστώτος επικουρικής προστασίας. Όλες οι αιτήσεις διεθνούς προστασίας εξετάζονται καταρχήν ως αιτήσεις ασύλου και, εφόσον δεν πληρούνται τα κριτήρια της Σύμβασης της Γενεύης για το καθεστώς του πρόσφυγα, εξετάζονται με βάση τα κριτήρια του καθεστώτος επικουρικής προστασίας, εκτός εάν ρητά υποβάλλεται αίτηση παροχής επικουρικής προστασίας.

[...]

ΚΕΦΑΛΑΙΟ Δ΄

ΔΙΑΔΙΚΑΣΙΕΣ ΣΕ ΔΕΥΤΕΡΟ ΒΑΘΜΟ

Άρθρο 25

Δικαίωμα άσκησης προσφυγής

1. Ο αιτών δικαιούται να προσφύγει ενώπιον της οριζόμενης από το άρθρο 26 Επιτροπής Προσφυγών:

α. Κατά της απόφασης που απορρίπτει αίτηση διεθνούς προστασίας ή ανακαλεί το καθεστώς αυτό εντός τριάντα (30) ημερών από της επιδόσεως της εν λόγω απόφασης.

β. Κατά της απόφασης που κρίνει την αίτηση διεθνούς προστασίας ως προδήλως αβάσιμη ή απαράδεκτη κατά τα οριζόμενα στα άρθρα 17, παρ. 3 και 18 αντίστοιχα, εντός δεκαπέντε (15) ημερών από της επιδόσεως της εν λόγω απόφασης.

γ. Κατά της απόφασης που απορρίπτει αίτηση διεθνούς προστασίας, στις περιπτώσεις του άρθρου 24, εντός δέκα (10) ημερών από της επιδόσεως της εν λόγω απόφασης.

δ. Κατά της απόφασης που απορρίπτει μεταγενέστερη αίτηση κατά το προκαταρκτικό στάδιο, εντός δέκα πέντε (15) ημερών από της επιδόσεως της εν λόγω απόφασης.

[...]

ΚΕΦΑΛΑΙΟ Ε΄

ΤΕΛΙΚΕΣ ΔΙΑΤΑΞΕΙΣ

[...]

Άρθρο 28

Παραμονή για ανθρωπιστικούς λόγους.

1. Οι αρμόδιες αρχές απόφασης δύνανται να χορηγήσουν σε αιτούντα, του οποίου την αίτηση για διεθνή προστασία απορρίπτουν, καθεστώς παραμονής για ανθρωπιστικούς λόγους.

2. Για την έγκριση παραμονής ενός αιτούντα για ανθρωπιστικούς λόγους, λαμβά-

νονται υπόψη ιδίως η αντικειμενική αδυναμία απομάκρυνσης ή επιστροφής του στη χώρα καταγωγής ή συνήθους διαμονής του για λόγους ανωτέρας βίας, όπως σοβαροί λόγοι υγείας του ιδίου ή μέλους της οικογενείας του, διεθνής αποκλεισμός της χώρας του, εμφύλιες συρράξεις συνοδευόμενες από μαζικές παραβιάσεις ανθρωπίνων δικαιωμάτων, ή η συνδρομή στο πρόσωπο του ενδιαφερομένου της ρήτρας μη επαναπροώθησης του άρθρου 3 της Σύμβασης για την προάσπιση των δικαιωμάτων του ανθρώπου και των θεμελιωδών ελευθεριών η οποία κυρώθηκε με το άρθρο πρώτο του ν.δ/τος 53/1974 (Α΄ 256) ή του άρθρου 3 της Σύμβασης της Ν. Υόρκης της 10[ης] Δεκεμβρίου 1984 κατά των βασανιστηρίων και άλλων τρόπων σκληρής, απάνθρωπης ή ταπεινωτικής μεταχείρισης, η οποία κυρώθηκε με το ν.1782/1988 (Α΄ 116).

3. Για τις διαδικασίες ανάκλησης και μη ανανέωσης του καθεστώτος παραμονής για ανθρωπιστικούς λόγους εφαρμόζονται αναλόγως οι διατάξεις του άρθρου 27.

4. Ο αιτών στον οποίο χορηγείται καθεστώς παραμονής για ανθρωπιστικούς λόγους εφοδιάζεται από την κατά τόπο αρμόδια αρχή εξέτασης, ατελώς, με ειδική άδεια διαμονής διάρκειας έως δύο (2) ετών. Παρόμοια άδεια χορηγείται και στα μέλη της οικογενείας του.

5. Ο κάτοχος της άδειας αυτής οφείλει να αναχωρήσει χωρίς άλλη ειδοποίηση μέχρι την ημερομηνία λήξης της ισχύος της, εκτός και αν τριάντα (30) τουλάχιστον ημέρες πριν την εκπνοή της προθεσμίας υποβάλει στην αρχή απόφασης που εξέδωσε την αρχική απόφαση αίτηση για παράταση της ισχύος της. Η εν λόγω αρχή αποφαίνεται οριστικά περί της ανανέωσης ή μη της εν λόγω άδειας.

6. Τα δικαιώματα των αιτούντων, στους οποίους έχει χορηγηθεί καθεστώς παραμονής για ανθρωπιστικούς λόγους, εξομοιώνονται με αυτά των δικαιούχων επικουρικής προστασίας. Τα δικαιώματα αυτά διατηρούνται και μετά τη λήξη ισχύος της σχετικής άδειας διαμονής εφόσον έχει υποβληθεί αίτηση παράτασης μέχρι την λήψη απόφασης επ' αυτής.

[...]

Νόμος 3907/2011 (ΦΕΚ Α 7). Ίδρυση Υπηρεσίας Ασύλου και Υπηρεσίας Πρώτης Υποδοχής, προσαρμογή της ελληνικής νομοθεσίας προς τις διατάξεις της Οδηγίας 2008/115/ΕΚ «σχετικά με τους κοινούς κανόνες και διαδικασίες στα κράτη— μέλη για την επιστροφή των παρανόμως διαμενόντων υπηκόων τρίτων χωρών» και λοιπές διατάξεις.

ΚΕΦΑΛΑΙΟ Α΄

ΙΔΡΥΣΗ ΥΠΗΡΕΣΙΑΣ ΑΣΥΛΟΥ

Άρθρο 1. Ίδρυση—Αποστολή—Συγκρότηση

1. Στο Υπουργείο Προστασίας του Πολίτη συνιστάται αυτοτελής Υπηρεσία, με τίτλο «Υπηρεσία Ασύλου» που υπάγεται απευθείας στον Υπουργό και έχει τοπική αρμοδιότητα που εκτείνεται σε όλη την Επικράτεια. Η Υπηρεσία αυτή λειτουργεί σε επίπεδο Διεύθυνσης και έχει ως αποστολή την εφαρμογή της νομοθεσίας περί ασύλου και των λοιπών μορφών διεθνούς προστασίας των αλλοδαπών και ανιθαγενών, καθώς και τη συμβολή στο σχεδιασμό και τη διαμόρφωση της εθνικής πολιτικής ασύλου.
2. Η Υπηρεσία Ασύλου, στο πλαίσιο της αποστολής της, είναι αρμόδια ιδίως για:
α. την υποστήριξη του σχεδιασμού και της χάραξης της πολιτικής της χώρας όσον αφορά στη χορήγηση ασύλου ή άλλων μορφών διεθνούς προστασίας, καθώς και την παρακολούθηση και αξιολόγηση της υλοποίησης αυτής,
β. την παραλαβή και εξέταση αιτημάτων διεθνούς προστασίας και την απόφανση επί αυτών σε πρώτο βαθμό,
γ. την ενημέρωση των αιτούντων διεθνή προστασία για τη διαδικασία εξέτασης των αιτημάτων, καθώς και για τα δικαιώματα και τις υποχρεώσεις τους στο πλαίσιο αυτής,
δ. τη συγκέντρωση και αξιολόγηση πληροφοριών σχετικά με την οικονομική, κοινωνική και πολιτική κατάσταση που επικρατεί στις χώρες προέλευσης των αλλοδαπών και τη διαρκή παρακολούθηση των εξελίξεων στις χώρες αυτές, σε συνεργασία με αρμόδιες για το σκοπό αυτόν άλλες ελληνικές αρχές ή αρχές της αλλοδαπής, ιδίως στο πλαίσιο σχετικών διεθνών συμφωνιών, ε. τον εφοδιασμό των αιτούντων διεθνή προστασία αλλοδαπών, καθώς και των δικαιούχων διεθνούς προστασίας με τα προβλεπόμενα από την κείμενη νομοθεσία νομιμοποιητικά και ταξιδιωτικά έγγραφα,
στ. τη διεκπεραίωση των αιτήσεων οικογενειακής επανένωσης προσφύγων,
ζ. τη διευκόλυνση των αιτούντων σε ό,τι αφορά στις υλικές συνθήκες υποδοχής σε συνεργασία με άλλους συναρμόδιους φορείς,
η. την προετοιμασία νομοθετικών κειμένων και διοικητικών πράξεων σε θέματα αρμοδιότητάς της και
θ. τη συνεργασία με κρατικούς φορείς, ανεξάρτητες αρχές και μη κυβερνητικές οργανώσεις, όργανα και οργανισμούς της Ευρωπαϊκής Ένωσης και διεθνείς οργανισμούς για την αποτελεσματικότερη εκπλήρωση της αποστολής της.
3. Η Υπηρεσία Ασύλου συγκροτείται από την Κεντρική Υπηρεσία και από τα Περιφερειακά Γραφεία Ασύλου. Τα Περιφερειακά Γραφεία Ασύλου υπάγονται στην Κεντρική Υπηρεσία. Η Κεντρική Υπηρεσία προγραμματίζει, κατευθύνει, παρακολουθεί και ελέγχει τη δράση των Περιφερειακών Γραφείων Ασύλου και εξασφαλίζει τις αναγκαίες προϋποθέσεις για την άσκηση των αρμοδιοτήτων τους. Με την έναρξη ισχύος του παρόντος νόμου, συνιστώνται Περιφερειακά Γραφεία Ασύλου με έδρα την Αττική, τη Θεσσαλονίκη, την Αλεξανδρούπολη, την Ορεστιάδα, τα Ιωάννινα, το Βόλο, την Πάτρα, το Ηράκλειο, τη Λέσβο, τη Χίο, τη Σάμο, τη Λέρο και τη Ρόδο. Η

έναρξη λειτουργίας των Περιφερειακών Γραφείων Ασύλου που συνιστώνται με την παρούσα διάταξη καθορίζεται με απόφαση του Υπουργού Προστασίας του Πολίτη. Με όμοια απόφαση κατανέμεται στα κατά τόπους Περιφερειακά Γραφεία Ασύλου το προσωπικό που προβλέπεται στην παράγραφο 4 του άρθρου 2 και μπορεί να ιδρύονται αυτοτελή κλιμάκια των Περιφερειακών Γραφείων Ασύλου που εδρεύουν και λειτουργούν σε εγκαταστάσεις Κέντρων Πρώτης Υποδοχής ή συμμετέχουν σε κινητές ή έκτακτες Μονάδες Πρώτης Υποδοχής.
[...]

ΚΕΦΑΛΑΙΟ Γ΄

ΠΡΟΣΑΡΜΟΓΗ ΤΗΣ ΕΛΛΗΝΙΚΗΣ ΝΟΜΟΘΕΣΙΑΣ ΣΤΙΣ ΔΙΑΤΑΞΕΙΣ ΤΗΣ ΟΔΗΓΙΑΣ 2008/115/ΕΚ

Άρθρο 16. Σκοπός (Άρθρο 1 της Οδηγίας)
Σκοπός του παρόντος Κεφαλαίου είναι η προσαρμογή της ελληνικής νομοθεσίας στην Οδηγία 2008/115/ΕΚ του Ευρωπαϊκού Κοινοβουλίου και του Συμβουλίου, της 16ης Δεκεμβρίου 2008 «σχετικά με τους κοινούς κανόνες και διαδικασίες στα κράτη—μέλη για την επιστροφή των παρανόμως διαμενόντων υπηκόων τρίτων χωρών» (ΕΕ L 348/24.12.2008), σύμφωνα με τα θεμελιώδη δικαιώματα που εγγυώνται η νομοθεσία της Ευρωπαϊκής Ένωσης, οι διεθνείς συμβάσεις που δεσμεύουν τη Χώρα και οι γενικώς αναγνωρισμένες αρχές του διεθνούς δικαίου, συμπεριλαμβανομένων των υποχρεώσεων προστασίας των προσφύγων.

Άρθρο 17. Πεδίο Εφαρμογής (Άρθρο 2 της Οδηγίας)
1. Οι διατάξεις του παρόντος Κεφαλαίου εφαρμόζονται στους υπηκόους τρίτων χωρών, οι οποίοι διαμένουν παράνομα στην ελληνική επικράτεια.
2. Το παρόν Κεφάλαιο δεν εφαρμόζεται στους υπηκόους τρίτων χωρών, οι οποίοι:
α. Υπόκεινται σε απαγόρευση εισόδου, σύμφωνα με το άρθρο 13 του Κανονισμού (ΕΚ) αριθμ. 562/2006 του Ευρωπαϊκού Κοινοβουλίου και του Συμβουλίου της 15ης Μαρτίου 2006, για τη θέσπιση του Κώδικα Συνόρων Σένγκεν σχετικά με το καθεστώς διέλευσης προσώπων από τα σύνορα (ΕΕ L105/13.4.2006) ή συλλαμβάνονται ή παρακολουθούνται από τις αρμόδιες αρχές σε σχέση με παράνομη χερσαία, θαλάσσια ή εναέρια διέλευση των εξωτερικών συνόρων κατά την έννοια του άρθρου 2 παρ. 2 του Κώδικα Συνόρων Σένγκεν, στους οποίους δεν έχει χορηγηθεί στη συνέχεια άδεια ή δικαίωμα να παραμείνουν στη Χώρα.
β. Υπόκεινται σε απέλαση που επιβάλλεται με δικαστική απόφαση, ως μέτρο ασφαλείας ή ως παρεπόμενη ποινή ή υπόκεινται σε διαδικασίες έκδοσης σύμφωνα με τις διατάξεις διεθνούς σύμβασης που δεσμεύει τη Χώρα ή των άρθρων 436–456 του Κώδικα Ποινικής Δικονομίας ή του ν.3251/2004 «Ευρωπαϊκό ένταλμα σύλληψης, τροποποίηση του ν.2928/2001 για τις εγκληματικές οργανώσεις και άλλες διατα-

΄ξεις» και γ. Απολαμβάνουν του δικαιώματος της Ευρωπαϊκής Ένωσης περί ελεύθερης κυκλοφορίας σύμφωνα με το άρθρο 2 παρ. 5 του Κώδικα Συνόρων Σένγκεν και το π.δ.106/2007 (ΦΕΚ 135 Α΄).
[...]

Άρθρο 23. Απομάκρυνση (Άρθρο 8 της Οδηγίας)
1. Οι αρμόδιες αστυνομικές αρχές λαμβάνουν όλα τα αναγκαία μέτρα για την εκτέλεση της απόφασης επιστροφής εφόσον: α) δεν έχει χορηγηθεί χρονικό διάστημα οικειοθελούς αναχώρησης για τους λόγους που αναφέρονται στο άρθρο 22 παρ. 4 και β) ο υπήκοος τρίτης χώρας δεν έχει συμμορφωθεί με την υποχρέωση επιστροφής εντός της ταχθείσας προθεσμίας οικειοθελούς αναχώρησης.
2. Οι αρμόδιες αστυνομικές αρχές, στην περίπτωση που έχει χορηγηθεί προθεσμία οικειοθελούς αναχώρησης, σύμφωνα με τις διατάξεις του άρθρου 22, εκτελούν την απόφαση επιστροφής μόνο μετά τη λήξη του ως άνω χρονικού διαστήματος, εκτός αν, κατά τη διάρκεια αυτού ανακύψει οποιοσδήποτε από τους λόγους που αναφέρονται στην παρ. 4 του άρθρου 22.

Άρθρο 24. Αναβολή της απομάκρυνσης (Άρθρο 9 της Οδηγίας)
1. Η απομάκρυνση υπηκόου τρίτης χώρας που τελεί υπό διαδικασία επιστροφής αναβάλλεται υποχρεωτικά στις περιπτώσεις που: α) παραβιάζεται η αρχή της μη επαναπροώθησης ή β) έχει ανασταλεί σύμφωνα με το άρθρο 28 παράγραφος 2.
[...]

Άρθρο 30. Κράτηση (Άρθρο 15 της Οδηγίας)
1. Οι υπήκοοι τρίτης χώρας που υπόκεινται σε διαδικασίες επιστροφής, σύμφωνα με την παρ. 1 του άρθρου 21, τίθενται υπό κράτηση για την προετοιμασία της επιστροφής και τη διεκπεραίωση της διαδικασίας απομάκρυνσης, μόνο εάν στη συγκεκριμένη περίπτωση δεν δύνανται να εφαρμοσθούν αποτελεσματικά άλλα επαρκή και λιγότερο επαχθή μέτρα, όπως εκείνα που προβλέπονται στην παρ. 3 του άρθρου 22. Το μέτρο της κράτησης εφαρμόζεται όταν: α) υπάρχει κίνδυνος διαφυγής ή β) ο υπήκοος τρίτης χώρας αποφεύγει ή παρεμποδίζει την προετοιμασία της επιστροφής ή τη διαδικασία απομάκρυνσης ή γ) συντρέχουν λόγοι εθνικής ασφάλειας. Η κράτηση επιβάλλεται και διατηρείται για το απολύτως αναγκαίο χρονικό διάστημα διεκπεραίωσης της διαδικασίας απομάκρυνσης, η οποία εξελίσσεται και εκτελείται με τη δέουσα επιμέλεια. Σε κάθε περίπτωση, για την επιβολή ή τη συνέχιση του μέτρου της κράτησης λαμβάνεται υπόψη η διαθεσιμότητα κατάλληλων χώρων κράτησης και η δυνατότητα εξασφάλισης αξιοπρεπών συνθηκών διαβίωσης για τους κρατουμένους.
[...]

Ν. 4375/2016 (ΦΕΚ Α 51). Οργάνωση και λειτουργία Υπηρεσίας Ασύλου, Αρχής Προσφυγών, Υπηρεσίας Υποδοχής και Ταυτοποίησης σύσταση ΓΓ Υποδοχής, προσαρμογή της Ελληνικής Νομοθεσίας προς τις διατάξεις της Οδηγίας 2013/32/ΕΕ του ΕΚ και του Συμβουλίου.
[...]

Άρθρο 4 Αρχή Προσφυγών—Ίδρυση—Αποστολή

1. Στο Υπουργείο Εσωτερικών και Διοικητικής Ανασυγκρότησης συνιστάται αυτοτελής Υπηρεσία, με τίτλο «Αρχή Προσφυγών», η οποία υπάγεται απευθείας στον Υπουργό Εσωτερικών και Διοικητικής Ανασυγκρότησης. Η Αρχή Προσφυγών συγ κροτείται από την Κεντρική Διοικητική Υπηρεσία και από τις Επιτροπές Προσφυγών. Οι Επιτροπές Προσφυγών είναι αρμόδιες για την εξέταση, τη λήψη και την έκδοση αποφάσεων επί των ενδικοφανών προσφυγών κατά των αποφάσεων της Υπηρεσίας Ασύλου, σύμφωνα με την παράγραφο 5 του άρθρου 7 του παρόντος και υποστηρίζονται, για την εκπλήρωση του έργου τους, από την Κεντρική Διοικητική Υπηρεσία.
[...]

Άρθρο 60. (Άρθρο 43 της Οδηγίας). Διαδικασίες στα σύνορα
1. Στις περιπτώσεις που υποβάλλονται αιτήσεις διεθνούς προστασίας στα σύνορα και τις ζώνες διέλευσης λιμένων ή αερολιμένων της χώρας, οι αιτούντες απολαμβάνουν των δικαιωμάτων και των εγγυήσεων των διατάξεων των άρθρων 41, 44, 45 και 46 του παρόντος Μέρους.
2. Αν δεν ληφθεί απόφαση εντός είκοσι οκτώ (28) ημερών από την ημερομηνία κατάθεσης της αίτησης, επιτρέπεται στον αιτούντα η είσοδος και παραμονή του στο εσωτερικό της χώρας, προκειμένου να εξετασθεί η αίτησή του σύμφωνα με τις λοιπές διατάξεις του παρόντος.
3. Με την επιφύλαξη των διατάξεων του άρθρου 46, στις περιπτώσεις του παρόντος άρθρου, που απορρίπτεται αίτηση διεθνούς προστασίας και εκδίδεται απόφαση απέλασης, επιστροφής ή επανεισδοχής, η εκτέλεση της οποίας αναστέλλεται, με σχετική δικαστική απόφαση επιτρέπεται η παραμονή του αιτούντος στη χώρα μέχρι την έκδοση απόφασης επί του ένδικου μέσου.
4. Σε περίπτωση αφίξεων που αφορούν μεγάλο αριθμό πολιτών τρίτων χωρών ή ανιθαγενών, οι οποίοι υποβάλλουν αιτήσεις διεθνούς προστασίας στα σύνορα ή σε ζώνη διέλευσης λιμένων ή αερολιμένων της χώρας ή ενόσω παραμένουν σε Κέντρα Υποδοχής και Ταυτοποίησης, με κοινή απόφαση των Υπουργών Εσωτερικών και Διοικητικής Ανασυγκρότησης και Εθνικής Άμυνας εφαρμόζονται κατ' εξαίρεση τα παρακάτω:

α. Η καταγραφή της αίτησης διεθνούς προστασίας, οι επιδόσεις των αποφάσεων και λοιπών διαδικαστικών εγγράφων, καθώς και η παραλαβή προσφυγών μπορεί να πραγματοποιείται από προσωπικό της Ελληνικής Αστυνομίας ή προσωπικό των Ενόπλων Δυνάμεων.
β. Στις διαδικασίες του στοιχείου α, στη συνέντευξη με τους αιτούντες διεθνή προστασία, καθώς και σε κάθε άλλη διαδικασία, η Υπηρεσία Ασύλου μπορεί να επικουρείται από προσωπικό και διερμηνείς που διατίθεται από την Ευρωπαϊκή Υπηρεσία Υποστήριξης το Άσυλο.
γ. Η προθεσμία του άρθρου 52 παράγραφος 5 είναι μίας (1) ημέρας. Η προθεσμία του άρθρου 62 παράγραφος 2(γ) είναι δύο (2) ημερών. Οι προθεσμίες του άρθ.62 παράγραφος 3, για την ειδοποίηση του αιτούντος σε περίπτωση προφορικής ακρόασης και για την κατάθεση τυχόν υπομνήματος μετά την εξέταση της προσφυγής είναι μίας (1) ημέρας.
δ. Η απόφαση επί της αίτησης διεθνούς προστασίας εκδίδεται το αργότερο την επόμενη ημέρα της πραγματοποίησης της συνέντευξης και επιδίδεται το αργότερο την επόμενη της έκδοσής της.
ε. Οι προσφυγές εξετάζονται σε τρεις (3) ημέρες από την κατάθεσή τους. Η απόφαση επί της προσφυγής εκδίδεται το αργότερο εντός δύο (2) ημερών από την εξέτασή της ή την κατάθεση του υπομνήματος και επιδίδεται το αργότερο την επόμενη ημέρα της έκδοσής της. Κατά την περίπτωση της υποβολής σχετικής αίτησης ακρόασης από τον προσφεύγοντα, όπως αυτή προβλέπεται στο άρθρο 62 παράγραφος 1 στοιχείο ε' του παρόντος, η Επιτροπή Προσφυγών δύναται, κατά την κρίση της, να καλεί τον προσφεύγοντα σε ακρόαση.
στ. Από την παραπάνω διαδικασία εξαιρούνται όσοι υπάγονται στις διατάξεις των άρθρων 8 έως και 11 του Κανονισμού (ΕΕ) αριθμ. 604/2013 του Ευρωπαϊκού Κοινοβουλίου και του Συμβουλίου, καθώς και τα πρόσωπα που ανήκουν σε ευάλωτες παράγραφο 8 του άρθρου 14.
[...]

Άρθρο 26 Σύσταση Γενικής Γραμματείας Υποδοχής

1. Συνιστάται Γενική Γραμματεία Υποδοχής, η οποία υπάγεται στο Υπουργείο Εσωτερικών και Διοικητικής Ανασυγκρότησης.
2. Στη Γενική Γραμματεία Υποδοχής υπάγεται η Υπηρεσία Υποδοχής και Ταυτοποίησης του άρθρου 8 του παρόντος και η Διεύθυνση Υποδοχής που συνιστάται με το επόμενο άρθρο.
[...]

Case Law

Case 1: The applicant was under threat of deportation, as he had entered Greece illegally. He appealed to the Council of State as he had not been informed about it and therefore had had no legal means to appeal against the deportation and challenge its legality. The Court accepted this assertion and annulled the order for deportation as the applicant was not notified of his right to submit his appeal against the deportation 24 hours after the order was issued (*StE*, judgment 3116/2010).

Case 2: The Refugee Committee delivered a positive judgment attributing to a Turkish citizen of Kurdish origin the status of refugee as he had been a victim of torture. However the Minister of Public Order denied it without any justification. The appellant took his case to the Council of State, which held that the Minister should have justified his decision, especially in a case in which important legal issues arose. The Minister should have individualised his decision and scrutinised the claims put forward by the appellant, as the return of a victim of torture to his country of origin puts at risk the life of the asylum claimant (*StE*, judgment 1303/2012).

Case 3: The applicant, an Afghan national, entered the European Union via Greece. He arrived in Belgium, where he applied for asylum. In accordance with the Dublin Regulation, the Aliens Office asked the Greek authorities to take responsibility for the asylum application. In May 2009 the Aliens Office ordered the applicant to leave Belgium for Greece. On his arrival there he was immediately placed in detention. He was released and issued with an asylum seeker's card. Having no means of subsistence, he lived on the streets. When his asylum seeker's card was renewed in December 2009, steps were taken to find him accommodation, but apparently to no avail. The Court of Strasbourg found a violation of Article 3 concerning the conditions of detention and subsistence of an asylum seeker expelled under the Dublin agreement. The Court also said that the applicant's living conditions in Greece, combined with the prolonged uncertainty he lived in and the total lack of any prospect of his situation improving, had attained the minimum level of severity required by Article 3 of the Convention. Lastly, the Court found a violation of Article 13 (effective remedy) concerning deficiencies in the asylum procedure in Greece and the risk of expulsion without any serious examination of the merits of the asylum application or access to an effective remedy (ECtHR, *M.S.S. v. Belgium and Greece*, Judgment of 21.1.2011 [Grand Chaimber]).

4.4 Citizenship

Acquisition of citizenship constitutes a serious qualitative step towards integration. For many years Muslim immigrants were excluded *de facto* from becoming Greek citizens, as only a very few alien Muslims acquired Greek citizenship through naturalisation until 2010. Until then an alien had to prove residence of ten years in Greece and pay 1,500 Euros for submitting the naturalisation application, although *omogeneis* were exempted from any requirement of residence and from the payment (Greek Code of Nationality, as in force before 2010).

After much discussion, a series of new regulations was passed (Law 3838/2010, FEK A 49). The naturalisation procedure became far more reasonable for those immigrants with sustainable ties to the country. Moreover, the immigrants' children would have access to citizenship through objective parameters of residence and school attendance.[12] The immigrants' right to participate in local elections, the obligation of the state authorities to provide justification in the event of rejection of the application for naturalisation, the decrease in the fees for the application are among progressive regulations that brought Greek citizenship law closer to a paradigm favouring inclusive policies, especially regarding immigrants' children. Although it did not abolish the division between *omogeneis* and *allogeneis*, the law of citizenship for the first time introduced *jus soli* elements and thus triggered reactions from the nationalist political circles asserting that the pure character of the nation was under threat.

The new law was challenged before the High Administrative Court, which ruled that acquisition of citizenship by the children of immigrants and electoral rights does not comply with the Constitution (see Case Law). Finally the new government elected in January 2015 passed an amendment to the law that again allows the children of immigrants to acquire citizenship through a special procedure.

12 Dimitris Christopoulos, *Who is a Greek citizen?* [in Greek], (Athens: Vivliorama, 2011).

The Law

Νόμος 3838/2010. Σύγχρονες διατάξεις για την Ελληνική Ιθαγένεια και την πολιτική συμμετοχή ομογενών και νομίμως διαμενόντων μεταναστών και άλλες ρυθμίσεις (ΦΕΚ Α 49).

Άρθρο 1
1. Το άρθρο 1 του Κώδικα Ελληνικής Ιθαγένειας, όπως αυτός κυρώθηκε με το ν. 3284/2004 και ισχύει (ΦΕΚ 217 Α'), αντικαθίσταται ως εξής:
«Ι. Αυτοδίκαια, με τη γέννηση

Άρθρο 1
1. Το τέκνο Έλληνα ή Ελληνίδας αποκτά από τη γέννησή του την Ελληνική Ιθαγένεια.
2. Την Ελληνική Ιθαγένεια αποκτά από τη γέννησή του όποιος γεννιέται σε ελληνικό έδαφος, εφόσον:
α. ένας από τους γονείς του έχει γεννηθεί στην Ελλάδα και κατοικεί μόνιμα στη Χώρα από τη γέννησή του ή
β. δεν αποκτά αλλοδαπή ιθαγένεια με τη γέννησή του ούτε μπορεί να αποκτήσει τέτοια με σχετική δήλωση των γονέων του στις οικείες αλλοδαπές αρχές, αν το δίκαιο της ιθαγένειας των γονέων του απαιτεί την υποβολή παρόμοιας δήλωσης, ή
γ. είναι άγνωστης ιθαγένειας, εφόσον η αδυναμία διαπίστωσης της τυχόν αποκτώμενης με τη γέννηση αλλοδαπής ιθαγένειας δεν οφείλεται σε άρνηση συνεργασίας γονέα.»
2. Μετά το άρθρο 1 του Κώδικα Ελληνικής Ιθαγένειας, προστίθεται νέο άρθρο 1Α ως εξής:
«Ια. Με δήλωση και αίτηση, λόγω γέννησης ή φοίτησης σε σχολείο στην Ελλάδα.

Άρθρο 2
Το άρθρο 5 του Κώδικα Ελληνικής Ιθαγένειας αντικαθίσταται ως εξής:
«Άρθρο 5. Τυπικές προϋποθέσεις πολιτογράφησης
1. Ο αλλοδαπός που επιθυμεί να γίνει Έλληνας πολίτης με πολιτογράφηση πρέπει:
α. Να είναι ενήλικος κατά το χρόνο της υποβολής της δήλωσης πολιτογράφησης.
β. Να μην έχει καταδικασθεί αμετάκλητα για αδίκημα που τέλεσε εκ δόλου, κατά την τελευταία δεκαετία πριν από την υποβολή της αίτησης πολιτογράφησης, σε ποινή στερητική της ελευθερίας τουλάχιστον ενός έτους ή τουλάχιστον έξι μηνών και ανεξαρτήτως χρόνου έκδοσης της καταδικαστικής απόφασης, για εγκλήματα προσβολών του πολιτεύματος, προδοσίας της Χώρας, ανθρωποκτονίας από πρόθεση και επικίνδυνης σωματικής βλάβης, εγκλήματα σχετικά με την εμπορία και τη διακίνηση ναρκωτικών [...].

γ. Να μην τελεί υπό απέλαση ή άλλη εκκρεμότητα του καθεστώτος νόμιμης παραμονής του στη Χώρα.
δ. Να διαμένει στην Ελλάδα νόμιμα για επτά συνεχή έτη πριν από την υποβολή της αίτησης πολιτογράφησης. Στο χρόνο νόμιμης παραμονής δεν προσμετράται ο χρόνος που διάνυσε ο αλλοδαπός στην Ελλάδα ως διπλωματικός ή διοικητικός υπάλληλος ξένης Χώρας. Για τους κατόχους ιθαγένειας κράτους—μέλους της Ευρωπαϊκής Ένωσης, τους συζύγους Έλληνα ή Ελληνίδας με τέκνο, όσους έχουν τη γονική μέριμνα τέκνου Ελληνικής Ιθαγένειας, εφόσον αυτή δεν αποκτήθηκε σύμφωνα με το άρθρο 1Α παρ. 2, τους αναγνωρισμένους πολιτικούς πρόσφυγες και ανιθαγενείς αρκεί η προηγούμενη νόμιμη διαμονή αυτών στην Ελλάδα επί μια τουλάχιστον συνεχή τριετία. Για τους συζύγους Ελλήνων διπλωματικών υπαλλήλων προσμετράται για τη συμπλήρωση του παραπάνω χρόνου και ο χρόνος παραμονής τους στο εξωτερικό λόγω της υπηρεσίας των Ελλήνων συζύγων τους, εφόσον έχουν συμπληρώσει, οποτεδήποτε, ένα έτος διαμονής στην Ελλάδα.
Για τους ομογενείς και για όσους έχουν γεννηθεί και κατοικούν συνεχώς στην Ελλάδα δεν απαιτείται η χρονική προϋπόθεση της επταετούς διαμονής.
ε. Να κατέχει έναν από τους παρακάτω τίτλους νόμιμης διαμονής:
αα) άδεια επί μακρόν διαμένοντος, κατ' εφαρμογή των διατάξεων του π.δ. 150/2006 (ΦΕΚ 160 Α'),
αβ) βεβαίωση ή άλλον τίτλο διαμονής που χορηγείται σε πολίτες κρατών—μελών της Ευρωπαϊκής Ένωσης, με βάση τις διατάξεις του π.δ. 106/2007 (ΦΕΚ 135 Α'),
αγ) δελτίο ή άλλον τίτλο διαμονής που χορηγείται σε μέλη οικογένειας Έλληνα πολίτη ή πολίτη κράτους—μέλους της Ευρωπαϊκής Ένωσης ή σε γονείς ανηλίκου ημεδαπού, κατ' εφαρμογή των διατάξεων των άρθρων 61, 63 και 94 του ν. 3386/2005,
αδ) δελτίο αναγνωρισμένου πολιτικού πρόσφυγα ή καθεστώς επικουρικής προστασίας ή μέλους οικογένειας κατόχου τέτοιου δελτίου, συμπεριλαμβανομένων και αυτών που έχουν χορηγηθεί, σύμφωνα με τις διατάξεις του προϊσχύσαντος π.δ/τος 61/1999 (ΦΕΚ 63 Α'), καθώς και των προεδρικών διαταγμάτων 90/2008 (ΦΕΚ 138 Α'), 96/2008 (ΦΕΚ 152 Α'), 167/2008 (ΦΕΚ 223 Α') και 81/2009 (ΦΕΚ 99 Α'), όπως έχουν τροποποιηθεί και ισχύουν,
αε) ταξιδιωτικά έγγραφα ή ειδικό δελτίο που έχουν χορηγηθεί από ημεδαπή αρχή, σύμφωνα με τις διατάξεις της Διεθνούς Σύμβασης της Νέας Υόρκης, περί του καθεστώτος των ανιθαγενών, η οποία έχει κυρωθεί με το ν. 139/1975 (ΦΕΚ 176 Α'),
αστ) δελτίο ή άλλον τίτλο διαμονής ομογενούς κάθε τύπου, εκτός από Ειδικό Δελτίο Ταυτότητας Ομογενούς.
[...]»

Άρθρο 3
Μετά το άρθρο 5 του Κώδικα Ελληνικής Ιθαγένειας προστίθενται άρθρα 5Α και 5Β ως εξής:
«Άρθρο 5Α Ουσιαστικές προϋποθέσεις πολιτογράφησης
1. Ο αλλοδαπός που επιθυμεί να γίνει Έλληνας πολίτης με πολιτογράφηση πρέπει, πέραν των προϋποθέσεων του προηγούμενου άρθρου:
α. Να γνωρίζει επαρκώς την Ελληνική γλώσσα, ώστε να εκπληρώνει τις υποχρεώσεις που απορρέουν από την ιδιότητα του Έλληνα πολίτη.
β. Να έχει ενταχθεί ομαλά στην οικονομική και κοινωνική ζωή της Χώρας. Για τη διακρίβωση της ομαλής ένταξης του αιτούντος στην Ελληνική κοινωνία συνεκτιμώνται ιδίως τα εξής στοιχεία: η εξοικείωση με την Ελληνική ιστορία και τον Ελληνικό πολιτισμό, η επαγγελματική και εν γένει οικονομική δραστηριότητά του, τυχόν δημόσιες ή κοινωφελείς δραστηριότητές του, ενδεχόμενη φοίτησή του σε ελληνικούς εκπαιδευτικούς φορείς, η συμμετοχή του σε κοινωνικές οργανώσεις ή συλλογικούς φορείς μέλη των οποίων είναι Έλληνες πολίτες, τυχόν συγγενικός του δεσμός και εξ αγχιστείας με Έλληνα πολίτη, η εκ μέρους του σταθερή εκπλήρωση των φορολογικών του υποχρεώσεων, καθώς και των υποχρεώσεών του προς οργανισμούς κοινωνικής ασφάλισης, η κατά κυριότητα κτήση ακινήτου για κατοικία και η εν γένει περιουσιακή του κατάσταση.
γ. Να έχει τη δυνατότητα να συμμετέχει ενεργά και ουσιαστικά στην πολιτική ζωή της Χώρας, σεβόμενος τις θεμελιώδεις αρχές οι οποίες τη διέπουν. Για τη δυνατότητα συμμετοχής στην πολιτική ζωή συνεκτιμώνται ιδίως τα εξής στοιχεία: η επαρκής εξοικείωση με τους θεσμούς του πολιτεύματος της Ελληνικής Δημοκρατίας και την πολιτική ζωή της Χώρας και η βασική γνώση της Ελληνικής πολιτικής ιστορίας, ιδίως της σύγχρονης. Ειδική βαρύτητα στην εκτίμηση περί υιοθέτησης της Ελληνικής πολιτικής ταυτότητας έχουν η συμμετοχή σε συλλογικούς φορείς, πολιτικές ενώσεις ή σωματεία όπου συμμετέχουν και Έλληνες πολίτες, καθώς και η προηγούμενη συμμετοχή στις εκλογές της πρωτοβάθμιας τοπικής αυτοδιοίκησης.
2. Για τη συνδρομή των προϋποθέσεων που προβλέπονται στην προηγούμενη παράγραφο γνωμοδοτεί η Επιτροπή Πολιτογράφησης, η οποία συνιστάται με το άρθρο 12.
3. Για τη διακρίβωση της συνδρομής επί μέρους ουσιαστικών προϋποθέσεων της παραγράφου 1 η κρίση της αρμόδιας Επιτροπής Πολιτογράφησης στηρίζεται και σε ειδική δοκιμασία (τεστ) που η Επιτροπή μπορεί να διεξάγει. Οι προδιαγραφές της ειδικής δοκιμασίας και κάθε άλλο θέμα σχετικά με την οργάνωση και το περιεχόμενό της ρυθμίζονται με κοινή απόφασή των Υπουργών Εσωτερικών, Αποκέντρωσης και Ηλεκτρονικής Διακυβέρνησης και Παιδείας, Δια Βίου Μάθησης και Θρησκευμάτων.

Άρθρο 5Β. Λόγοι ασφαλείας
Στο πρόσωπο του αλλοδαπού που επιθυμεί να γίνει Έλληνας πολίτης δεν θα πρέπει να συντρέχουν λόγοι δημόσιας ή εθνικής ασφάλειας. Σχετικά με τη συνδρομή τέτοιων λόγων στο πρόσωπο του αιτούντος παρέχουν γνώμη οι αρμόδιες υπηρεσίες του Υπουργείου Προστασίας του Πολίτη με τη διαδικασία που ορίζεται παρακάτω στο άρθρο 7.»

Άρθρο 4
Το άρθρο 6 του Κώδικα Ελληνικής Ιθαγένειας αντικαθίσταται ως εξής:
«Άρθρο 6. Δικαιολογητικά πολιτογράφησης
1. Ο αλλοδαπός που επιθυμεί να πολιτογραφηθεί ως Έλληνας, υποβάλλει δήλωση στο δήμο της μόνιμης διαμονής του και αίτηση πολιτογράφησης στις υπηρεσίες της Περιφέρειας στην οποία υπάγεται ο δήμος.
2. Η δήλωση πολιτογράφησης γίνεται ενώπιον του δημάρχου με την παρουσία δύο Ελλήνων πολιτών ως μαρτύρων. Η δήλωση καταχωρείται σε ειδικό πρωτόκολλο και αντίγραφό της χορηγείται στον δηλώσαντα μαζί με έντυπο αίτησης όπου αναγράφονται όλες οι προϋποθέσεις κτήσης Ελληνικής Ιθαγένειας με πολιτογράφηση.

3. Η αίτηση πολιτογράφησης απευθύνεται προς τον Υπουργό Εσωτερικών, Αποκέντρωσης και Ηλεκτρονικής Διακυβέρνησης και συνοδεύεται από:
α. Αντίγραφο της δήλωσης πολιτογράφησης.
β. Αντίγραφο διαβατηρίου, ταξιδιωτικού εγγράφου ή άλλου αποδεικτικού ταυτοπροσωπίας.
γ. Έναν από τους αναφερόμενους, υπό στοιχείο ε' του άρθρου 5 του παρόντος, τίτλους νόμιμης διαμονής σε ισχύ.
δ. Πιστοποιητικό γέννησης ή άλλο ισοδύναμο πιστοποιητικό που προβλέπεται από τη νομοθεσία της Χώρας πρώτης ιθαγένειας. Αν ο αλλοδαπός είναι δικαιούχος διεθνούς προστασίας ως πολιτικός πρόσφυγας ή έχει υπαχθεί σε καθεστώς επικουρικής προστασίας ή είναι ανιθαγενής και αδυνατεί να προσκομίσει πιστοποιητικό γέννησης, αρκεί η πράξη αναγνώρισης του ως πολιτικού πρόσφυγα, υπαγωγής του στο καθεστώς επικουρικής προστασίας ή το οικείο δελτίο ανιθαγενούς, αντίστοιχα. Αν ο αλλοδαπός έχει γεννηθεί στην Ελλάδα, αρκεί η ληξιαρχική πράξη γέννησης. Αν ο αλλοδαπός αδυνατεί αντικειμενικά να κατέχει διαβατήριο, κατά την έννοια της παραγράφου 1 εδάφιο γ' του άρθρου 84 του ν. 3386/ 2005, αρκεί η άδεια διαμονής που χορηγείται στις περιπτώσεις αυτές σύμφωνα με την προαναφερόμενη διάταξη.
ε. Εκκαθαριστικό σημείωμα ή αντίγραφο δήλωσης φορολογίας εισοδήματος του τελευταίου οικονομικού έτους.
στ. Αριθμό μητρώου κοινωνικής ασφάλισης (Α.Μ.Κ.Α.).
ζ. Παράβολο επτακοσίων (700) ευρώ. Για την επανυποβολή αίτησης πολιτογράφησης το οφειλόμενο παράβολο περιορίζεται στα διακόσια (200) ευρώ. Ομογενείς,

κάτοχοι ιθαγένειας κράτους—μέλους της Ευρωπαϊκής Ένωσης, καθώς και αναγνωρισμένοι πολιτικοί πρόσφυγες και ανιθαγενείς οφείλουν με κάθε αίτησή τους να καταβάλλουν παράβολο ύψους εκατό (100) ευρώ.»

Άρθρο 5
Το άρθρο 7 του Κώδικα Ελληνικής Ιθαγένειας αντικαθίσταται ως εξής:
«Άρθρο 7
Διαδικασία πολιτογράφησης
1. Η αρμόδια για θέματα ιθαγένειας υπηρεσία της Περιφέρειας ελέγχει την πληρότητα του φακέλου και τη συνδρομή των τυπικών προϋποθέσεων που προβλέπονται στο άρθρο 5. Αν αυτές δεν συντρέχουν, ο Γενικός Γραμματέας της Περιφέρειας απορρίπτει την αίτηση.
[...]
8. Οι ομογενείς αλλοδαποί που είναι κάτοχοι τίτλου διαμονής ομογενούς δεν καλούνται σε συνέντευξη ενώπιον της οικείας Επιτροπής Πολιτογράφησης, ο Υπουργός Εσωτερικών, Αποκέντρωσης και Ηλεκτρονικής Διακυβέρνησης αποφασίζει χωρίς προηγούμενη γνώμη αυτής, πλην των περιπτώσεων εκείνων για τις οποίες αυτός παραπέμπει το σχετικό φάκελο στην Επιτροπή για τη διενέργεια συνέντευξης και τη διατύπωση γνώμης. Την υπόθεση παραπέμπει ο Υπουργός ιδίως όταν ανακύπτουν αμφιβολίες αν το πρόσωπο που επιδιώκει να πολιτογραφηθεί υπό την ιδιότητα του ομογενούς πληροί τις ουσιαστικές προϋποθέσεις πολιτογράφησης.»

Νόμος 4332/2015 (ΦΕΚ Α 76). Τροποποίηση Κώδικα Ελληνικής Ιθαγένειας.
Άρθρο 1
Το άρθρο 1Α του Κώδικα Ελληνικής Ιθαγένειας αντικαθίσταται ως εξής:
«Άρθρο 1Α
Με δήλωση και αίτηση, λόγω γέννησης και φοίτησης σε σχολείο στην Ελλάδα
1. Τέκνο αλλοδαπών που γεννιέται στην Ελλάδα θεμελιώνει δικαίωμα κτήσης της ελληνικής ιθαγένειας υπό τις εξής προϋποθέσεις:
α) Της εγγραφής του στην Α΄ τάξη ελληνικού σχολείου της πρωτοβάθμιας εκπαίδευσης και της συνέχισης παρακολούθησης ελληνικού σχολείου κατά το χρόνο υποβολής της δήλωσης—αίτησης της παραγράφου 2.
β) Της προηγούμενης συνεχούς νόμιμης διαμονής του ενός εκ των γονέων του επί πέντε τουλάχιστον έτη πριν από τη γέννησή του.
Αν το τέκνο γεννήθηκε πριν τη συμπλήρωση της ως άνω πενταετούς διαμονής, το δικαίωμα κτήσης της ελληνικής ιθαγένειας θεμελιώνεται με τη συμπλήρωση δεκαετούς συνεχούς νόμιμης διαμονής του γονέα.
γ) Της νόμιμης διαμονής των γονέων του και της κατοχής από έναν τουλάχιστον εξ αυτών ενός εκ των κατωτέρω τίτλων διαμονής κατά το χρόνο υποβολής της δήλωσης—αίτησης της παραγράφου 4:

«γα) άδειας επί μακρόν διαμένοντος, κατ' εφαρμογή των διατάξεων του π.δ. 150/2006 (Α' 160) ή άδεια διαμονής επί μακρόν διαμένοντος σύμφωνα με τις διατάξεις της παρ. 7 του άρθρου 40 του Ν. 3731/2008 (Α' 26) ή άδεια διαμονής που προβλέπεται στο άρθρο 89 του Ν. 4251/2014 (Α' 80), όπως ισχύει,
γβ) άδειας διαμονής αόριστης διάρκειας ή δεκαετούς διάρκειας σύμφωνα με τις διατάξεις του Ν. 2910/2001 (Α' 91), της παρ. 2 του άρθρου 91 του Ν. 3386/2005 (Α' 212), της παρ. 1 του άρθρου 39 του Ν. 3731/2008 (Α' 263) και του άρθρου 138 του Ν. 4251/2014 (Α' 80), όπως ισχύουν,
γγ) εγγράφου πιστοποίησης μόνιμης διαμονής πολίτη της Ε.Ε. με βάση τις διατάξεις του Π.δ. 106/2007 (Α' 135),
γδ) τίτλου διαμονής αναγνωρισμένου πολιτικού πρόσφυγα ή καθεστώτος επικουρικής προστασίας, σύμφωνα με τις διατάξεις των προεδρικών διαταγμάτων 61/1999 (Α' 63), 96/2008 (Α' 152), 114/2010 (Α' 195) και 113/2013 (Α' 146), όπως ισχύουν, ή τίτλο διαμονής ανιθαγενούς,
γε) ειδικού δελτίου ταυτότητας ομογενούς (Ε.Δ.Τ.Ο.) συνοδευομένου από ισχύουσα άδεια διαμονής ενιαίου τύπου (Α.Δ.Ε.Τ.) ή άλλον τίτλο νόμιμης διαμονής ομογενούς,
γστ) άδειας διαμονής δεύτερης γενιάς σύμφωνα με τις διατάξεις του άρθρου 108 του Ν. 4251/2014 (Α' 80),
γζ) δελτίου μόνιμης διαμονής μέλους οικογένειας Έλληνα ή πολίτη της Ε.Ε.
[...]
7. Για την υποβολή των προβλεπόμενων στο παρόν άρθρο δηλώσεων—αιτήσεων κτήσης της ελληνικής ιθαγένειας καταβάλλεται παράβολο ύψους εκατό (100) ευρώ.»

Case Law

Case: A group of Greek citizens appealed against Law 3838/2010 on citizenship on the ground that two provisions did not comply with the Constitution: acquisition of Greek citizenship by birth on Greek soil or after six years of school attendance, and political rights granted to aliens. A section of the Council of State said that *jus sanguinis* prevails in the Greek Constitution (StE, judgment, 4th Section 350/2011) and referred the case to the plenary. The plenary quashed both provisions of the Law (StE, Plenary, Judgment 460/2013).

CHAPTER 5

Mosques and Prayer Houses

As said above, Greek legislation requires a special permit for the establishment of places of worship (see Chapter 1.2.1). The procedure concerns any religion or faith group except the Greek-Orthodox Church. According to the legal framework on religious shrines (Mandatory Law 1363/1938, as amended by Mandatory Law 1672/1939 and Royal Decree of 20.5/2.6.1939) and Law 3467/2006, FEK A 128), to establish a mosque, a petition submitted to the Minister of National Education and Cults is needed, as well as the approval of the city planning office. Moreover, by means of the Circular 'Authorisation to establish and operate places of worship for religious communities of religions and denominations other than the Church of Greece', issued in May 2014, the Ministry of Education and Religious Affairs in practice made easier the conditions for the establishment of a prayer house.

Although mosques exist in abundance in Thrace (in sufficient numbers in Rodos and Kos) corresponding to the religious needs of Muslim Greek citizens, establishing a mosque in other areas where a considerable number of immigrant Muslims dwell became a political issue. Animosity regarding the establishment of an operational mosque in Athens dates back at least to the early 1970s. The first official demand to build a mosque was expressed by King Khalid of Saudi Arabia in 1978 to the Greek Prime Minister K. Karamanlis, who responded positively to the request. The Council of the Arab League in Athens followed up on the issue, as well as a council of all Muslim countries represented in Greece. The Greek Ministry of Foreign Affairs once again responded positively and offered a plot at Marousi. After objections formulated by the Municipality of Marousi, in 1992, it offered Muslim states accredited in Athens another plot at Koropi in order to build the mosque at their expense. The mosque was never built.

Demand arose again on the occasion of the 2004 Olympic Games in Athens. After heated discussions in the Greek Parliament, the bill was passed. According to Law 2833/2000 (art. 7, FEK A 150), a mosque was to be built in the Western part of Paiania (in Attica), quite far from Athens' centre. The project has remained unrealised and thus triggered reactions from various international institutions. The Council of Europe's Commissioner for Human Rights stated that 'This situation is far from conducive to smooth and mutually respectful relations between the religious communities in Greece. A practicable solution providing for the opportunity of public worship must be found—for the right

 | DOI: 10.1163/PROJECTEISBN_006

to freedom of religion of the Muslim community in the capital to be effectively respected. Much the same considerations would apply to the issue of an Islamic cemetery in Athens, in respect of which progress must also be made'.[1]

Finally, according to Law 3512/2006 (FEK A 264), an 'administrative committee of Islamic temple of Athens' is to be established as a legal body of private law sponsored by the state. A mosque is to be built at the expense of the state. The seven-member board is appointed by the government for a three-year term, the president of which is the Secretary of the Ministry of Education and the Cults. Out of seven members of the board, only two are to be Muslims 'representing the local Islamic communities' (art. 5.e). One imam is to be appointed for two years by the government to serve the religious needs of the several communities. The law was passed after intense discussions in the parliament. When the government finally announced that the mosque was going to be built, as the necessary funding had been allocated and a legislative amendment regarding the licence was adopted (Law 4014/2011, art. 29.5, FEK A 209), reactions were nevertheless vocal within ultra-conservative circles.

Meanwhile, during the long years of state reticence, Muslim communities organised themselves and set up temporary places of worship. More than 100 prayer halls established by Arab, Bengali or Pakistani communities function informally in Athens and in a few more cities across Greece (such as Thessaloniki, Irakleio, Larisa, and Hania). They are situated on the premises of houses or shops which are transformed into mosques for the needs of the worshippers, but almost none have official state permission. In 2014 and 2015 three prayer halls in Athens and Piraeus applied and acquired permission from the Ministry of Education. A prayer room was also set up within the Hotel Caravel in Athens for its Muslim clients. Others have been operating in the basement of the School Theology of the University of Thessaloniki since the early 1970s, as well as in the Arab League of Thessaloniki, and the Association of Muslims of Macedonia-Thrace since the mid-2000s. With no signs of implementation of the law on building a mosque, an Islamic centre with a prayer hall likewise opened in Moshato (Athens) in June 2007.

1 Commissioner of Human Rights, Follow-up Report on the Hellenic Republic (2002–2006), CommDH(2006)13.

The Law

Νόμος 3512/2006 Ισλαμικό Τέμενος Αθηνών και άλλες διατάξεις (ΦΕΚ Α 265).

Άρθρο 1
Ιδρύεται Νομικό Πρόσωπο Ιδιωτικού Δικαίου (Ν.Π.Ι.Δ.), μη κερδοσκοπικού χαρακτήρα, με την επωνυμία «Διοικούσα Επιτροπή Ισλαμικού Τεμένους Αθηνών», που εδρεύει στα όρια του Δήμου Αθηναίων, εποπτεύεται από τον Υπουργό Εθνικής Παιδείας και Θρησκευμάτων, μη υπαγόμενο στον ευρύτερο δημόσιο τομέα.

Άρθρο 2
Σκοπός του Νομικού Προσώπου Ιδιωτικού Δικαίου «Διοικούσα Επιτροπή Ισλαμικού Τεμένους Αθηνών» είναι η διοίκηση, διαχείριση και συντήρηση του Ισλαμικού Τεμένους που θα ανεγερθεί στα όρια του Δήμου Αθηναίων για την κάλυψη των θρησκευτικών αναγκών των μουσουλμάνων που διαβιούν στην Αττική.

Άρθρο 3
Η ανέγερση του Τεμένους θα γίνει από τη Διεύθυνση Εφαρμογής Εκπαιδευτικών Σχεδίων του Υπουργείου Εθνικής Παιδείας και Θρησκευμάτων και με δαπάνες του Προγράμματος Δημοσίων Επενδύσεων, σε έκταση που θα παραχωρηθεί από το Δημόσιο, σύμφωνα με τους όρους και τους περιορισμούς δόμησης που καθορίζονται με προεδρικό διάταγμα, μετά από πρόταση των Υπουργών Περιβάλλοντος, Χωροταξίας και Δημόσιων Έργων και Εθνικής Παιδείας και Θρησκευμάτων.

Άρθρο 4
1. Το Τέμενος και η παραχωρηθείσα κατ' άρθρο 3 εδαφική έκταση ανήκουν κατά κυριότητα στον παραχωρήσαντα τη χρήση. 2. Οι πόροι του Ν.Π.Ι.Δ. διακρίνονται σε: α) τακτικούς, που προέρχονται από επιχορηγήσεις από τον Κρατικό Προϋπολογισμό του Υπουργείου Εθνικής Παιδείας και Θρησκευμάτων για τη λειτουργία και συντήρηση του Τεμένους και β) έκτακτους, που προέρχονται από επιχορηγήσεις, δωρεές, κληρονομιές, κληροδοσίες και κάθε είδους εισφορές φυσικών ή νομικών προσώπων κ.λπ.

Άρθρο 5
1. Το ιδρυόμενο με τον παρόντα νόμο νομικό πρόσωπο διοικείται από επταμελές Διοικητικό Συμβούλιο (Δ.Σ.), το οποίο διορίζεται, με απόφαση του Υπουργού Εθνικής Παιδείας και Θρησκευμάτων, με τριετή θητεία, με δυνατότητα ανανέωσης αυτής για μία ακόμη θητεία. Ως Πρόεδρος του Διοικητικού Συμβουλίου ορίζεται ο Γενικός Διευθυντής Θρησκευμάτων του Υπουργείου Εθνικής Παιδείας και Θρησκευμάτων, ως αναπληρωτής του δε ορίζεται από τον Υπουργό Εθνικής Παιδείας και Θρησκευ-

μάτων ο Διευθυντής της Διεύθυνσης Ετεροδόξων και Ετεροθρήσκων του Υπουργείου Εθνικής Παιδείας και Θρησκευμάτων. Στο Διοικητικό Συμβούλιο μετέχουν: α) ο Γενικός Διευθυντής Θρησκευμάτων του Υπουργείου Εθνικής Παιδείας και Θρησκευμάτων, με αναπληρωτή του τον Διευθυντή της Διεύθυνσης Ετεροδόξων και Ετεροθρήσκων, β) ένας Γενικός Διευθυντής του Υπουργείου Οικονομίας και Οικονομικών, με τον αναπληρωτή του, που προτείνονται από τον Υπουργό Οικονομίας και Οικονομικών, γ) δύο εκπρόσωποι του Δήμου Αθηναίων, με τους αναπληρωτές τους, που προτείνονται από τον Δήμαρχο Αθηναίων, δ) ένας εμπειρογνώμων υποδεικνυόμενος από την Ακαδημία Αθηνών με τον αναπληρωτή του ή ένα μέλος Δ.Ε.Π. ελληνικού Πανεπιστημίου, με τον αναπληρωτή του, με γνωστικό αντικείμενο σχετικό με την ισλαμική θρησκεία ή τον ισλαμικό πολιτισμό και, ελλείψει αυτών, μέλη Δ.Ε.Π. με το συγγενέστερο γνωστικό αντικείμενο, τα οποία θα επιλέξει ο Υπουργός Εθνικής Παιδείας και Θρησκευμάτων κατόπιν πρότασης των αρμόδιων αρχών των ελληνικών Πανεπιστημίων, ε) δύο εκπρόσωποι των μουσουλμάνων που διαβιούν στην Αττική, με τους αναπληρωτές τους, που επιλέγονται από τον Υπουργό Εθνικής Παιδείας και Θρησκευμάτων μεταξύ των προτεινομένων από δύο νομίμως συγκροτημένα και πλέον αντιπροσωπευτικά σωματεία μουσουλμάνων της Αττικής. Για τον προσδιορισμό της αντιπροσωπευτικότητας των σωματείων αυτών λαμβάνονται υπόψη ιδίως η αριθμητική υπεροχή των μελών, η γενικότερη απήχηση μεταξύ των διαβιούντων στην Αττική μουσουλμάνων, καθώς και ο συσχετισμός με τον αριθμό τους. Καθένα από τα δύο αυτά σωματεία προτείνει τέσσερις εκπροσώπους. Γραμματέας του Δ.Σ. ορίζεται υπάλληλος με βαθμό Α΄ της Κεντρικής Υπηρεσίας του Υπουργείου Εθνικής Παιδείας και Θρησκευμάτων.

2. Το Δ.Σ. διαχειρίζεται τα διατιθέμενα από τον Προϋπολογισμό του Υπουργείου Εθνικής Παιδείας και Θρησκευμάτων κονδύλια για τη λειτουργία και συντήρηση του Τεμένους, καθώς και τους έκτακτους πόρους από οποιαδήποτε αιτία (επιχορηγήσεις, δωρεές, κληρονομιές, κ.λπ.), και έχει τις αρμοδιότητες που προβλέπονται από το νόμο και όσες του ανατεθούν με τον κανονισμό λειτουργίας του, που προβλέπεται στην επόμενη παράγραφο.

3. Με κοινές αποφάσεις των Υπουργών Οικονομίας και Οικονομικών και Εθνικής Παιδείας και Θρησκευμάτων εγκρίνονται: α) ο κανονισμός λειτουργίας του ιδρυόμενου Ν.Π.Ι.Δ. με την επωνυμία «Διοικούσα Επιτροπή Ισλαμικού Τεμένους Αθηνών» και β) ο κανονισμός λειτουργίας του Δ.Σ., ύστερα από γνώμη του, που εκφράζεται κατά την πρώτη συνεδρίασή του.

4. α) Με τον κανονισμό λειτουργίας του Ν.Π.Ι.Δ. με την επωνυμία «Διοικούσα Επιτροπή Ισλαμικού Τεμένους Αθηνών» ορίζονται η διάρθρωση και λειτουργία του φορέα, ο αριθμός, οι θέσεις, τα προσόντα και η κατάσταση του απασχολούμενου στο Ν.Π.Ι.Δ. προσωπικού, τα θέματα εκπόνησης μελετών και παροχής υπηρεσιών που αφορούν στη λειτουργία και συντήρηση του Τεμένους και της διενέργειας προμηθειών. Στις συνιστώμενες θέσεις προσωπικού του Ν.Π.Ι.Δ. μπορούν να αποσπώνται

υπάλληλοι του Υπουργείου Εθνικής Παιδείας και Θρησκευμάτων και β) Με τον κανονισμό λειτουργίας του Δ.Σ. ορίζεται η λειτουργία του, καθώς και ο τρόπος και ο χρόνος παραχώρησης χρήσης του Τεμένους στις κατ' ιδίαν μουσουλμανικές κοινότητες που διαβιούν στην Αττική για την ικανοποίηση των λατρευτικών τους αναγκών, ανάλογα με τον αριθμό των μελών τους.

Άρθρο 6

1.Στο ιδρυόμενο Τέμενος τοποθετείται με απόφαση του Υπουργού Εθνικής Παιδείας και Θρησκευμάτων μουσουλμάνος θρησκευτικός λειτουργός (ιμάμης), μετά από εισήγηση του Δ.Σ., με θητεία δύο ετών, που μπορεί να ανανεωθεί. Οι αρμοδιότητες και τα καθήκοντα του θρησκευτικού αυτού λειτουργού περιορίζονται στην ευθύνη για την εσωτερική λειτουργία του Τεμένους, έτσι ώστε να διευκολύνεται η ικανοποίηση των λατρευτικών αναγκών των πιστών. Ασκεί τα καθήκοντα αυτά και προσφέρει τις υπηρεσίες του προς τις θρησκευτικές κοινότητες στις οποίες έχει παραχωρηθεί το Τέμενος, σύμφωνα με τα αναφερόμενα στην παράγραφο 4β του άρθρου 5, εφόσον τούτο ζητηθεί από αυτές.

2. Οι αποδοχές του μουσουλμάνου θρησκευτικού λειτουργού βαρύνουν εξ ολοκλήρου τον τακτικό προϋπολογισμό του Υπουργείου Εθνικής Παιδείας και Θρησκευμάτων και ορίζονται με κοινή απόφαση των Υπουργών Οικονομίας και Οικονομικών και Εθνικής Παιδείας και Θρησκευμάτων.

Άρθρο 7

1. Διαχειριστικός έλεγχος στο Ν.Π.Ι.Δ. πραγματοποιείται σύμφωνα με τις εκάστοτε ισχύουσες διατάξεις. 2. Με κοινή υπουργική απόφαση των Υπουργών Οικονομίας και Οικονομικών και Εθνικής Παιδείας και Θρησκευμάτων ρυθμίζεται η αποζημίωση των μελών του Διοικητικού Συμβουλίου. 3. Με απόφαση του Υπουργού Εθνικής Παιδείας και Θρησκευμάτων και των, τυχόν, συναρμόδιων Υπουργών ρυθμίζονται ειδικότερα θέματα και λεπτομέρειες που μπορεί να ανακύψουν κατά την εφαρμογή των ως άνω διατάξεων.

[...]

Νόμος 4014/2011 (ΦΕΚ Α 209). Περιβαλλοντική αδειοδότηση έργων και δραστηριοτήτων, ρύθμιση αυθαιρέτων σε συνάρτηση με δημιουργία περιβαλλοντικού ισοζυγίου και άλλες διατάξεις αρμοδιότητας Υπουργείου Περιβάλλοντος.

Άρθρο 29

5. ii. Το άρθρο 3 του ν. 3512/2006 (Α΄ 264) αντικαθίσταται ως εξής: «1. Σε τμήμα του δημόσιου ακινήτου (Α.Β.Κ. 46) που περιλαμβάνεται στο Ο.Τ. 25 της περιοχής «Βοτανικού» του εγκεκριμένου ρυμοτομικού σχεδίου του Δήμου Αθηναίων, συνολικής έκτασης 850 τ.μ., όπως εμφαίνεται στο σχετικό πρωτότυπο κτηματογραφικό

διάγραμμα εφαρμογής (δύο πινακίδες) σε κλίμακα 1:1.000, που θεωρήθηκε από την Προϊσταμένη Οργανισμού Ρυθμιστικού Σχεδίου Αθήνας με την από 23.3.2011 πράξη της και που αντίτυπό του σε φωτοσμίκρυνση δημοσιεύεται με τον παρόντα νόμο στην Εφημερίδα της Κυβερνήσεως, εντός του κόκκινου περιγράμματος που φαίνεται στο ίδιο διάγραμμα με στοιχεία Α΄ Β΄ Γ΄ Δ΄ Ε΄ Ζ΄ Η΄ Θ΄ Ι΄ Κ΄ Λ΄ Μ΄ Ν΄ Ξ΄ Ο΄ Α΄, επιτρέπεται η εγκατάσταση και κατασκευή Τεμένους, περιλαμβανομένων και των απαραίτητων κτηρίων υποστηρικτικών λειτουργιών (χώροι υγιεινής κ.λπ.) μέσω της κατάλληλης προς τούτο μετασκευής υφιστάμενων κτηρίων. 2. Η μελέτη για την εγκατάσταση και η κατασκευή του Τεμένους για λογαριασμό του Δημοσίου θα γίνει από την Ειδική Υπηρεσία Δημοσίων Έργων Κτιριακών (Ε.Υ.Δ.Ε.Κ.) της Γενικής Γραμματείας Δημοσίων Έργων του Υπουργείου Υποδομών, Μεταφορών και Δικτύων, σύμφωνα με τους όρους και τους περιορισμούς δόμησης που καθορίζονται με το π.δ. της 20.9.1995 (Δ΄ 1049), και θα βαρύνει το Πρόγραμμα Δημοσίων Επενδύσεων του Υπουργείου Παιδείας, Δια Βίου Μάθησης και Θρησκευμάτων. 3. Η οικοδομική άδεια για την εγκατάσταση και κατασκευή του Τεμένους, περιλαμβανομένων και των απαραίτητων κτηρίων υποστηρικτικών λειτουργιών (χώροι υγιεινής κ.λπ.) χορηγείται ή αναθεωρείται από τη Διεύθυνση Οικοδομικών και Κτηριοδομικών Κανονισμών του Υπουργείου Περιβάλλοντος, Ενέργειας και Κλιματικής Αλλαγής, σύμφωνα με το άρθρο 1 του ν. 3342/2005 (Α΄ 131), όπως τροποποιήθηκε με το άρθρο 33 του ν. 3492/2006 (Α΄ 210). 4. Μετά την ολοκλήρωση της κατασκευής, η χρήση του Τεμένους παραχωρείται από το Δημόσιο δωρεάν, για αόριστο χρόνο, στο Ν.Π.Ι.Δ. του άρθρου 1, με σκοπό τη διοίκηση, διαχείριση και συντήρησή του, σύμφωνα με τα οριζόμενα στο άρθρο 2. 5. Με αποφάσεις των αρμόδιων Υπουργών ρυθμίζονται οι ειδικές λεπτομέρειες της χρηματοδότησης του έργου, των αποφαινόμενων οργάνων, ο χρόνος έναρξης της παραχώρησης της χρήσης της παραγράφου 4, καθώς και κάθε σχετικό θέμα για την εφαρμογή του παρόντος άρθρου.»
iii. Η παρ. 1 του άρθρου 4 του ν. 3512/2006 (Α΄ 264) αντικαθίσταται ως εξής: «1. Το Τέμενος ανήκει κατά κυριότητα στον παραχωρήσαντα τη χρήση.»

Εγκύκλιος 69230/Α/6.5.2014 «Χορήγηση άδειας ίδρυσης και λειτουργίας σε χώρους λατρείας ετερόδοξων και ετερόθρησκων θρησκευτικών κοινοτήτων»[2].

[…]
Διαπιστώνοντας λοιπόν, την ανάγκη για αλλαγή της πρακτικής ως προς τη χορήγηση άδειας ίδρυσης και λειτουργίας σε χώρους λατρείας ετερόδοξων και ετερόθρησκων θρησκευτικών ομάδων, με απόλυτο σεβασμό πάντα στο δικαίωμα των θρησκευτικών κοινοτήτων να ασκούν ελεύθερα και ανεμπόδιστα τη λατρεία, οι

2 Available at: <www.taxheaven.gr/laws/circular/view/circular/18757/print/word>.

συναρμόδιοι φορείς με την παρούσα εγκύκλιο συγκεντρώνουν (και επαναλαμβάνουν, χωρίς να θέτουν νέους κανόνες δικαίου, παρέχοντας ουσιαστικά οδηγίες και διευκρινήσεις για τη σωστή εφαρμογή τους) τις υφιστάμενες και ισχύουσες νόμιμες προϋποθέσεις για τη χορήγηση άδειας ίδρυσης και λειτουργίας, καθώς και για τη χορήγηση άδειας μεταστέγασης χώρων λατρείας των ετερόδοξων και ετερόθρησκων θρησκευτικών κοινοτήτων, ώστε να διασφαλισθεί η ασφαλής συνάθροιση των μελών των θρησκευτικών ομάδων και η ασφάλεια των γειτνιαζόντων κατοίκων και εγκαταστάσεων, γεγονός που αποτελεί υποχρέωση κάθε ευνομούμενης πολιτείας. Διευκρινίζεται ότι ο μέγιστος αριθμός ατόμων (πιστών ή και επισκεπτών) που μπορεί να συγκεντρωθεί με ασφάλεια στον υπό αδειοδότηση χώρο, σύμφωνα με τις κείμενες διατάξεις και την παρούσα, αφορά αποκλειστικά και μόνο στο συγκεκριμένο χώρο και στα χαρακτηριστικά του και φυσικά δεν σχετίζεται ούτε θέτει περιορισμούς στο συνολικό αριθμό των πιστών της θρησκευτικής κοινότητας ή στην τυχόν μελλοντική αύξηση τους. Κατόπιν των ανωτέρω, οι ετερόδοξες και ετερόθρησκες θρησκευτικές ομάδες για τη χορήγηση άδειας ίδρυσης και λειτουργίας, καθώς και για τη χορήγηση άδειας μεταστέγασης των χώρων λατρείας τους, οφείλουν να προσκομίσουν στην αρμόδια Υπηρεσία του Υπουργείου Παιδείας και Θρησκευμάτων τα παρακάτω δικαιολογητικά:

Για τη χορήγηση άδειας ίδρυσης και λειτουργίας ναού—ευκτήριου οίκου

[…]

Για τη χορήγηση άδειας μεταστέγασης ναού-ευκτήριου οίκου

[…]

Case Law

Case: A group of associations, individuals and the Bishop of Piraeus appealed to the Council of State against the law providing for the establishment of the mosque in Athens. The appellants asserted that the law contravenes the Greek Constitution. In June 2014 the Council of State rejected the appeal, citing the law regulating the construction of the mosque. According to the Court, the pertinent legislation on the mosque in Athens is in accordance with the Constitution and the state funding for its construction does not favour the followers of a certain religion. Consequently there is no contravention of Article 13 of the Constitution on religious freedom (*StE*, Plenary, Judgment 2399/2014).

CHAPTER 6

Burial and Cemeteries

The general rules for the establishment of cemeteries are set by Mandatory Laws 445/1968 (FEK A 130) and 582/1968 (FEK A 225) on municipal cemeteries. However, no Muslim cemetery has been established outside Thrace and the Dodecanese islands pursuant to this law. The numerous cemeteries of Thrace (also of Rodos and Kos) all constitute waqf and are subject to the management of the local Mufti and the waqf management committee. The local municipalities have no jurisdiction over them. However, they are subject to legal regulations on sanitary and public security in accordance with Ministerial Decision A5/1215/1978 (FEK B 424). In several cases, the extension of a Muslim cemetery is due to the donation of an adjacent plot.

A new cemetery of controversial legal status was established in 2008 in the village of Sidiro (Evros) for the unidentified corpses of Muslim immigrants who died while entering Greece through the river region. This legally 'invisible' new cemetery falls under the jurisdiction of the Mufti's Office of Didymoteiho.

In addition to the lack of mosques, the immigrant Muslim communities outside Thrace and the Dodecanese suffer from a lack of Islamic cemeteries. Although according to the law all cemeteries should reserve a section for non-Greek Orthodox, very few Muslims are buried in a municipal cemetery as the remains have to be exhumed after three years (otherwise they have to pay special fees). This situation has caused embarrassment and practical difficulties for the families of the deceased. All options available to next-of-kin demand a significant amount of money which may be beyond their means as the body has to be sent back to the home country or be buried in Thrace in the Muslim minority's cemeteries, a frequent practice. Hundreds of Muslim immigrants have been interred in Komotini. The Commissioner of Human Rights of the Council of Europe has recommended that the Greek Government amend the legislation in force concerning permission to set up places of worship and speed up the procedure to build a mosque and consecrate a cemetery for the Muslim worshippers of Athens.[1]

Under political pressure and vociferous demands from Muslim associations, the Orthodox Church of Greece announced that it would cede the use of land in

1 Commissioner of Human Rights, Follow-up Report on the Hellenic Republic (2002–2006), CommDH(2006)13, see <www.coe.int>.

 | DOI: 10.1163/PROJECTEISBN_007

the area of Schisto near Athens to the competent municipality for establishing a Muslim cemetery. Although the government stated that the issue constitutes an obligation under the international commitments of the Greek state, no progress has been made to date (2016).

The Law

Αναγκαστικός Νόμος 582/1968 (ΦΕΚ Α 225). Περί δημοτικών κοινοτικών κοιμητηρίων.

Άρθρο 6
Τα κοιμητήρια είναι προωρισμένα δια τον εντός αυτών ενταφιασμόν παντός νεκρού, ασχέτως θρησκεύματος ή εθνικότητος.
Οι δήμοι και οι κοινότητες υποχρεούνται όπως παραχωρούν εντός των ανηκόντων εις αυτούς κοιμητηρίων, χώρον δια τον ενταφιασμόςν παντός θανόντος δημότου ή και μη και παντός άλλου εν τη περιφέρεια των θανόντως ανθρώπου, ανεξαρτήτως αν ο θανών ήτο ημεδαπός ή αλλοδαπός χριστιανός ή μη.
Δια τον ενταφιασμόν των μη ορθοδόξων ή των αλλοθρήσκων υποχρεούνται όπως κατόπιν συμφώνου γνώμης της οικείας Ιεράς Μητροπόλεως καθορίσωσιν ιδιαίτερον χώρον εντός του δημοτικού ή κοινοτικού κοιμητηρίου.

Απόφασις Υπουργών Εσωτερικών και Κοιν. Υπηρεσιών Αριθ. Α5/1210 της 19 Απρ./ 10 Μαΐου 1978 (ΦΕΚ Β 424). Περί όρων για την ίδρυση κοιμητηρίων.

Άρθρο 1. Ορισμοί.
[...]

Άρθρο 2. Όροι για την ίδρυση ή την επέκταση κοιμητηρίων.
1.Η ίδρυση νέων κοιμητηρίων ή η επέκταση των παλαιών εκτελείται σύμφωνα με τα άρθρα 1 και 2 του Α.Ν.582/1968. 2.Η προβλεπομένη από το άρθρο 1, παρ.2 του παραπάνω νόμου Επιτροπή, γνωματεύει για τη θέση, την έκταση, τη φύση του εδάφους και την εκπλήρωση γενικά των υπόλοιπων όρων, που ορίζονται από την παρούσα διάταξη, καθώς και για κάθε θέμα που αναφέρεται στην ίδρυση ή την επέκταση των κοιμητηρίων. 3.Δέκα ή περισσότερα ανθρώπινα πτώματα, ενταφιασμένα σε μια περιοχή, τη μετατρέπουν σε κοιμητήριο. 4.Οι Υγειονομικές Υπηρεσίες, ασκούν έλεγχο στα κοιμητήρια που λειτουργούν, για την διαπίστωση της εφαρμογής των όρων της παρούσης καθώς και των άλλων υγειονομικών διατάξεων, με σκοπό την προστασία της Δημόσιας Υγείας.

Άρθρο 3. Θέση.
Κοιμητήρια, που ιδρύονται ή επεκτείνονται, πρέπει να απέχουν τουλάχιστον 250 μ. από το άκρο του εγκεκριμένου σχέδιου πόλεως και 100 μ. από μεμονωμένες κατοικίες. Επίσης πρέπει να απέχουν τουλάχιστον 100 μ. από φρέατα και 50 μ. από πηγές πόσιμου νερού και οπωσδήποτε να μη δημιουργούν κίνδυνο ρυπάνσεως ή μολύνσεως του υδροφόρου ορίζοντα, που τροφοδοτεί τα φρέατα ή τις πηγές. Επίσης τα κοιμητήρια πρέπει να απέχουν τουλάχιστον 1500 μ. από νοσοκομεία ή κλινικές. [...] Τα κοιμητήρια πρέπει να βρίσκονται σε καλά αεριζόμενες θέσεις και οι άνεμοι, που επικρατούν, να μην έχουν κατεύθυνση προς τις γειτονικές κατοικημένες περιοχές. Επίσης η περιοχή των κοιμητηρίων δεν πρέπει να πλημμυρίζει, αλλά να αποστραγγίζεται καλά. Τα επιφανειακά νερά της βροχής, που προέρχονται από κοιμητήρια, δεν πρέπει να ρυπαίνουν ή μολύνουν τα γύρω φρέατα ή άλλες πηγές πόσιμου νερού.

Άρθρο 4. Έδαφος.
[...]

Άρθρο 5. Έκταση.
[...]

΄Αρθρο 6. Διαμόρφωση.
Τα κοιμητήρια πρέπει να περιφράσσονται με τοίχο ή άλλη περίφραξη, που να παρεμποδίζει αποτελεσματικά την είσοδο σ' αυτά ατόμων ή ζώων. [...]

Άρθρο 7. Συνηθισμένοι τάφοι. [...]

Άρθρο 8. Κτιστοί τάφοι (θόλοι).
[...]

΄Αρθρο 9.
Ιεροί Ναοί. Απαραίτητη προϋπόθεση για την ίδρυση κοιμητηρίου σε δήμους πληθυσμού πάνω από 10.000 κατοίκους για την ταφή ορθοδόξων χριστιανών είναι η ανέγερση Ιερού Ναού για τον σκοπό της ιερολογημένης ταφής των νεκρών και την εξυπηρέτηση των σχετικών τελετουργικών αναγκών.
[...]

CHAPTER 7

Employment and Social Law

Employment relations in Greece are governed by ordinary contract law principles and norms. The legal status of religious servants related to the Greek Orthodox faith and Muslims of Thrace and the Dodecanese is one of public law. Islamic festivals are recognised in relation to minority schools in Thrace as official days off, according to Ministerial Decision 55369/16.5.1978 (see Chapter 3.2.3 *The Minority Education*). Muslim employees and workers do not in principle have the right to have a half day off on Friday afternoon for prayer at the mosque, but such arrangements can be made with their employers.

Council Directive 2000/78/EC establishing a general framework for equal treatment in employment and occupation has been implemented into Greek law by Law 3304/2005 (FEK A 16) concerning equal treatment in employment and occupation. Discrimination on grounds of religion or belief is unlawful with respect to access to employment, self-employment or occupation, including selection criteria and recruitment conditions, whatever the branch of activity and at all levels of the professional hierarchy, including promotion. The purpose of this law is to prevent discrimination on grounds of, *inter alia*, religion or belief in the area of employment and occupation, so that the principle of equal treatment is not affected (see Chapter 1.2.2 *Equality and non-Discrimination*).

However, the aforementioned legal framework is subject to certain exceptions with respect to religious organisations. Therefore only Muslims are hired in positions such as the Mufti, the secretariat of the Mufti Office, imams, teachers of the Turkish curriculum of the minority schools or teachers of Islam in Greek public schools in Thrace. A difference of treatment on the ground of religion shall not constitute discrimination and such exception seems to be reasonable if it is related to the specific and determining requirement of the nature of the particular occupational activities and their religious nature. The Mufti, imams and teachers of the Qur'an would fall into this category. On the other hand, teachers of the minority schools curriculum cannot be seen as requiring a genuine link to religious requirement for teaching mathematics, the Turkish language, or chemistry.

Law and Case Law

See Chapter 1.2.2 *Equality and non-Discrimination.*

 | DOI: 10.1163/PROJECTEISBN_008

CHAPTER 8

Criminal Law

According to Constitution (Article 14), a public prosecutor can, as an exception to the freedom of the press, order the confiscation of printed material after it has been circulated for having insulted the Christian religion and any other religion. Article 13 par. 2 of the Constitution (above, Chapter 1) prohibits illicit prosyletism in favour of or against any religion; in practice it has only been implemented in favour of the Greek-Orthodox Church. The pertinent criminal law, adopted during the military regime of Ioannis Metaxas (1939), is still in force, criminalising prosyletism.

According to the Penal Code racist crimes committed on the basis of religion, among other grounds, are heavily punished. By virtue of a special law (No 927) against racism originally adopted in 1979, which was very rarely implemented and radically amended in 2014, hate speech inciting others to commit racist crimes (also via the press or the internet) has been criminalised. These acts disturb public order and put at risk the members of religious or ethnic groups, among others. The law exempts legal entities of public law (such as the state authorities and the Orthodox Church). It seems that this exemption is aimed at protecting high clergy of the Greek Orthodox Church who often speak out against other religions and mostly against Islam.[1]

According to the Greek Criminal Code, a series of offences are identified in order to protect religions, members of religions and religious shrines or sites. Various Articles and Chapter 7, entitled 'Offences relating to religious peace', provide for certain religion-related offences, having rarely been used in practice, and their practical application in the last decade has been limited. These are:

a) Impersonation of (any) religious authority. Any person intentionally pretending that he/she is a religious servant shall be sentenced for up to one year's imprisonment or a fine. If any person bears the symbols or dress of (any) religion that he/she is not entitled to, he/she shall be sentenced for up to six months' imprisonment or a fine.

1 Antonis Gazakis, Despoina Sirri, Andreas Takis, *Racism and Discrimination* [in Greek] (Thessaloniki: Heinrich Boell Stiftung, 2014), pp. 50, 55.

 | DOI: 10.1163/PROJECTEISBN_009

b) Defamation of religions. If any person destroys, damages or defiles any place of worship or any object which is held sacred by any class of persons, with the intention of insulting their religion (including the Islamic religion) or with the knowledge that such class of persons is likely to consider such destruction, damage or defilement as an insult to their religion, such person shall be guilty of a misdemeanour.

c) Blasphemy. Whoever insults by any means God, the Greek-Orthodox Church or any other religion may be sentenced to up to two years' imprisonment or a fine. Those who show no respect for God through blasphemy are sentenced to three months.

d) Disturbing religious assemblies. Any person, who voluntarily causes disturbance to any assembly lawfully engaged in the performance of any religious worship or religious ceremony is guilty of a misdemeanour.

e) Unlawful trespass on religious shrines and burial places. Any person who intentionally removes from any religious shrine any religious object or from any burial place the remains of the dead is guilty of a misdemeanour.

The Law

Σύνταγμα (**ΦΕΚ Α 120, 2008**)

Άρθρο 14, παρ. 3.
Η κατάσχεση εφημερίδων και άλλων εντύπων, είτε πριν από την κυκλοφορία είτε ύστερα από αυτή, απαγορεύεται. Κατ' εξαίρεση επιτρέπεται η κατάσχεση, με παραγγελία του εισαγγελέα, μετά την κυκλοφορία: α) για προσβολή της χριστιανικής και κάθε άλλης γνωστής θρησκείας, [...].

Νόμος 4285/2014 (ΦΕΚ Α 191). Τροποποίηση του ν. 927/1979 (Α 139) και προσαρμογή του στην απόφαση—πλαίσιο 2008/913/ΔΕΥ της 28ης Νοεμβρίου 2008, για την καταπολέμηση ορισμένων μορφών και εκδηλώσεων ρατσισμού και ξενοφοβίας μέσω του ποινικού δικαίου.

Το άρθρο 1 του ν. 927/1979 αντικαθίσταται ως εξής:
«Άρθρο 1—Δημόσια υποκίνηση βίας ή μίσους
1. Όποιος με πρόθεση, δημόσια, προφορικά ή δια του τύπου, μέσω του διαδικτύου ή με οποιοδήποτε άλλο μέσο ή τρόπο, υποκινεί, προκαλεί, διεγείρει ή προτρέπει σε πράξεις ή ενέργειες που μπορούν να προκαλέσουν διακρίσεις, μίσος ή βία κατά προσώπου ή ομάδας προσώπων, που προσδιορίζονται με βάση τη φυλή, το χρώμα, τη θρησκεία, τις γενεαλογικές καταβολές, την εθνική ή εθνοτική καταγωγή, το σεξουαλικό προσανατολισμό, την ταυτότητα φύλου ή την αναπηρία, κατά τρόπο

που εκθέτει σε κίνδυνο τη δημόσια τάξη ή ενέχει απειλή για τη ζωή, την ελευθερία ή τη σωματική ακεραιότητα των ως άνω προσώπων, τιμωρείται με φυλάκιση τριών (3) μηνών έως τριών (3) ετών και με χρηματική ποινή πέντε έως είκοσι χιλιάδων (5.000–20.000) ευρώ.
2. Με τις ίδιες ποινές τιμωρείται όποιος με πρόθεση και με τα μέσα και τους τρόπους που αναφέρονται στην παράγραφο 1, υποκινεί, προτρέπει, προκαλεί ή διεγείρει σε διάπραξη φθοράς ή βλάβης πραγμάτων, εφόσον αυτά χρησιμοποιούνταν από τις παραπάνω ομάδες ή πρόσωπα, κατά τρόπο που εκθέτει σε κίνδυνο τη δημόσια τάξη.
3. Αν η πρόκληση, προτροπή, διέγερση ή υποκίνηση των προηγούμενων παραγράφων είχε ως αποτέλεσμα την τέλεση εγκλήματος, επιβάλλεται φυλάκιση τουλάχιστον έξι (6) μηνών και χρηματική ποινή δεκαπέντε έως τριάντα χιλιάδων (15.000–30.000) ευρώ. Σε περίπτωση επιβολής ποινής φυλάκισης τουλάχιστον ενός (1) έτους, επιβάλλεται η αποστέρηση των πολιτικών δικαιωμάτων από ένα έως πέντε έτη.

Άρθρο 2
Το άρθρο 2 του ν. 927/1979 αντικαθίσταται ως εξής: «Άρθρο 2 Δημόσια επιδοκιμασία ή άρνηση εγκλημάτων 1. Όποιος με πρόθεση, δημόσια, προφορικά ή δια του τύπου, μέσω του διαδικτύου ή με οποιοδήποτε άλλο μέσο ή τρόπο, επιδοκιμάζει, ευτελίζει ή κακόβουλα αρνείται την ύπαρξη ή τη σοβαρότητα εγκλημάτων γενοκτονιών, εγκλημάτων πολέμου, εγκλημάτων κατά της ανθρωπότητας, του Ολοκαυτώματος και των εγκλημάτων του ναζισμού που έχουν αναγνωριστεί με αποφάσεις διεθνών δικαστηρίων ή της Βουλής των Ελλήνων και η συμπεριφορά αυτή στρέφεται κατά ομάδας προσώπων ή μέλους της που προσδιορίζεται με βάση τη φυλή, το χρώμα, τη θρησκεία, τις γενεαλογικές καταβολές, την εθνική ή εθνοτική καταγωγή, το σεξουαλικό προσανατολισμό, την ταυτότητα φύλου ή την αναπηρία, όταν η συμπεριφορά αυτή εκδηλώνεται κατά τρόπο που μπορεί να υποκινήσει βία ή μίσος ή ενέχει απειλητικό ή υβριστικό χαρακτήρα κατά μίας τέτοιας ομάδας ή μέλους της, τιμωρείται με τις ποινές της παραγράφου 1 του προηγούμενου άρθρου. 2. Αν η πράξη της προηγούμενης παραγράφου τελέστηκε από δημόσιο λειτουργό ή υπάλληλο, κατά την άσκηση των ανατεθειμένων σε αυτόν καθηκόντων, επιβάλλεται φυλάκιση έξι (6) μηνών έως τριών (3) ετών και χρηματική ποινή δέκα χιλιάδων έως είκοσι πέντε χιλιάδων (10.000–25.000) ευρώ.»

Άρθρο 3
Μετά το άρθρο 2 του ν. 927/1979 προστίθεται άρθρο 3 ως εξής:
«Άρθρο 3—Τέλεση μέσω διαδικτύου
Όταν οι πράξεις των προηγουμένων άρθρων τελούνται μέσω διαδικτύου ή άλλου μέσου επικοινωνίας, τόπος τέλεσης θεωρείται και η Ελληνική Επικράτεια, εφόσον

στο έδαφος της παρέχεται πρόσβαση στα συγκεκριμένα μέσα, ανεξάρτητα από τον τόπο εγκατάστασής τους.»

Άρθρο 4
Μετά το άρθρο 3 του ν. 927/1979 προστίθεται άρθρο 4 ως εξής:
«Άρθρο 4—Ευθύνη νομικών προσώπων ή ενώσεων προσώπων
1. Αν κάποια από τις αξιόποινες πράξεις του παρόντος νόμου τελέσθηκε προς όφελος ή για λογαριασμό νομικού προσώπου ή ενώσεως προσώπων, από φυσικό πρόσωπο που ενεργεί είτε ατομικά είτε ως μέλος οργάνου του νομικού προσώπου ή της ενώσεως προσώπων και που καθ' οιονδήποτε τρόπο το εκπροσωπεί, επιβάλλονται στο νομικό πρόσωπο ή στην ένωση προσώπων, με κοινή απόφαση του Υπουργού Δικαιοσύνης, Διαφάνειας και Ανθρωπίνων Δικαιωμάτων και του κατά περίπτωση αρμόδιου Υπουργού, σωρευτικά ή διαζευκτικά, μετά από αμετάκλητη παραπομπή του φυσικού προσώπου σε δίκη, οι ακόλουθες διοικητικές κυρώσεις: α) πρόστιμο από δέκα χιλιάδες (10.000) έως εκατό χιλιάδες (100.000) ευρώ, β) αποκλεισμός από δημόσιες παροχές, επιχορηγήσεις, ενισχύσεις, επιδοτήσεις ή αναθέσεις έργων και υπηρεσιών, προμήθειες, διαφημίσεις και διαγωνισμούς του δημοσίου ή των νομικών προσώπων του δημόσιου τομέα από έναν έως έξι μήνες. Η διοικητική κύρωση του στοιχείου α΄ επιβάλλεται πάντοτε, ανεξαρτήτως της επιβολής άλλων κυρώσεων. Σε περίπτωση υποτροπής οι κυρώσεις του στοιχείου β΄ μπορεί να προσαυξηθούν μέχρι του διπλασίου του ανωτάτου ορίου.
2. Όταν η έλλειψη εποπτείας ή ελέγχου από φυσικό πρόσωπο που αναφέρεται στην παράγραφο 1, κατέστησε δυνατή την τέλεση κάποιας από τις αξιόποινες πράξεις του παρόντος νόμου από πρόσωπο που τελεί υπό την εξουσία του, προς όφελος ή για λογαριασμό νομικού προσώπου ή της ενώσεως προσώπων, επιβάλλονται στο νομικό πρόσωπο ή στην ένωση προσώπων, σωρευτικά ή διαζευκτικά, μετά την αμετάκλητη παραπομπή του τελούντος υπό την εξουσία ή εποπτεία σε δίκη, οι ακόλουθες διοικητικές κυρώσεις: α) πρόστιμο από πέντε χιλιάδες (5.000) έως πενήντα χιλιάδες (50.000) ευρώ, β) οι προβλεπόμενες στο στοιχείο β΄ της προηγούμενης παραγράφου, για χρονικό διάστημα έως έξι μήνες.
3. Ουδεμία κύρωση επιβάλλεται χωρίς προηγούμενη κλήτευση του νομικού προσώπου ή της ενώσεως προσώπων προς παροχή εξηγήσεων. Η κλήση κοινοποιείται τουλάχιστον δέκα ημέρες πριν από την ημέρα της ακρόασης. Κατά τα λοιπά, εφαρμόζονται οι διατάξεις των παραγράφων 1 και 2 του άρθρου 6 του Κώδικα Διοικητικής Διαδικασίας.
4. Οι εισαγγελικές αρχές ενημερώνουν τον Υπουργό Δικαιοσύνης, Διαφάνειας και Ανθρωπίνων Δικαιωμάτων μετά την αμετάκλητη παραπομπή, για υποθέσεις στις οποίες υπάρχει εμπλοκή φυσικού προσώπου, υπό την έννοια των παραγράφων 1 και 2 και του κοινοποιούν τις εκδιδόμενες σχετικές δικαστικές αποφάσεις.
5. Εάν η πράξη τελέστηκε σε ραδιοφωνική ή τηλεοπτική εκπομπή, οι κυρώσεις που

προβλέπονται από το παρόν άρθρο επιβάλλονται από το Εθνικό Συμβούλιο Ραδιοτηλεόρασης, προς το οποίο διαβιβάζεται ο φάκελος από τον Υπουργό Δικαιοσύνης, Διαφάνειας και Ανθρωπίνων Δικαιωμάτων.
6. Σε περίπτωση αμετάκλητης απαλλαγής του παραπεμφθέντος οι κατά τα ανωτέρω αποφάσεις επιβολής διοικητικών κυρώσεων ανακαλούνται.
7. Οι διατάξεις των προηγούμενων παραγράφων δεν εφαρμόζονται ως προς το κράτος, τα νομικά πρόσωπα δημοσίου δικαίου, τα δημόσια νομικά πρόσωπα κατά την άσκηση δημόσιας εξουσίας και τους διεθνείς οργανισμούς δημοσίου δικαίου.»
2. Μετά το άρθρο 81 του Ποινικού Κώδικα προστίθεται άρθρο 81Α ως εξής:

Αναγκαστικός Νόμος 1672/1939 (ΦΕΚ Α 123). Περί κατοχυρώσεως διατάξεων των άρθρων 1 και 2 του εν ισχύι Συντάγματος.

Άρθρο 2, παρ. 2
Προσηλυτισμός ιδία είναι η δια πάσης φύσεως παροχών ή δι' υποσχέσεως τοιούτων ή άλλης ηθικής ή υλικής περιθάλψεως δια μέσων απατηλών δια καταχρήσεως της απειρίας ή εμπιστοσύνης ή δι' εκμεταλλεύσεως της ανάγκης, της πνευματικής αδυναμίας ή κουφότητος άμεσος ή έμμεσος προσπάθεια προς διείσδυσιν εις την θρησκευτικήν συνείδησιν ετεροδόξων επί σκοπώ μεταβολής του περιεχομένου αυτής.

Ποινικός Κώδικας

Άρθρο 81Α—Ρατσιστικό έγκλημα [όπως τροποποιήθηκε τον Δεκέμβριο 2015]
Εάν από τις περιστάσεις προκύπτει ότι έχει τελεστεί έγκλημα κατά παθόντος, η επιλογή του οποίου έγινε λόγω των χαρακτηριστικών φυλής, χρώματος, θρησκείας, γενεαλογικών καταβολών, εθνικής ή εθνοτικής καταγωγής, σεξουαλικού προσανατολισμού, ταυτότητας φύλου ή αναπηρίας, το πλαίσιο ποινής διαμορφώνεται ως εξής:
Α) Στην περίπτωση πλημμελήματος, που τιμωρείται με φυλάκιση έως ένα έτος το κατώτερο όριο ποινής αυξάνεται στους έξι μήνες και το ανώτερο όριο αυτής στα δύο έτη. Στις λοιπές περιπτώσεις πλημμελημάτων το κατώτερο όριο ποινής αυξάνεται κατά ένα έτος.
Β) Στην περίπτωση κακουργήματος, που το προβλεπόμενο πλαίσιο ποινής ορίζεται σε πέντε έως δέκα έτη, το κατώτερο όριο ποινής αυξάνεται κατά δύο έτη. Στις λοιπές περιπτώσεις κακουργημάτων το κατώτερο όριο ποινής αυξάνεται κατά τρία έτη.
Γ) Στην περίπτωση εγκλήματος, που τιμωρείται με χρηματική ποινή, το κατώτερο όριο αυτής διπλασιάζεται.
Σε περίπτωση μετατροπής της ποινής φυλάκισης που έχει επιβληθεί κατά τα παραπάνω, το ποσό της μετατροπής δεν μπορεί να είναι κατώτερο από το διπλάσιο του κατώτατου ορίου του προβλεπόμενου ποσού μετατροπής.

Άρθρο 175
1. Όποιος με πρόθεση αντιποιείται την άσκηση κάποιας δημόσιας, δημοτικής ή κοινοτικής υπηρεσίας τιμωρείται με φυλάκιση μέχρι ενός έτους ή με χρηματική ποινή.
2. Η διάταξη αυτή εφαρμόζεται και για την αντιποίηση της άσκησης δικηγορίας, καθώς επίσης και για την αντιποίηση άσκησης υπηρεσίας λειτουργού της Ανατολικής Ορθόδοξης Εκκλησίας του Χριστού ή άλλης θρησκείας γνωστής στην Ελλάδα.

Άρθρο 176
Όποιος δημόσια και χωρίς δικαίωμα φορεί στολή ή άλλο διακριτικό σημείο δημοσίου, δημοτικού, κοινοτικού ή θρησκευτικού λειτουργού από εκείνους που αναφέρει η παρ. 2 του άρθρου 175 ή παράσημο ή τίτλο που δεν δικαιούται να φέρει νόμιμα τιμωρείται με φυλάκιση μέχρι έξι μηνών ή με χρηματική ποινή.
[...]

Άρθρο 196
Ο θρησκευτικός λειτουργός που κατά την ενάσκηση των έργων του ή δημόσια και με την ιδιότητά του προκαλεί ή διεγείρει τους πολίτες σε εχθροπάθεια κατά της πολιτειακής εξουσίας ή άλλων πολιτών τιμωρείται με φυλάκιση μέχρι τριών ετών.

Άρθρο 198
1. Με φυλάκιση μέχρι δύο ετών τιμωρείται όποιος δημόσια και κακόβουλα βρίζει με οποιονδήποτε τρόπο το Θεό.
2. Όποιος, εκτός από την περίπτωση της παρ.1, εκδηλώνει δημόσια με βλασφημία έλλειψη σεβασμού προς τα θεία, τιμωρείται με φυλάκιση μέχρι τριών μηνών.

Άρθρο 199
Όποιος δημόσια και κακόβουλα καθυβρίζει με οποιονδήποτε τρόπο την Ανατολική Ορθόδοξη Εκκλησία του Χριστού ή άλλη θρησκεία ανεκτή στην Ελλάδα τιμωρείται με φυλάκιση μέχρι δύο ετών.

Άρθρο 200
1. Όποιος κακόβουλα προσπαθεί να εμποδίσει ή με πρόθεση διαταράσσει μιαν ανεκτή κατά το πολίτευμα θρησκευτική συνάθροιση για λατρεία ή τελετή, τιμωρείται με φυλάκιση μέχρι δύο ετών.
2. Με την ίδια ποινή τιμωρείται όποιος μέσα σε εκκλησία ή σε τόπο ορισμένο για θρησκευτική συνάθροιση ανεκτή κατά το πολίτευμα, ενεργεί υβριστικά ανάρμοστες πράξεις.

Άρθρο 201
Όποιος αφαιρεί αυθαίρετα νεκρό ή μέλη του ή την τέφρα του, από εκείνους που έχουν δικαίωμα να τα φυλάξουν ή ενεργεί πράξεις υβριστικά ανάρμοστες σχετικές με αυτά ή με τάφο τιμωρείται με φυλάκιση μέχρι δύο ετών.

Άρθρο 374
Η κλοπή τιμωρείται με κάθειρξη μέχρι δέκα ετών: α) αν από τόπο προορισμένο για θρησκευτική λατρεία αφαιρέθηκε πράγμα αφιερωμένο σ' αυτή, [...]

Case Law

Case 1: The applicant was a Jehovah's Witness who had been found guilty by the Greek criminal courts of proselytism and sentenced to imprisonment. The ECtHR found a violation of Article 9, reasoning that the interference with the applicant's freedom of religion was not necessary in a democratic society. The Court noted that in their reasoning the Greek courts established the applicant's liability by merely reproducing the wording of section 4 and did not sufficiently specify in what way the accused had attempted to convince his neighbour by improper means. None of the facts they set out warranted that finding. That being so, it had not been shown that the applicant's conviction was justified in the circumstances of the case by a pressing social need. The contested measure therefore does not appear to have been proportionate to the legitimate aim pursued (ECtHR, *Kokkinakis v Greece*, judgment of 25.5.1993).

Case 2: The accused, members of the racist Golden Dawn movement, had thoroughly burned and destroyed a shop in Athens owned by a citizen of Cameroun, and were violent towards immigrants. They were found guilty of having committed the abovementioned misdemeanours, having an additional racist motive according to the then Article 79 of the Penal Code (*3meles Plimeleiodikeio Athinon*, judgment 60084/2013).

Case 3: The accused, a member of Golden Dawn, was found guilty of having committed a series of crimes against Pakistani immigrants, such as attempted murder, robbery, serious violence and destroying the property of another. The crimes had been committed on several occasions in 2012. The Mixed Criminal Court of Athens sentenced the accused to 14 years and 3 months' imprisonment, without however having found a racist motive (*Mikto Orkoto Kakourgodikeio Athinon*, judgment 114 at. al. /2014).

Case 4: The accused, member of Golden Dawn, had been video recorded exhibiting strongly racist attitudes towards Muslims and any other immigrants, inciting people to use violence against them in order make them leave Greece. He was found guilty of having violated anti-racist Law 927/1979 (70 *Plimeleiodikaio Athinon*, judgment 65738/2014).

Case 5: A group of radical Greek Orthodox requested the Court to ban the circulation of the book 'Mn—A female anti-novel' by Mimis Androulakis on the ground that it constituted blasphemy and an offence against the Greek-Orthodox faith. The First Instance Court of Athens held that the freedom of art and the freedom of expression should prevail over the right to personality (*Monomeles Protodikaio Athinon*, judgment 5208/2000). The Council of the Misdemeanour Court of Athens decided not to pursue a criminal prosecution against the author of the novel for proselytism or offences against religion (*Symvoulio Plimmeliodikon Athinon*, Decree 4667/2000). The group of radicals appealed to the Supreme Court which decided at the final stage to ratify the decision of the Council of the Misdemeanour Court of Athens not to bring criminal proceedings (*Areios Pagos*, Decree 1298/2002).

Case 6: A young blogger (P. Loizos) created a satirical website under the name 'Gerontas Pastitsios' making fun of the deceased monk Paisios and depicting his face merged with a baked pasta dish. A deputy of Golden Dawn (H. Pappas, who as of 2015 is accused of being a member of a criminal gang within his political party) asked publicly for the punishment of 'such blasphemy that debases the holy character of Greek-Orthodoxy, monk Paisios'. After the prosecutor of Athens began proceedings against the blogger, the Misdemeanour Court of Athens found that such an act constitutes a continuous offence against religion according to Article 199 of the Penal Code and sentenced the blogger to ten months' imprisonment suspended (*Plimeleiodikeio Athinon*, judgment 5635/2014).

CHAPTER 9

Personal Status

Marriage, family and childhood receive specific protection from the Constitution (Constitution, Article 21). The private law on marriage and inheritance matters is governed by the Civil Code which is applicable to anyone who is under the jurisdiction of the Greek Civil Courts. Religious marriage celebrated by any of the 'known religions' is valid, having legal effects upon registration. Therefore, civil and religious marriages are both equal and optional (Articles 1367, 1368, 1371, 1416 of the Civil Code) and any relevant dispute is adjudicated on according to the Civil Code by the civil courts. Consequently, anyone is subject to the ruling of a judge and no one can be deprived of jurisdictional control as this is is guaranteed by the Constitution (Article 8). However there is a special exception relating to Muslims of Thrace who can be referred to the special Mufti (Sharia) courts of Thrace, in Xanthi, Komotini and Didymotyho, which apply Islamic law (certain provisions of Sharia) in accordance with Law 1920/1990 (Article 5). The field of the Mufti's jurisdiction is fixed by law and cannot be extended through interpretation. The applicable normative field concerns divorce, Islamic alimony, tutelage (child's custody), alimony (*nafaka*), Islamic wills and intestate succession. This special jurisdiction is based on Law 147 of 1914 which kept in force the previously applicable personal status for Jews and Muslims. Personal status and jurisdiction for the Jewish religious communal authorities alone were abolished by the introductory law to the Civil Code in 1941.

Law 1920/1990 acknowledges three Sharia courts in Thrace, chaired by the Mufti, whose jurisdiction should in theory be concurrent with that of mainstream civil courts, and their decisions should not contravene the Constitution as far as the free will of the litigant is concerned. The judicial competence of the Mufti should be preferential and supplementary in the sense that Muslims are free to choose between the civil court and the Islamic jurisdiction. If the Mufti's jurisdiction were obligatory it would constitute a legally imposed segregation among Greek citizens on the ground of religion, a situation which would contravene the Constitution and the European Convention on Human Rights. In practice, the possibility of applying to a Greek civil court has been very limited. Most of the Muftis' decisions are ratified by the Greek courts even if they infringe women's and children's rights as endorsed by the Constitution or the ECHR. These decisions are subject to appeal to the First Instance Court (*Polymeles Protodikeio*), concerning, solely, the extent of the Mufti's jurisdic-

 | DOI: 10.1163/PROJECTEISBN_010

tion. Civil courts (should) monitor the constitutionality of Muftis' decisions and the margin of divergence between the substantive legal norms of civil law and *sharia* (as in cases of Islamic alimony (*nafaka*), children's custody or inheritance shares of a female heir).

On the other hand, in most of the cases brought before a civil court, the latter has referred the case to the Mufti's court as the only and exclusively competent judicial authority. Therefore, it can be said that restricting Muslim (female) plaintiffs in their access to civil courts systematically undermines the equality of individual Muslim women. The Mufti's jurisdiction is not (and should not be) mandatory or exclusive. It is worth noting also that while women have the choice to appeal to the civil court, in practice they face social pressures to appeal before the Mufti. The UN Human Rights Committee commented on this issue, urging Greece 'to increase the awareness of Muslim women of their rights and the availability of remedies, and to ensure that they benefit from the provisions of Greek civil law'.[1]

As has been said, the Sharia rules applied by the three Mufti courts of Thrace relate only to certain matters of family and inheritance disputes. These rules are embodied in the Qur'an and the Hadith according to the Mufti's own reading of the law, and thus sometimes the implementation of law differs from court to court. Islamic procedural and substantive law is in many cases rather different and controversial when compared to norms of Greek civil law, although a relatively mild version of Islamic law is applied. The most ambiguous issue concerns gender equality and children's best interest as guaranteed by the Greek Constitution and international law binding Greece. Moreover, Islamic law as applied by the Muftis' courts of Thrace is not standardised or codified and is left to the broad interpretation of the judge. Two more features of the procedures before the Mufti's court concern: a) the right to a fair trial, under Article 6 of the ECHR, when equality of the litigants is not safeguarded, or representation by a lawyer or the predictability and visibility of the applicable law, is provided for; b) there is no efficient remedy for the control of the merits of the Mufti's decision, and there are no effective means to control its constitutionality.[2]

Discussion of the status of the Mufti within the Greek and European legal order inevitably touches upon the issue of how to accommodate non-liberal laws of a minority in a liberal legal context. To move forward, this discussion must manoeuvre between the demands for integration, preservation of minor-

1 Human Rights Committee, 2005, (ICCPR) 'Greece', Concluding observations, 25/04/2005, CCPR/CO/83/GRC, (Geneva: United Nations) paragraph 8.

2 Yannis Ktistakis, *Charia, Tribunaux religieux et droit grec* (Istanbul: Istos, 2013), p. 127.

ity identity and the relationship between individual and collective identity as potential fields of normative action. Sharia law as the Mufti courts apply it does not comply with human rights norms, such as equality of the sexes and the right to a fair trial. The religious and political elite of the Thracian minority counters this criticism by pointing to the central importance of the adjudication by the Mufti for the enjoyment of minority rights in Thrace.

What could serve as a strong case for legal pluralism finally infringes fundamental legal principles stemming from an institutional Ottoman legacy, a relic of the segregating *millet* system. Juridical procedures and law applied by the Muftis of Thrace need to take a generous leap forward. The questions they pose are multi-faceted: through what process could reform reconcile both Sharia and human rights for the members of the Muslim minority? What would be the nature of that reform? Would the abolition of Islamic law be the only path sufficient to satisfy the European and Greek legal orders? To what extent could alternative legal norms of private law be accommodated within a uniform legal order?[3]

Hereinafter, three fields (marriage and divorce, children and inheritance) where personal status is applicable through the Mufti's special jurisdiction for the Muslims of Thrace will be presented.

The Law

Σύνταγμα (ΦΕΚ Α 120, 2008).

Άρθρο 8
Κανένας δεν στερείται χωρίς τη θέλησή του το δικαστή που του έχει ορίσει ο νόμος. Δικαστικές επιτροπές και έκτακτα δικαστήρια, με οποιοδήποτε όνομα, δεν επιτρέπεται να συσταθούν.

Νόμος 147/1914 (ΦΕΚ Α 25) «περί της εν ταις προσαρτωμέναις χώραις εφαρμοστέας νομοθεσίας και της δικαστικής αυτών οργανώσεως».

Άρθρο 4
Τα του γάμου των εις το μουσουλμανικόν ή ισραηλιτικόν θρήσκευμα ανηκόντων, ήτοι τ` αφορώντα εις την νόμιμον σύστασιν και την διάλυσιν του γάμου και τας

3 Konstantinos Tsitselikis, 'Seeking To Accommodate Shari'a Within A Human Rights Framework: The Future Of The Greek Shari'a Courts', *Journal of Law and Religion*, (27, 2012), p. 360.

συνεστώτος αυτού προσωπικάς σχέσεις των συζύγων και τα των συγγενικών δεσμών διέπονται υπό του ιερού αυτών νόμου και κρίνονται κατ` αυτόν. Ως προς τους μουσουλμάνους ισχύουσι προσέτι οι περί αυτών ειδικοί όροι της μεταξύ Ελλάδος και Τουρκίας τελευταίας συνθήκης.

The Law

Αναγκαστικός Νόμος 2783/1941. Εισαγωγικός Νόμος στον Αστικό Κώδικα (ΦΕΚ Α 164 1984).

Άρθρο 6
Καταργείται με την Εισαγωγή του Αστικού Κώδικα το άρθρο 4 του νόμου 147 της 5 Ιανουαρίου 1914 ως προς τους Έλληνες ισραηλίτες των θρησκευτικών τους αρχών ή δικαστηρίων για τις υποθέσεις για τις οποίες προβλέπουν τα άρθρα 12 και 13 του νόμου 2456 της 27 Ιουλίου/2 Αυγούστου 1920 «περί ισραηλιτικών κοινοτήτων» όπως τροποποιήθηκαν από μεταγενέστερους νόμους οι έλληνες ισραηλίτες διέπονται στο εξής από το κοινό δίκαιο. Οι δίκαιο όμως που όταν δημοσιευτεί αυτός ο νόμος εκκρεμούν στις θρησκευτικές αρχές ή δικαστήρια, για υποθέσεις των διατάξεων που καταργούνται, συνεχίζονται ενώπιόν τους σύμφωνα με τις καταργούμενες αυτές διατάξεις.

Νόμος 1920/1991 (ΦΕΚ Α 11). Κύρωση της από 24ης Δεκεμβρίου 1990 Πράξης Νομοθετικού Περιεχομένου "Περί Μουσουλμάνων Θρησκευτικών Λειτουργών".

Άρθρον 5. Καθήκοντα Μουφτή
[...]
2. Ο Μουφτής ασκεί δικαιοδοσία μεταξύ μουσουλμάνων Ελλήνων πολιτών της περιφέρειάς του επί γάμων, διαζυγίων, διατροφών, επιτροπειών, κηδεμονιών, χειραφεσίας ανηλίκων, ισλαμικών διαθηκών και της εξ αδιαθέτου διαδοχής εφ' όσον οι σχέσεις αυτές διέπονται από τον Ιερό Μουσουλμανικό Νόμο.
3. Οι εκδιδόμενες από το Μουφτή αποφάσεις επί υποθέσεων αμφισβητουμένης δικαιοδοσίας δεν μπορούν να εκτελεσθούν ούτε αποτελούν δεδικασμένο, αν δεν κηρυχθούν εκτελεστές από το μονομελές πρωτοδικείο της περιφέρειας όπου η έδρα του Μουφτή, κατά τη διαδικασία της εκούσιας δικαιοδοσίας. Το δικαστήριο ερευνά μόνον αν η απόφαση εκδόθηκε μέσα στα όρια της δικαιοδοσίας του Μουφτή και αν οι διατάξεις που εφαρμόσθηκαν αντίκεινται στο Σύνταγμα. Κατά της αποφάσεως του Μονομελούς Πρωτοδικείου χωρεί προσφυγή ενώπιον του οικείου Πολυμελούς Πρωτοδικείου που δικάζει κατά την ίδια διαδικασία. Κατά της αποφάσεως του Πολυμελούς Πρωτοδικείου δεν χωρεί ένδικο μέσο τακτικό ή έκτακτο.

Case Law

Case 1: The First Instance Civil Court of Rodopi while undertaking, constitutionally, supervision of a Mufti's decision (4/1991), according to Law 1920/1991 law, held that Article 4 paragraph 2 of the Constitution had been infringed on the basis of gender equality. The applicant was a Muslim, the mother of a boy and a girl whose father had died. The Court of Rodopi confirmed the Mufti's decision only in part regarding the custody of the children and rejected the Mufti's application of the Islamic law on inheritance, which favoured the male heir (a share of 14/21 of the estate) to the detriment of the female (a share of 7/21) (*First Instance Court of Rodopi*, judgment 152/1991).

Case 2: The implementation of Sharia law is mandatory, and therefore it is mandatory (as the cornerstone of his jurisdiction) for the Mufti to apply and interpret it as an inherent part of Islamic culture. Conversely, civil courts are not permitted to implement Sharia norms as they consist of religious rules and not a complete legal system which could be developed through time and applied by autonomous courts (*AP*, judgment 2138/2013).

9.1 Marriage and Divorce

With respect to Law 1920/1990 on the Muftis, their special authority and jurisdiction apply to all marriages between Muslim residents of Thrace belonging to the minority of Thrace. As stated, the issue whether the Mufti has exclusive competence is a thorny question and one that Greek case law has not so far resolved.

The Greek Civil Code regulating the relationship between spouses in marriage and divorce is applied regardless of the spouses' religion, unless otherwise provided for, as in the case of Muslim Greek citizens who want to 'activate' their religious law.[4] Disputes relating to couples who married before the municipal authorities under Civil Code provisions, however, cannot be adjudicated on by the Mufti because, according to case law, opting to have a civil marriage amounts to voluntary alienation from the jurisdiction of the Mufti (*First Instance Court of Xanthi*, judgment 1623/2003).

As mentioned earlier, the Mufti has jurisdiction in relation to divorce, and alimony (*nafaka*). Therefore, cases relating to the separation of the property

---

4 Athina Kotzabasi, *The family legal relations of the Greek Muslims*, [in Greek], (Thessaloniki: Paratiritis 2003), p. 14. See also Eleni Kalambakou, *Equality faces religious pluralism*, [in Greek], (PhD dissertation), (Thessaloniki: Aristotle University-Law School, 2014), p. 306.

of the divorced couple would not be subject to Mufti's jurisdiction (Court of Appeals of Thrace 119/2006). Other questions, such as whether the regulation of the *nikah* (clause of indemnity due to the wife in case of divorce, or *mihir/mahr*) or the *nafaka* by Islamic law would abolish Muslim women's right to alimony as set out in the Greek Civil Code, are rarely encountered by the Greek courts.

The main issues of divergence between Greek law and the Muftis' rules on marriage concern the equality of the sexes, the age of the spouses, marriage through authorization and bigamy. According to Islamic law, male and female spouses have differentiated access to divorce. Only the husband can initiate a divorce without the consent of his spouse, and the wife can have the marriage terminated only if her husband has done something egregiously bad. Unilateral divorce through the practice of *talaq* without the Mufti's decision is not possible, however. In the case of divorce by consent (*khul*), the wife must compensate her husband. Moreover, according to Islamic law, minors can marry with the consent of their parents while, according to the Civil Code, minors can only marry under special circumstances (art. 1350, par. 2). In practice, a pregnancy could meet this condition, but the extent to which this happens raises disturbing questions. In many cases, of poor Roma Muslims for instance, young girls are married when they are as young as 13 or 14. Marriage by proxy as permitted by Islamic law (in the Hanafi school of jurisprudence) has long been seen as complying with Greek public order. With the introduction of Article 1350 of the Civil Code in 1983 the practice was disputed since it was clearly stated that both spouses have to be present at the wedding. Although the Legal Council of State (NSK, 686/1993) has said that marriage by proxy does not contravene Greek law, a circular of the Ministry of the Interior (Circular 31/20.9.2002) made clear that marriage by proxy—through authorisation—and polygamy were deemed contrary to public policy; as such, legal acts in this vein conducted by the Muftis are considered null and void and not registrable. Along the same lines, the National Committee for Human Rights has said that marriage by proxy should be illegal in the future, and that the age limit for marriage without parental authorisation should be 18 instead of the 12 acknowledged by Islamic law (Decision of 7.5.2003).

According to another Ministerial decision the solemnisation of a marriage before the Mufti involving Muslims residing outside Thrace, between a Muslim and a non-Muslim, or between alien Muslims would not be recognised by the state as legal.[5] This restrictive measure was endorsed by courts which also often

5 Decision of deputy Minister of the Interior F.97920/20138/31.10.2003 adopting the Legal Opin-

refuse to ratify the Mufti's decision on divorce, when the divorced spouses are not both Greek citizens or do not live in the same department.

The Law

Σύνταγμα (ΦΕΚ Α 120, 2008).

Άρθρο 21
1. Η οικογένεια, ως θεμέλιο της συντήρησης και προαγωγής του Έθνους, καθώς και ο γάμος, η μητρότητα και η παιδική ηλικία τελούν υπό την προστασία του Κράτους.

Αστικός Κώδικας (ΦΕΚ Α 164 1984).

Άρθρο 1350
Για τη σύναψη γάμου απαιτείται συμφωνία των μελλονύμφων. Οι σχετικές δηλώσεις γίνονται αυτοπροσώπως και χωρίς αίρεση ή προθεσμία. Οι μελλόνυμφοι πρέπει να έχουν συμπληρώσει το δέκατο όγδοο έτος της ηλικίας τους. Το δικαστήριο μπορεί, αφού ακούσει τους μελλονύμφους και τα πρόσωπα που ασκούν την επιμέλεια του ανηλίκου, να επιτρέψει το γάμο και πριν από τη συμπλήρωση αυτής της ηλικίας, αν η τέλεσή του επιβάλλεται από σπουδαίο λόγο.

Άρθρο 1367
Ο γάμος τελείται είτε με τη σύγχρονη δήλωση των μελλονύμφων ότι συμφωνούν σ' αυτό (πολιτικός γάμος) είτε με ιερολογία από ιερέα της ανατολικής ορθόδοξης εκκλησίας ή από λειτουργό άλλου δόγματος ή θρησκεύματος γνωστού στην Ελλάδα. Η δήλωση γίνεται δημόσια κατά πανηγυρικό τρόπο ενώπιον δύο μαρτύρων, προς το δήμαρχο ή τον πρόεδρο της κοινότητας του τόπου όπου τελείται ο γάμος ή προς το νόμιμο αναπληρωτή τους, που είναι υποχρεωμένοι να συντάξουν αμέσως σχετική πράξη.
Οι προϋποθέσεις της ιεροτελεστίας και κάθε θέμα σχετικό με αυτήν διέπονται από το τυπικό και τους κανόνες του δόγματος ή του θρησκεύματος σύμφωνα με το οποίο γίνεται η ιεροτελεστία, εφόσον δεν είναι αντίθετοι με τη δημόσια τάξη. Ο θρησκευτικός λειτουργός είναι υποχρεωμένος να συντάξει αμέσως σχετική πράξη. Η τέλεση πολιτικού γάμου δεν εμποδίζει την ιερολογία του ίδιου γάμου κατά τη θρησκεία και το δόγμα των συζύγων.

ion 347/7.10.2003 of the Legal Council of the State (3d Section). This decision remained in force only temporarily. See also Yannis Ktistakis, *Charia, Tribunaux religieux et droit grec* (Istanbul: Istos, 2013), p. 38.

Άρθρο 1368

Για να τελεσθεί ο γάμος, είτε ως πολιτικός είτε με ιερολογία της ανατολικής ορθόδοξης εκκλησίας, απαιτείται άδεια του δημάρχου ή του προέδρου της κοινότητας της τελευταίας κατοικίας του καθενός από τα πρόσωπα που πρόκειται να παντρευτούν. Σε περίπτωση που ο αρμόδιος για την έκδοση της άδειας αρνείται να τη χορηγήσει, αποφασίζει αμετάκλητα το αρμόδιο μονομελές πρωτοδικείο σύμφωνα με τις διατάξεις της εκούσιας δικαιοδοσίας του κώδικα πολιτικής δικονομίας. Η απόφαση εκδίδεται μέσα σε δέκα ημέρες από την κατάθεση της σχετικής αίτησης.

Άρθρο 1371

Προκειμένου για γάμο μεταξύ ετεροδόξων ή ετεροθρήσκων, η ιεροτελεστία γίνεται όπως απαιτεί το δόγμα ή το θρήσκευμα του καθενός απ' αυτούς που συνέρχονται σε γάμο, αν είναι αναγνωρισμένο στην Ελλάδα.

Άρθρο 1416

Οι διατάξεις αυτού του Κεφαλαίου έχουν εφαρμογή, εφόσον δεν ορίζεται διαφορετικά, ανεξάρτητα από τη θρησκεία ή το δόγμα των συζύγων καθώς και από τον τύπο, πολιτικό ή θρησκευτικό, με τον οποίο έγινε ο γάμος τους.

Άρθρο 1438

Ο γάμος μπορεί να λυθεί με διαζύγιο. Το διαζύγιο απαγγέλλεται με αμετάκλητη δικαστική απόφαση, όταν συντρέχουν οι προϋποθέσεις που ορίζονται στα επόμενα άρθρα.

Άρθρο 1441

Όταν οι σύζυγοι συμφωνούν για το διαζύγιο, μπορούν να το ζητήσουν με κοινή αίτησή τους που δικάζεται κατά τη διαδικασία της εκούσιας δικαιοδοσίας (συναινετικό διαζύγιο).

Για να εκδοθεί συναινετικό διαζύγιο, πρέπει ο γάμος να έχει διαρκέσει τουλάχιστον ένα χρόνο πριν από την κατάθεση της αίτησης και η συμφωνία των συζύγων να δηλωθεί στο δικαστήριο, αυτοπροσώπως ή με ειδικό πληρεξούσιο, σε δύο συνεδριάσεις που να απέχουν μεταξύ τους έξι τουλάχιστον μήνες. Το ειδικό πληρεξούσιο πρέπει να έχει δοθεί μέσα στον τελευταίο μήνα πριν από την κάθε συνεδρίαση. Εφόσον από την πρώτη συνεδρίαση πέρασαν δύο χρόνια, η δήλωση της συμφωνίας παύει να ισχύει. Αν υπάρχουν ανήλικα τέκνα, για να εκδοθεί συναινετικό διαζύγιο πρέπει να προσκομίζεται έγγραφη συμφωνία των συζύγων που να ρυθμίζει την επιμέλεια των τέκνων και την επικοινωνία με αυτά. Η συμφωνία επικυρώνεται από το δικαστήριο και ισχύει ώσπου να εκδοθεί απόφαση για το θέμα αυτό σύμφωνα με το άρθρο 1513.

Άρθρο 1442
Εφόσον ο ένας από τους πρώην συζύγους δεν μπορεί να εξασφαλίσει τη διατροφή του από τα εισοδήματά του ή από την περιουσία του, δικαιούται να ζητήσει διατροφή από τον άλλον: 1. αν κατά την έκδοση του διαζυγίου ή κατά το τέλος των χρονικών περιόδων που προβλέπονται στις επόμενες περιπτώσεις βρίσκεται σε ηλικία ή σε κατάσταση υγείας που δεν επιτρέπει να αναγκαστεί να αρχίσει ή να συνεχίσει την άσκηση κατάλληλου επαγγέλματος, ώστε να εξασφαλίζει απ' αυτό τη διατροφή του 2. αν έχει την επιμέλεια ανήλικου τέκνου και γι' αυτό το λόγο εμποδίζεται στην άσκηση κατάλληλου επαγγέλματος 3. αν δεν βρίσκει σταθερή κατάλληλη εργασία ή χρειάζεται κάποια επαγγελματική εκπαίδευση, και στις δύο όμως περιπτώσεις για ένα διάστημα που δεν μπορεί να ξεπεράσει τα τρία χρόνια από την έκδοση του διαζυγίου 4. σε κάθε άλλη περίπτωση, όπου η επιδίκαση διατροφής κατά την έκδοση του διαζυγίου επιβάλλεται από λόγους επιείκειας.

Άρθρο 1446
Η διάταξη του άρθρου 1416 εφαρμόζεται και για τη λύση του γάμου σύμφωνα με τις διατάξεις αυτού του κεφαλαίου.

Νόμος 1920/1991. Κύρωση της από 24ης Δεκεμβρίου 1990 Πράξης Νομοθετικού Περιεχομένου "Περί Μουσουλμάνων Θρησκευτικών Λειτουργών" (ΦΕΚ Α 11).

Άρθρον 5. Καθήκοντα Μουφτή
[...]
2. Ο Μουφτής ασκεί δικαιοδοσία μεταξύ μουσουλμάνων Ελλήνων πολιτών της περιφέρειάς του επί γάμων, διαζυγίων, διατροφών [...] εφ' όσον οι σχέσεις αυτές διέπονται από τον Ιερό Μουσουλμανικό Νόμο.

Convention on the Elimination of All Forms of Discrimination against Women (ratified by Law 1342/1983, FEK A 39).

Article 16
1. States Parties shall take all appropriate measures to eliminate discrimination against women in all matters relating to marriage and family relations and in particular shall ensure, on a basis of equality of men and women:
(a) The same right to enter into marriage;
(b) The same right freely to choose a spouse and to enter into marriage only with their free and full consent;
(c) The same rights and responsibilities during marriage and at its dissolution;

Case Law

Case 1: A husband asked the Mufti for a divorce as his wife had left their house. The wife had signed a declaration at the police confirming that she had left the house. The Mufti's court, referring to the pertinent Sharia provisions, pronounced the divorce and said that the wife had thereby forfeited all the rights she would have according to the marriage contract relating to the three-month alimony and the divorce indemnity (*mihir*) (*Ierodikeio Komotinis*, decision 32/2001).

Case 2: The marriage of a 14-year old Muslim girl was challenged before the civil court which said that the marriage of a minor concluded before the Mufti was valid, and there was no reason to annul it because it was accepted by the local society, the parents of the wife were not opposing it, the husband was good, hard-working and honourable and therefore the future of the marriage was sustainable (*Monomeles Protodikeio Rodopis*, judgment 51/2006).

9.2 Children

As mentioned earlier, the Mufti has the competence to adjudicate on tutelage (child custody) and the emancipation of minors. As has been said, the field of the Mufti's jurisdiction cannot be extended through interpretation of the law. Therefore, cases relating to adoption, children born out of wedlock, or communication with children are not subject to the Mufti's jurisdiction. By 2008, a series of court decisions had also ruled that children's custody (*epimeleia teknou*) was exempted from the jurisdiction of the Mufti based on a narrow interpretation of the term *tutelage* (First Instance Court of Rodopi 130/2008, 140/2008 and 183/2008). In 2010, the Mufti of Komotini protested against this practice of the courts of Thrace, which he described as having overturned 'the established legal norms'. In many more areas the Mufti's jurisdiction remains disputed, such as the nature of parental relations and the rights of children born out of wedlock. According to Islamic law, the period of pregnancy could be extended in legal terms to up to two years with a view to facilitating the recognition of a child by its father (Opinion 1/1990 by the Prosecutor by the First Instance Court of Alexandroupolis).

The main issue remains the divergences of norms and practices between the Civil Code and the interpretation of Sharia relating to a minor's tutelage, which does not comprise the notion of the child's interests and which, according to the International Convention on Children's Rights (art. 3 par, 1) and the Convention on the Elimination of All Forms of Discrimination Against Women (art. 16

par. 1.d), among other international instruments, should prevail. According to Islamic law, with regard to parental responsibility after the dissolution of marriage, the mother obtains custody of the children only until they reach a certain age, in the context of the obligation of the husband to feed his wife and his children during the marriage. This obligation also serves as a sort of alimony for a period of three months after the dissolution of a marriage for the woman and up to the age of 7 and 9 for sons and daughters, respectively. After this age children are under the direct protection of the father.

The Law

Convention on the Elimination of All Forms of Discrimination Against Women (ratified by Law 1342/1983, FEK A 39).

Article 16
1. States Parties shall take all appropriate measures to eliminate discrimination against women in all matters relating to marriage and family relations and in particular shall ensure, on a basis of equality of men and women:
[...]
(d) The same rights and responsibilities as parents, irrespective of their marital status, in matters relating to their children; in all cases the interests of the children shall be paramount;
(f) The same rights and responsibilities with regard to guardianship, wardship, trusteeship and adoption of children, or similar institutions where these concepts exist in national legislation; in all cases the interests of the children shall be paramount;

Αστικός Κώδικας (ΦΕΚ Α 164 1984).
Άρθρο 1518
Η επιμέλεια του προσώπου του τέκνου περιλαμβάνει ιδίως την ανατροφή, την επίβλεψη, τη μόρφωση και την εκπαίδευσή του, καθώς και τον προσδιορισμό του τόπου της διαμονής του.
Κατά την ανατροφή του τέκνου οι γονείς το ενισχύουν, χωρίς διάκριση φύλου, να αναπτύσσει υπεύθυνα και με κοινωνική συνείδηση την προσωπικότητά του. Η λήψη σωφρονιστικών μέτρων επιτρέπεται μόνο εφόσον αυτά είναι παιδαγωγικώς αναγκαία και δεν θίγουν την αξιοπρέπεια του τέκνου.
Κατά τη μόρφωση και την επαγγελματική εκπαίδευση του τέκνου οι γονείς λαμβάνουν υπόψη τις ικανότητες και τις προσωπικές του κλίσεις. Γι' αυτό το σκοπό οφείλουν να συνεργάζονται με το σχολείο και, αν υπάρχει ανάγκη, να ζητούν τη συνδρομή αρμόδιων κρατικών υπηρεσιών ή δημόσιων οργανισμών.

Άρθρο 1520
Ο γονέας με τον οποίο δεν διαμένει το τέκνο διατηρεί το δικαίωμα της προσωπικής επικοινωνίας με αυτό.
Οι γονείς δεν έχουν το δικαίωμα να εμποδίζουν την επικοινωνία του τέκνου με τους απώτερους ανιόντες του, εκτός αν υπάρχει σοβαρός λόγος. Στις περιπτώσεις των προηγούμενων παραγράφων, τα σχετικά με την επικοινωνία κανονίζονται ειδικότερα από το δικαστήριο.

Νόμος 1920/1991. Κύρωση της από 24ης Δεκεμβρίου 1990 Πράξης Νομοθετικού Περιεχομένου "Περί Μουσουλμάνων Θρησκευτικών Λειτουργών" (FEK A 11).

Άρθρον 5. Καθήκοντα Μουφτή
[...]
2. Ο Μουφτής ασκεί δικαιοδοσία μεταξύ μουσουλμάνων Ελλήνων πολιτών της περιφέρειάς του επί γάμων, διαζυγίων, διατροφών, επιτροπειών, κηδεμονιών, χειραφεσίας ανηλίκων [...] εφ' όσον οι σχέσεις αυτές διέπονται από τον Ιερό Μουσουλμανικό Νόμο.

Convention on the Rights of the Child (ratified by Law 2101/1992, FEK A 192).

Article 3
1. In all actions concerning children, whether undertaken by public or private social welfare institutions, courts of law, administrative authorities or legislative bodies, the best interests of the child shall be a primary consideration.

Case Law

Case 1: The plaintiff was a divorced Muslim mother who brought proceedings before the First Instance Court of Rodopi relating to her children's custody. The Court refused jurisdiction and remitted the case to the Mufti. The Mufti's court adopted a loose interpretation of Sharia law in order to deliver a ruling in accordance with the Civil Code. The Mufti in fact did not take into consideration the Sharia rules on the age of the child and ordered the mother to undertake the custody instead of the father (*Mufti Court of Komotini*, Decision 21/2002).

Case 2: The Mufti of Xanthi revoked his decision to divorce a couple who were Muslims living in Thrace because the religious marriage was not registered at the Registry of the Mufti's Office. Then the wife beganj proceedings before the First Instance Court of Xanthi in respect of her claims to the children's custody and alimony. The husband appealed to the Court of Appeal which held that according to international norms on Muslims in Greece, the Ottoman Civil Code (*sic*) should be applied in relation to children's tutelage and that alimony is not a rightful claim. Finally, the High Court, which adjudicated on the case in cassation, held that, as the Mufti had revoked his jurisdiction, the civil courts had jurisdiction over the case in all matters, alimony included (*Areios Pagos*, judgment 2138/2013).

9.3 Inheritance

The Civil Code regulates issues of inheritance and wills for all those who are subject to the civil courts. The Mufti has special jurisdiction in cases relating to Islamic wills or intestate succession where the inheritance allocated does not exceed one-third of the overall property the deceased has bequeathed to people other than his/her relatives. The major issue at stake in inheritance cases is that the male heir gets twice the share of the female heir thus breaching the principle of the equality of the sexes endorsed by both the Greek and European legal orders.

In practice, after 1985 such cases became rare, as Muslim heirs, members of the minority of Thrace, are using the Mufti's *fetva* on inheritance before the notary and the taxation office in order to register and apply for the necessary transactions. However, certain cases of dispute reach the courts. In some cases, the civil courts said that the Mufti had exclusive jurisdiction; in other cases they ruled that there is concurrent jurisdiction between the civil courts and the Muftis' courts. In some cases the civil courts have contested the right of Muslims to leave a will with a notary (*dimosia diathiki*) (Court of Appeals of Thrace, judgment 642/2009 and Case 2). Lastly, in one case that seems to be a leading case in 2015, the civil court said that 'a will drafted by a Muslim Greek, which is related to *mulk* property, has no legal effects vis-à-vis any Muslim heir' (Case 3).

The Law

Αστικός Κώδικας (ΦΕΚ Α 164 1984).

Άρθρο 1710
Κατά το θάνατο του προσώπου η περιουσία του ως σύνολο (κληρονομία) περιέρχεται από το νόμο ή από διαθήκη σε ένα ή περισσότερα πρόσωπα (κληρονόμοι).
Η κληρονομική διαδοχή από το νόμο επέρχεται όταν δεν υπάρχει διαθήκη, ή όταν η διαδοχή από διαθήκη ματαιωθεί ολικά ή μερικά.

Άρθρο 1813
Πρώτη τάξη. Αν έχει εγκατασταθεί ένας μόνο κληρονόμος και έχει περιοριστεί σε ποσοστό της κληρονομίας, ως προς το υπόλοιπο μέρος επέρχεται η εξ αδιαθέτου διαδοχή.
Το ίδιο ισχύει και όταν έχουν εγκατασταθεί περισσότεροι κληρονόμοι, καθένας από τους οποίους έχει περιοριστεί σε ποσοστό και τα ποσοστά δεν εξαντλούν τον κλήρο.

Άρθρο 1825
Οι κατιόντες και οι γονείς του κληρονομουμένου, καθώς και ο σύζυγος που επιζεί, οι οποίοι θα είχαν κληθεί ως εξ αδιαθέτου κληρονόμοι, έχουν δικαίωμα νόμιμης μοίρας στην κληρονομία. Η νόμιμη μοίρα είναι το μισό της εξ αδιαθέτου μερίδας.
Ο μεριδούχος κατά το ποσοστό αυτό μετέχει ως κληρονόμος.

Νόμος 1920/1991. Κύρωση της από 24ης Δεκεμβρίου 1990 Πράξης Νομοθετικού Περιεχομένου "Περί Μουσουλμάνων Θρησκευτικών Λειτουργών" (ΦΕΚ Α 11).

Άρθρον 5. Καθήκοντα Μουφτή
[...]
2. Ο Μουφτής ασκεί δικαιοδοσία μεταξύ μουσουλμάνων Ελλήνων πολιτών της περιφέρειάς του επί [...] ισλαμικών διαθηκών και της εξ αδιαθέτου διαδοχής εφ' όσον οι σχέσεις αυτές διέπονται από τον Ιερό Μουσουλμανικό Νόμο.

Case Law

Case 1: The Court of Appeal of Thrace adjudicated on a dispute between a brother and a sister over the inherited property left by their deceased father. All were Muslims of Thrace. The Court ruled in favour of freedom for Muslims to opt for one or the other legal system, namely the Sharia applied by the Mufti's court or the civil law applied by the civil court. Thus the sister could have this inheritance case ruled on by the civil courts (*Efeteio Thrakis*, judgment 392/2011).

Case 2: The plaintiff in the previous case, the brother, appealed in cassation against the Appeal Court's ruling claiming that the will drafted before a notary by his father could not be valid as it was not in harmony with Sharia law, and that only the Mufti's court would have jurisdiction over the case. The Court upheld the appeal and said that the Mufti's court had exclusive jurisdiction over property left by a Muslim deceased, a member of the minority of Thrace, and that a Muslim, namely the deceased father, could not have the right to draft a will before a notary according to the civil law, as *lex specialis*, as Article 5 of Law 1920/1991 is the only applicable law (Cassation Court, *AP*, judgment 1862/2013).

Case 3: The plaintiff appealed in order to safeguard her rights over property left to her by her father according to his will registered before a notary. The Appeal Court ruled that the will of a Muslim cannot have legal effects, if it does not comply with Sharia. Moreover the Court said that the principle of equality and the right to property, as guaranteed by the Constitution and the ECHR, are not applicable as Sharia law (according to law 1920/1991) is *lex specialis*, and therefore the only applicable law in cases between Muslims in Thrace (Court of Appeals of Thrace, judgment 245/2015).

Bibliography

Akgönül, Samim (ed.), *Reciprocity. Greek and Turkish Minorities: Law, Religion and Politics*, (Istanbul: Bilgi University Press, 2007).

Alivizatos, Nikos, 'The constitutional treatment of religious minorities in Greece', *Mélanges en l'honneur de Nicolas Valtikos*, R.-J. Dupuy (ed.), (Paris: Pedone, 1998), pp. 629–643.

Amor, Abdelfattah, *Human rights questions including alternative approaches for improving the effective enjoyment of human rights and fundamental freedoms, Implementation of the Declaration on the Elimination of All Forms of Intolerance and of Discrimination Based on Religion or belief, Interim Report on Greece*, A/51/542/Add.1, 7.11.1996, (Geneva: Office of the UNHCHR, 1996).

Barkey, Karen, *Empire of difference. The Ottomans in Comparative Perspective* (Cambridge: Cambridge University Press, 2008).

Christopoulos, Dimitris, *Who is a Greek citizen?* [in Greek] (Athens: Vivliorama, 2011).

Commissioner of Human Rights, *Follow-up Report on the Hellenic Republic* (2002–2006), CommDH(2006)13, at: www.coe.int (2006).

ELIAMEP, 'Migration in Greece, Recent Developments in 2014' at: <www.eliamep.gr/wp-content/uploads/2014/10/Migration-in-Greece-Recent-Developments-2014_2.pdf> (2014).

European Union Agency for Fundamental Rights, 2011, *Fundamental rights of migrants in an irregular situation in the European Union*, at: <http://fra.europa.eu/fraWebsite/attachments/FRA_2011_Migrants_in_an_irregular_situation_EN.pdf 'Greece as a Country of Asylum'.

Gazakis, Antonis, Despoina Sirri, Andreas Takis, *Racism and Discrimination* [in Greek] (Thessaloniki: Heinrich Boell Stiftung, 2014).

Greek Council for Refugees, 'Greece' country report AIDA, at: <http://www.asylumineurope.org/reports/country/greece>

Kalambakou, Eleni, *Equality faces religious pluralism* [in Greek], PhD dissertation, (Thessaloniki: Aristotle University-Law School, 2014).

Kalambakou, Eleni, 'The right to association in light of cultural pluralism. A comment on the ECtHR's judgment *Turkish Union of Xanthi v. Greece*', [in Greek] *Dikaiomata tou Anthropou* (43, 2009), pp. 849–877.

Kofinis, Stergios, *Equality and prohibition of discrimination*, [in Greek] (Thessaloniki: Sakkoulas, 2016).

Kotzabasi, Athina, *The family legal relations of the Greek Muslims* [in Greek] (Thessaloniki: Paratiritis, 2003).

Ktistakis, Yannis, *Charia, Tribunaux religieux et droit grec* (Istanbul: Istos, 2013).

Kurban, Dilek and Konstantinos Tsitselikis, *A tale of reciprocity: Minority foundations in Greece and Turkey* (Istanbul: TESEV/KEMO, 2010).

Naskou-Perraki, Paroula, *The legal framework of religious freedom in Greece* (Athens/Komotini: A.N. Sakkoulas, 2000).

Papageorgiou, Constantinos, *Religion and Law in Greece* (Alphen aan den Rijn: Wolters Kluwer, 2015).

Papageorgiou, Constantinos, *Ecclesiastical Law. Theory and Jurisprudence* [in Greek], (Thessaloniki: Barbounakis ed., 2013).

Pavlou, Miltos, 'Discourse and Policies for immigrants' [in Greek], in M. Pavlou and Ath. Skoulariki (eds.), *Migrants and Minorities. Discourse and Policies* (Athens: Vivliorama, 2009), pp. 21–68.

Poulton, Hugh, 'Islam, ethnicity and state in the contemporary Balkans', in H. Poulton and S. Taji-Farouki (eds.), *Muslim identity and the Balkan state* (London: Hurst & Co., 1997), pp. 13–32.

Rozakis, Christos, 'The international protection of minorities in Greece', in K. Featherstone and K. Ifantis (eds.), *Greece in a changing Europe: Opportunities and constraints* (Manchester–N. York: Manchester UP, 1996), pp. 97–111.

Sakellariou, Alexandros, 'Islamophobia in Greece, National Report', in E. Bayrakli and F. Hafez (eds.), *European Islamophobia Report* (Istanbul: SETA, 2015) pp. 200–218.

Sotirelis, Giorgos, *Religion and education according to the Constitution and the ECHR* [in Greek], (Athens/Komotini: Sakkoulas, 1998).

Tsitselikis, Konstantinos and Alexandros Sakellariou, 'Greece', in Oliver Scharbrodt et al (eds.), *Yearbook of Muslims in Europe*, vol. 7 (Leiden: Brill, 2015), pp. 289–300.

Tsitselikis, Konstantinos, *Old and New Islam. From historical minorities to immigrant newcomers* (Leiden: Mirtinus Nijhoff, 2012).

Tsitselikis, Konstantinos, 'Seeking To Accommodate Shari'a Within A Human Rights Framework: The Future Of The Greek Shari'a Courts', *Journal of Law and Religion*, (27, 2012), pp. 341–360.

UNHCR, Report at: <www.refworld.org/docid/54cb3af34.html> (2014).

UNHCR, 'Current Issues of Refugee Protection', UNHCR Office in Greece, at: <www.unhcr.gr/fileadmin/Greece/Extras/WRD_2014/2014_PROTECTION_POSITIONS_EN.pdf> (2014).

Index